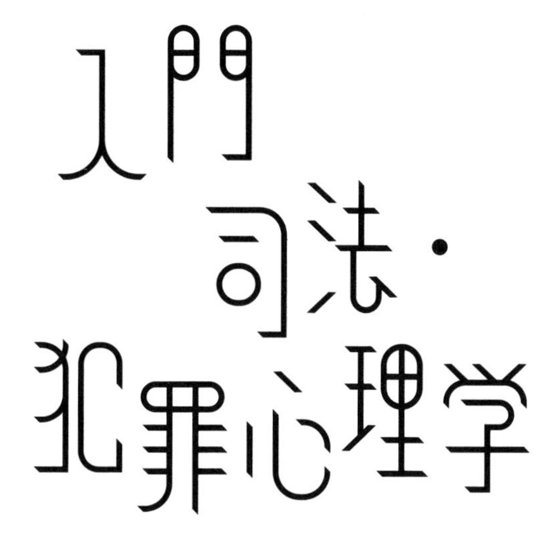

理論と現場を学ぶ

法と心理学会監修
綿村英一郎・藤田政博・板山昂・赤嶺亜紀編

はじめに

本書は，司法・犯罪心理学分野では初の，法と心理学会「公認」で出版された入門書です。

学会公認とはどういうことでしょうか。そこには2つの意味があります。1つは，法と心理学会が主体となって出版企画をしたということです。公認心理師はできて間もない資格ですし，「司法・犯罪心理学」という科目名称も公認心理師の資格ができた際に新たにつくられたものです。そのため，出題基準とブループリント（出題範囲の計画表）をみると，まだ修正の余地があります。公認心理師の資格を取得して社会で活躍する人に必要な知識は何かという観点で考えると，学ぶべきことが抜けている一方で，不要なことや重複していることもあります。そこで，法と心理学会では専門のワーキンググループを設置し，それらを入念にチェックしながら内容項目の整理を行いました。ワーキンググループには，公認心理師科目を大学の学部学生に教えている現役教員も含まれていますので，初学者に教える際に適切な内容の水準と量を感覚的に把握しています。本書の内容の取捨選択には，そのようなノウハウも反映されています。そうして完成した本書は，既存の内容を網羅的にカバーしつつ，初学者として学ぶべきことがわかりやすく書かれているはずです。

「公認」のもう1つの意味は，法と心理学会独自のアイディアを盛り込んだということです。目次をみていただければわかるように，本書の章立ては刑事手続きの順に沿って構成されています。法務技官，家裁調査官といった職種が司法・犯罪心理学でどう位置づけられているのか。どういう法律や制度を学ぶべきなのか。精神鑑定や目撃証言，司法面接は法的手続きのなかでどのように位置づけられるのか。公認心理師の授業や実習を受けた皆さんなら，ふと考えたことはないでしょうか。そうした疑問に答えられるように，法学と心理学を行き来する筆者一同ならではの視点でわかりやすく解説しています。さらに，第一線の研究者，現場の実務家が「これはぜひとも加えたほうがよい」という内容もなるべく盛り込むことで，理論と実践両面の充実を図っています。

本書は4部構成になっています。第Ⅰ部に入る前に，関連法・施設・職種について，第1章で概説します。ここは全体に関わっていることなので，繰り返し読んでおくとイメージがつかみやすいかもしれません。第Ⅰ部では「犯罪の原因」について学びます。基本的にはここがすべての「始まり」です。犯罪の原因を理解するためのアプローチには大きく分けて生物・心理・社会の3つがあります。犯罪の原因をはっきりと理解するために，この3つの視点をマスターしておくことがその後の心理的介入には必要不可欠でしょう。第Ⅱ部「非行・犯罪への対応」では，少年非行，DV，虐待，依存，窃盗，詐欺などの具体的な場面について説明しています。一見同じような事例どうしでも，背景には異なる理由や機序がはたらいていることがあります。もちろん共通点もあるでしょう。個々の事例に対してありとあらゆる可能性に思い至ることができる，そういう力をここで培っていただければと考えています。第Ⅲ部「司法の手続きと対応の流れ」は，「人から話を聴くこと」をテーマに構成されています。捜査，供述，精神鑑定，供述弱者といわれる人たちの面接，目撃証言について学びます。さらに，その語りについて考えるための法的な枠組みを，第13章「裁判」で学びます。枠組みには思考の枠組みと制度の枠組みの両方が含まれます。最後の第Ⅳ部「支援」では，加害者，被害者，子どもなどさまざまな立場の人たちに対する支援を取り上げます。不幸や悲しい出来事を「なかったこと」にすることはできません。都合よく記憶から消すこともできません。公認心理師が関わるのはこの部で「終わり」になるのかもしれません。しかし，「過去とどう向きあっていくか」という問題が終わりを迎えることはあるのでしょうか。非常に難しい問題です。本書を読みながら考えてみませんか？

本書の出版にあたり，有斐閣書籍編集第二部の渡辺晃氏，中村さやか氏には本当にお世話になりました。ご両名のスピーディーなご対応と行き届いたお心遣いのおかげで，企画を立ち上げた当初の高い熱量そのままに，出版に至ることができたと思います。感謝申し上げます。

2022年1月

編 者 一 同

執筆者紹介（五十音順，＊は編者）

赤嶺 亜紀＊（あかみね・あき） 編集：第Ⅳ部・第１章
名古屋学芸大学ヒューマンケア学部教授
主著：『子どもの育ちとケアを考える』（分担執筆，2019 年，学文社）

石井 隆（いしい・たかし） 執筆：第 10 章 1 〜 3 節
広島高等検察庁次席検事
主著：『新基本法コンメンタール 刑事訴訟法』［第３版］（共著，2018 年，日本評論社）

板山 昂＊（いたやま・あきら） 編集：第Ⅰ部・第１章，執筆：第４章
関西国際大学心理学部講師
主著：『基礎から学ぶ犯罪心理学研究法』（分担執筆，2012 年，福村出版）／『裁判員裁判における量刑判断に関する心理学研究――量刑の決定者と評価者の視点からの総合的考察』（2014 年，風間書房）／『司法・犯罪心理学入門――捜査場面を踏まえた理論と実務』（共編著，2019 年，福村出版）

今村 洋子（いまむら・ようこ） 執筆：第１章３・４節
元法務技官（心理）
主著：『被害者と加害者の対話による回復を求めて――修復的司法における VOM を考える』（分担執筆，2005 年，誠信書房）／「官民協働刑務所における暴力的加害者に対する治療教育プログラム」（2015 年，『精神療法』41）／「刑事施設においてグループの力をどう活用するか――グループワーク」（2017 年，『臨床心理学』17）

入山 茂（いりやま・しげる） 執筆：第１章１・２節
東洋大学大学院社会学研究科博士後期課程在籍
主著：『テロリズムの心理学』（分担執筆，2019 年，誠信書房）／『司法・犯罪心理学入門――捜査場面を踏まえた理論と実務』（共編著，2019 年，福村出版）／『シリーズ心理学と仕事 16 司法・犯罪心理学』（分担執筆，2019 年，北大路書房）／『グレークレームを“ありがとう！”に変える応対術』（分担執筆，2020 年，日本経済新聞出版社）

上宮 愛（うえみや・あい） 執筆：第 11 章
立命館大学総合心理学部特任助教
主著：『犯罪心理学――ビギナーズガイド：世界の捜査，裁判，矯正の現場から』（翻訳担当第５章，2010 年，有斐閣）／『公認心理師の基本を学ぶテキスト 2 心理学概論――歴史・基礎・応用』（分担執筆，2020 年，ミネルヴァ書房）／『児童虐待における司法面接と子ども支援――ともに歩むネットワーク構築をめざして』（共編著，2021 年，北大路書房）

大山 朗宏（おおやま・あきひろ）　執筆：第10章4節
播磨社会復帰促進センター（精神保健指定医）

越智 啓太（おち・けいた）　執筆：第7～9章
法政大学文学部教授
主著：『ケースで学ぶ犯罪心理学』（2013年，北大路書房）／『ワードマップ 犯罪捜査の心理学――凶悪犯の心理と行動に迫るプロファイリングの最先端』（2015年，新曜社）／『高齢者の犯罪心理学』（2018年，誠信書房）／『Progress & Application 司法犯罪心理学』（2020年，サイエンス社）／『すばらしきアカデミックワールド――オモシロ論文ではじめる心理学研究』（2021年，北大路書房）

神垣 一規（かみがき・かずき）　執筆：第14章
関西国際大学心理学部講師
主著：『URP先端的都市研究シリーズ 18 刑務所出所者等の意思決定・意思表示の難しさと当事者の声にもとづく支援』（分担執筆，2020年，大阪市立大学都市研究プラザ）

澤田 尚宏（さわだ・なおひろ）　執筆：第5章
湖南学院（法務教官）

白岩 祐子（しらいわ・ゆうこ）　執筆：第15章
埼玉県立大学保健医療福祉学部准教授
主著：『「理性」への希求――裁判員としての市民の実像』（2019年，ナカニシヤ出版）／『行動政策学ハンドブック――応用行動科学による公共政策のデザイン』（共監訳，2019年，福村出版）／『社会的認知――現状と展望』（分担執筆，2020年，ナカニシヤ出版）／『ナッジ・行動インサイト ガイドブック――エビデンスを踏まえた公共政策』（共編著，2021年，勁草書房）

相馬 敏彦（そうま・としひこ）　執筆：第6章
広島大学大学院人間社会科学研究科准教授
主著：「二人の相互作用に潜むDVリスク――一次予防の必要性」（2018年，『青少年問題』65）／『エピソードでわかる社会心理学――恋愛・友人・家族関係から学ぶ』［新版］（共編著，2020年，北樹出版）

中園 江里人（なかぞの・えりと）　執筆：第16章
弁護士（兵庫県弁護士会），家事調停委員（神戸家庭裁判所）

福島 由衣（ふくしま・ゆい）　執筆：第12章
日本大学文理学部人文科学研究所研究員
主著：「目撃者の記憶を歪めるフィードバック――識別後フィードバック効果研究とその展望」（共著，2018年，『心理学評論』61）／『テキストライブラリ 心理学のポテンシャル 別巻4 ポテンシャル心理学実験』（分担執筆，2019年，サイエンス社）／「心理学的知見に対する裁判官の評価――刑事裁判判決文の計量的研究」（共著，2021年，『心理学研究』92）

藤田 政博*（ふじた・まさひろ）　編集：第Ⅲ部・第1章，執筆：第13章
関西大学社会学部教授
主著：『司法への市民参加の可能性――日本の陪審制度・裁判員制度の実証的研究』（2008年，有斐閣）／『法と心理学の事典――犯罪・裁判・矯正』（共編著，2011年，朝倉書店）／*Japanese society and lay participation in criminal justice: Social attitudes, trust, and mass media*（2018年，Springer）／『バイアスとは何か』（2021年，筑摩書房）

増井 啓太（ますい・けいた）　執筆：第2・3章
追手門学院大学心理学部講師
主著：Loneliness moderates the relationship between Dark Tetrad personality traits and internet trolling（2019年，*Personality and Individual Differences*, 150）／『パーソナリティのダークサイド――社会・人格・臨床心理学による科学と実践』（共訳，2021年，福村出版）

綿村 英一郎*（わたむら・えいいちろう）　編集：第Ⅱ部・第1章
大阪大学大学院人間科学研究科准教授
主著：「量刑分布グラフによるアンカリング効果についての実験的検証」（共著，2014年，『社会心理学研究』30）／「テキスト 司法・犯罪心理学」（分担執筆，2017年，北大路書房）／『シリーズ人間科学 3 感じる』（共編，2019年，大阪大学出版会）

目　次

本書のサポートページ（下記）で各種補足資料を紹介していきます。
ぜひご覧ください。

http://www.yuhikaku.co.jp/books/detail/9784641174740

第1章 関連法，施設，職種
司法・犯罪と心理学の関わり

入山 茂・今村 洋子

第1節 犯罪事象と司法システムを学ぶ

司法・犯罪心理学を学ぶうえでのはじめの一歩として，本節ではそもそも犯罪と呼ばれる行為が司法システムにおいてどのように取り扱われているのかを簡単に学んでいきましょう。

■ 定義でみる犯罪の概念

刑法には，あらかじめ犯罪とされる行為（構成要件）とその行為に対する刑罰が定められています。たとえば，殺人の**構成要件**とそれに対する刑罰は，「人を殺した者は，死刑又は無期若しくは5年以上の懲役に処する」（刑法199条）と定められています。この原則を**罪刑法定主義**と呼びます。

しかし，構成要件に該当するすべての行為が，法律上，犯罪として処罰の対象になるわけではありません。その理由について，先ほどと同じく殺人を例にみていきます。たとえば，「法令又は正当な業務による行為は，罰しない」（刑法35条）と定められているからです。その殺人が違法なものでなければ，犯罪として処罰の対象にはなりません（例：死刑の執行）。他の理由としては，「心神喪失者の行為は，罰しない」（刑法39条）と定められているからです。その殺人が有責なもの（責任を問うことができるもの）でなければ，犯罪として処罰の対象にはなりません（刑法39条の「心神喪失」とは，善悪をまったく判断できない状態をいいます）。

まとめると，犯罪として処罰の対象になる行為は，構成要件に該当しつつ，違法性があり，かつ有責性のあるものであると定義できます。ここでいう，違法性とは，先ほど例に挙げた正当行為（刑法 35 条），その他には正当防衛（刑法 36 条）などに該当しないという意味です。有責性とは，先ほど例に挙げた心神喪失・心神耗弱（刑法 39 条），その他には責任年齢（刑法 41 条）などに該当しないという意味です。

以上のように，犯罪とされる行為の概念を説明したものを**概念的定義**と呼びます（浜井，2013）。しかし，概念的定義だけでは，犯罪の実態を把握することを目的とした測定（例：窃盗事件○○件，検挙人員○○人）ができません。そこで，ある犯罪の概念的定義になんらかの手続き（操作）を加え，その犯罪の概念的定義を測定できるように定義することが必要になります。これを**操作的定義**と呼びます。たとえば，殺人は，医師が検案（死体の外表検査）を行った結果，死体の異状を認め，死体検案書の死因欄に他殺と記載した死亡であると操作的に定義することができます。ほかにも，警察が検視（死体の状況の調査）を行った結果，犯罪性を認め，他殺と判断した死亡，または裁判所が殺人であると認めた死亡が殺人の操作的定義であるともいえます（浜井，2013）。

なお，犯罪を概念的または操作的に定義する際は，対象とする犯罪の概念，とくに**ラベリング**の問題を考慮することが大切になります。同じ行為であっても，その行為に対して「犯罪」というレッテルを貼るかどうかは，国，社会や価値観によって変化するためです。たとえば，20 歳の人が飲酒することは，日本では合法ですが，飲酒可能年齢を 21 歳以上と定めているアメリカ・ニューヨーク州では違法になります（守山，2016；Newburn, 2018）。ラベリングの問題は，第 4 章でも解説します。

■ 統計でみる犯罪の実態と暗数の落とし穴

操作的定義を用いて測定した犯罪を集計し，数値化すること（**犯罪統計**）により，犯罪の実態を正確に把握することができます。その結果，たとえば，都道府県ごとまた時間帯ごとに，どのくらいの人数の警察官を配置し，どのような任務に当たらせるか。または刑務所，少年刑務所や少年院等の施設をどのくらい用意すればよいかを，戦略的に決めることができます（河合，2016）。

犯罪統計は，厳密には警察段階で集計された統計のみを指しますが，一般的には司法システムの各段階（警察，検察，裁判，矯正，更生保護）で集計された統計も含みます。ここでは司法システムの各段階で集計された統計を犯罪統計と呼ぶことにします。

犯罪統計を掲載したさまざまな資料がありますが，代表的な資料である警察白書と犯罪白書を簡単に紹介します。

警察白書は，警察庁によって作成された資料です。警察白書には，警察段階で集計された犯罪統計として，都道府県警察が認知した犯罪，または検挙した犯罪の件数と人数が掲載されています。たとえば，2019年の殺人，強盗，窃盗，詐欺や賭博などの刑法犯についての犯罪統計は，認知件数74万8559件，検挙件数29万4206件，検挙人員19万2607人でした（警察庁，2020）。

犯罪白書は，法務省法務総合研究所によって作成された資料です。犯罪白書には，警察段階から更生保護段階までの各段階で集計された犯罪統計が掲載されています。警察段階で集計された犯罪統計は警察白書と同じ内容になっていますが，検察から更生保護までの各段階で集計された犯罪統計の内容は異なります。まず，検察から更生保護までの各段階で集計された犯罪統計は，人数で集計されています。また，不起訴（検察段階），執行猶予や無罪（裁判段階），釈放や退院（矯正段階），係属（更生保護）などのふるい分けがされるため，警察段階と比較して，犯罪と認められた人の人数が異なっています。たとえば，検察が起訴した犯罪についての統計は，特別法犯（例：道路交通法違反，覚醒剤取締法違反，児童買春・児童ポルノ禁止法違反）も含みますが，2019年の公判請求は8万1186人，略式命令請求は20万1658人でした（法務省，2020）。

なお，警察白書や犯罪白書に掲載されている警察段階で集計された犯罪統計（犯罪の認知件数）の内容を解釈する際には，**暗数**の問題に注意する必要があります。暗数とは，比較的軽微な財産犯罪の被害や公表がはばかられる性犯罪の被害などが都道府県警察に届けられないことにより，犯罪統計に表れない隠れた犯罪のことです（藤岡，2020；高橋・渡邉，2005）。暗数の問題を補うため，たとえば，法務総合研究所では，国際犯罪被害実態調査に参加し，4年に1度，全国の16歳以上の男女から無作為に選ばれた人を対象に，自己申告方式で犯罪被害について回答してもらい，犯罪被害の実態を調査しています（法務省，2019）。

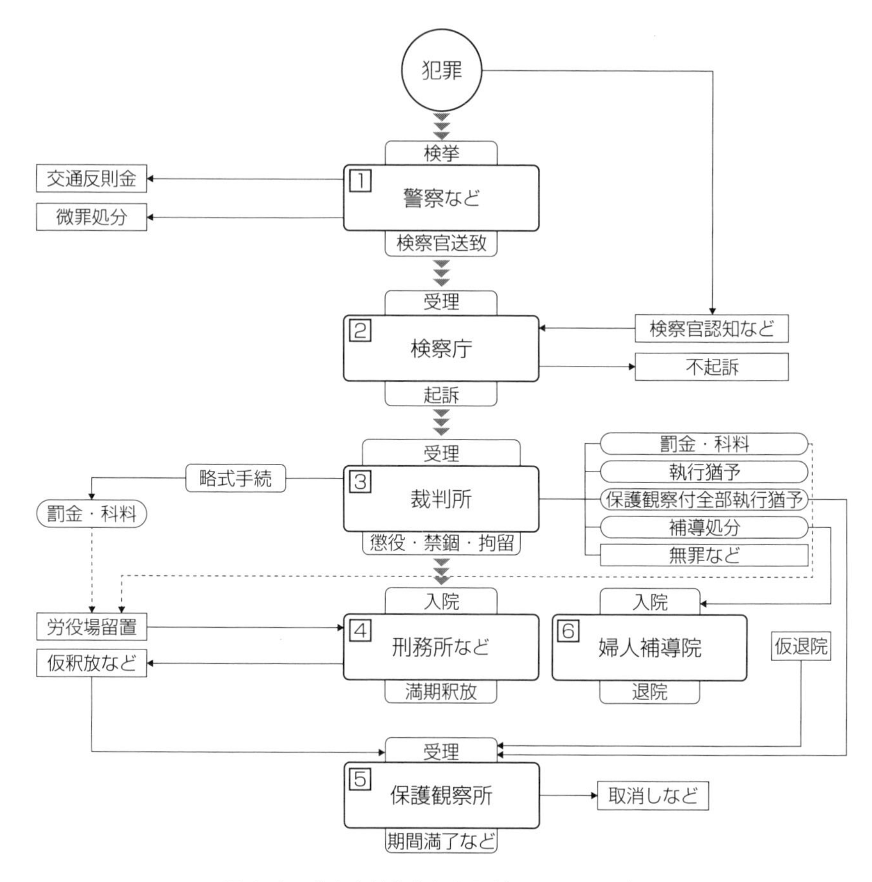

図 1-1　成人を対象とした司法システムの流れ

（出所）法務省，2021 より作成。

■ 流れでみる日本の司法システムと機関・施設

犯罪が発生すると，日本の成人を対象とした司法システムは，図 1-1 に示すように，警察段階から更生保護段階まで順を追って進んでいきます。

犯罪が発生すると，警察段階では，都道府県警察が**捜査**を行い，軽微な事件などを除くすべての犯罪を検察庁に送致します。詳しくは，第 10 章で解説しています。

検察段階では，都道府県警察から**送致**された犯罪について，検察庁（検察官）が，被疑者や参考人の調書，実況見分や押収，捜索，検証などから得られた証拠をもとに，裁判手続きにより処罰を求める起訴処分とするか，それとも起訴処分としない（不起訴処分）かを決定します。検察が自らの裁量で起訴するか不起訴とするかを決める原則を，**起訴便宜主義**と呼びます。

裁判段階では，検察庁（検察官）により起訴処分と判断された犯罪について，裁判官が，公判手続による裁判，または略式手続による裁判を行います。公判手続による**裁判**は，公開の法廷で1カ月に平均1～2回の頻度で行われます。また，2009年からは，殺人罪，強盗致死傷罪や現住建造物等放火罪などの重大な事件を対象に，一般市民が参加して事実認定から量刑判断までを行う**裁判員裁判**も始まりました。裁判で有罪と認められた場合は，判決（死刑，懲役刑，禁錮刑，罰金刑，拘留または科料）を言い渡します。略式手続による裁判では，検察庁（検察官）の請求により，簡易裁判所が書面審理のみで略式命令（100万円以下の罰金または科料）を言い渡します。

矯正段階では，裁判により言い渡された懲役刑，禁錮刑の判決をもとに，刑務所などの刑事施設において**刑の執行**が行われます。あわせて，刑事施設では，入所者の出所後の社会への適応と再犯防止を目的として**治療・教育**も行われます。これを**施設内処遇**と呼びます。

更生保護段階では，保護観察所に配置されている保護観察官や地域で活動する保護司が，懲役刑または禁錮刑に処せられたものの仮釈放を許された人，執行猶予とともに保護観察が言い渡された人を指導・支援し，社会内での改善，更生を図ります。これを**社会内処遇**と呼びます。

少年（男女を区別しない制度上の表現です。定義は第5章参照）を対象とした司法システムも，図1-1に示してはいませんが，警察段階から更生保護段階へと進んでいきます。ただし，少年を対象とした司法システムには，成人を対象とした手続きとは異なり，家庭裁判所が存在します。家庭裁判所は，児童相談所，警察や検察庁から事件を受理した後，その事件に関わった少年やその家族を**調査**し，**審判**（例：少年院送致，検察官送致，保護観察）を行います。

以上が日本の成人と少年を対象とした司法システムの大まかな流れですが，より詳しくは，藤岡（2020）や越智（2020）で解説されています。なお，日本では，近年，ようやく司法システムにおける**被害者支援**の問題に目が向けられるようになりました。詳しくは本章第3節および第15章で解説します。

小説，ドラマや映画では警察段階で司法システムが終わってしまう印象を受けるかもしれませんが，実際の社会では以上の司法システムが「流れ」として機能しているということを意識しておくことが大切です。

第2節　司法・犯罪と心理学の関わりを学ぶ

ここでは，前節で学んだ司法システムにおける犯罪の取り扱いにおいて，心理学がどのように関わっているのかを簡単に学んでいきましょう。

■ 司法システムの段階別にみる司法・犯罪心理学の領域

犯罪者，被害者や第三者（例：目撃者，地域の人々，警察官，検察官，裁判官，弁護士，法務教官，保護観察官）は，犯罪の発生および司法システムの各段階において，相互に作用しあう関係にあります。司法・犯罪心理学は，犯罪の発生および司法システムにおけるこれらの人の行動とその背後にある心理過程に着目し，そのメカニズムの理解や支援の提供を目的として，表 1-1 に示したような多岐にわたる研究領域を展開しています。

犯罪原因論は，犯罪（非行を含む）の原因について研究する領域であり，犯罪の発生と主に関連しています。**捜査心理学**は，心理学の知識を用いた犯罪捜査の支援を研究する領域であり，主に警察，検察段階と関連しています。**法と心理学**は，裁判を適切に行っていくための心理学的な知識の応用を研究する領域であり，裁判段階と関連しています。法と心理学は，責任判断，正義・公正や裁判制度を研究対象とする法心理学と，証言，自白や裁判員の判断を研究対象とする裁判心理学をあわせた研究領域になっています（藤田，2013）。**被害者心理学**は，臨床心理学の知識を用いた被害者の支援を研究する領域であり，主に警察，検察，裁判段階と関連しています。**矯正・更生保護心理学**は，犯罪者に対する社会内での立ち直りの支援を研究し，実践する領域であり，主に矯正，更生保護段階と関連しています。**防犯心理学**は，犯罪行動についての心理学的知見をもとに，住居設計，都市計画や防犯教育などの犯罪を防止するための方法を研究する領域であり，防犯という観点から，犯罪の発生と関連しています。

■ 司法システムの段階別にみる司法・犯罪心理学を活かす職種

司法・犯罪心理学の各研究領域の知見を活用し，司法システムの各段階では，

表 1-1　司法システムと司法・犯罪心理学の研究領域・テーマの関連

司法システムの流れ	研究領域	研究テーマの例
• 犯罪の発生	犯罪原因論	• 生物学的要因（例：遺伝，神経伝達物質） • 社会学的要因（例：社会階層，地域特性，学校） • 心理学的要因（例：パーソナリティ，攻撃性，養育態度）
• 警察段階 • 検察段階	捜査心理学	• 犯罪者プロファイリング • 地理的プロファイリング • ポリグラフ検査 • 取調べ • 人質立てこもり事件と交渉
• 裁判段階	法と心理学 （法心理学・裁判心理学）	• 責任判断の仕組み • 正義・公正の概念 • 裁判員・陪審員の意思決定 • 証言 • 自白
• 警察段階 • 検察段階 • 裁判段階	被害者心理学	• 法的手続き • アセスメント • 心的外傷後ストレス障害（PTSD） • 心理療法 • ソーシャルケースワーク • 被害者遺族の心理
• 矯正段階 • 更生保護段階	矯正・更生保護心理学	• 施設内処遇 • 社会内処遇 • 更生保護
• 犯罪の発生	防犯心理学	• 住居設計 • 都市計画 • 地域防犯 • 防犯教育

（出所）　越智，2015，2020；大渕，2006 より作成。

図 1-2 に示したようなさまざまな職種の人たちが働いています。

犯罪発生段階では，たとえば，**科学警察研究所**研究員や警察などで実務を経験した心理学を主に専門とする大学などの**研究者**による地域防犯対策についての研究が行われています。図 1-2 には記載していませんが，大学などの研究者と民間企業の会社員の連携により，万引き，保険金詐欺や悪質クレームの防止に向けた実践的な試みも行われています。

警察段階では，たとえば，都道府県警察の**科学捜査研究所**研究員による犯罪

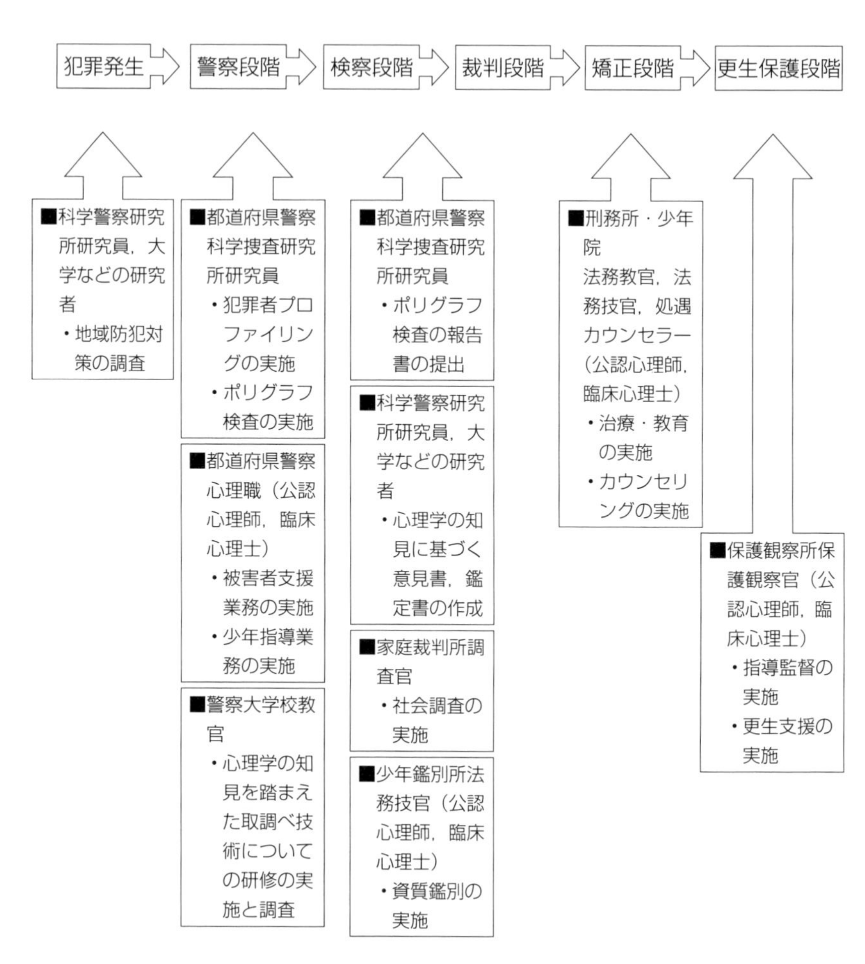

図 1-2　司法システムの各段階における司法・犯罪心理学を活かした職種

（出所）　桐生，2019 より作成。

者プロファイリングやポリグラフ検査，都道府県警察の**心理職**（警察心理職）による被害者支援業務や少年指導業務が行われています。なお，犯罪者プロファイリングとは，犯人の年齢，性別，職業，家族構成や精神疾患の有無などの属性を推定し，犯罪捜査を支援する方法のことを指します（越智，2015）。また，警察大学校では，心理学を専門とする教官による心理学の知見を踏まえた取調べ技術についての研修の実施や教本の作成が行われています（警察庁，2012，2020）。

検察・裁判段階では，たとえば，都道府県警察の科学捜査研究所研究員により作成されたポリグラフ検査の報告書が証拠として採用される場合があり，実績もあります（平ほか，2000；第10章も参照）。また，科学警察研究所研究員や大学などの研究者により，心理学の知見をもとにした鑑定書や意見書が作成される場合もあります。少年を対象とした事件の裁判では，**家庭裁判所調査官**によるその少年の社会調査が行われ，結果報告（処遇意見）がなされます。また，家庭裁判所の求めに応じて少年鑑別所の法務技官（心理職）による資質鑑別が行われ，鑑別結果通知が提出されます。なお，少年鑑別所の法務教官や法務技官（心理職）は，地域の一般の人や関係機関の人からの犯罪・非行の防止に関する相談業務も行っています（法務省，2020；岡本，2017）。

矯正段階では，たとえば，刑務所・少年刑務所において，**法務教官**や**法務技官**（心理職）により，作業（例：職業訓練），改善指導（例：薬物依存離脱指導）や教科指導（例：補修教科指導）といった矯正処遇が行われます。薬物依存離脱指導や性犯罪再発防止指導などの改善指導には認知行動療法が導入され，実施されています。また，少年院でも，法務教官や法務技官（心理職）により，生活指導，職業指導，教科指導，体育指導や特別活動指導といった矯正教育が行われています。生活指導のうち個々の入院者の問題に応じて行われる特定生活指導でも，薬物非行防止指導や性非行防止指導において認知行動療法などが導入され，実施されています（原田，2019；法務省，2020；岡本，2017）。

更生保護段階では，指導監督の一環として，**保護観察官**による認知行動療法に基づいた専門的な処遇プログラム（例：覚せい剤事犯者処遇プログラム，性犯罪者処遇プログラム）が実施されています（法務省，2020；岡本，2017）。

以上の職種のなかには，国家資格である**公認心理師**や公益財団法人日本臨床心理士資格認定協会が認定する**臨床心理士**の資格を取得している人も多数います。また，民間の公認心理師や臨床心理士が，後述する処遇カウンセラーとして，矯正段階における受刑者のカウンセリングや改善指導（例：性犯罪再発防止指導）に関わる場合もあります（法務省，2016）。

■ キーワードでみる司法・犯罪心理学の研究

最後に，司法システムの各段階に関わる職種によって活用される司法・犯罪心理学の知見について，どのようなキーワードの研究テーマがあるかを学んでいきましょう。

たとえば，近年の犯罪原因論の研究領域では，社会学や心理学のアプローチに加えて，暴力など反社会的行動の神経学的基盤を解明しようとする生物学のアプローチが盛り上がりをみせています（Raine, 2013）。

捜査心理学の研究領域では，たとえば**犯罪者プロファイリング**，**取調べ**について研究が行われています。最近では，国際情勢を反映して，**テロリズム**についても研究が行われており，越智（2019）で詳しく解説されています。

法と心理学の研究領域では，たとえば事件現場を目撃した人が警察段階や裁判段階で目撃した内容を報告する**目撃証言**，裁判段階で有罪と判断された被告人についてどのような刑罰を科すかを判断する**量刑判断**について研究が行われています。

矯正・更生保護心理学の研究領域では，たとえば薬物依存離脱指導（刑務所・少年刑務所）・薬物非行防止指導（少年院）などにおける**認知行動療法**の導入といった**更生プログラム**の内容とその効果について研究が行われています（原田，2019；岡本，2017）。認知行動療法とは，ネガティブな気分や感情に関連する考え方（認知）や対処法（行動）を適応的なものに変容することにより，自らストレスへの対処能力を高めていくための種々の治療介入法の総称です（高岸，2019）。

被害者心理学の研究領域では，たとえば**被害者政策**についてその心理学的な有効性や被害者（遺族を含む）の心理過程に及ぼす影響の観点から研究（例：白岩ほか，2017，2018）が行われています。

防犯心理学の研究領域では，たとえば学校での非行防止教育，街頭での防犯設備の導入や住民によるパトロールなどの**地域防犯**や**万引き防止**について，地域や企業と密接に連携しながら研究が行われており，実際に成果が示された事例も多数あります（例：平，2010；大久保ほか，2013）。

また，近年，社会で問題になっているのが**保険金詐欺**（例：阿部，2019；染矢ほか，2017）や**悪質クレーム**（例：天野，2020；池内，2010，2018）です。保険金詐欺や悪質クレームを行う人の行動やその背後にある心理過程について心理学アプローチによる研究も行われています。

なお，注目される機会が未だ少ないのですが，捜査心理学や被害者心理学の研究領域では，**死因究明制度**における死因の推定手続き（例：入山，2019）や**解**

剖が遺族の心理過程に及ぼす影響（例：白岩・唐沢，2018）に関する問題について心理学アプローチによる研究が行われています。

以上の研究テーマのなかには，本書で詳細に取り上げられているものもありますので，本書の各章を一読するとより理解が深まるでしょう。

第3節　司法領域における心理臨床と法制度

■ 司法領域における心理臨床の広がり

心理臨床は人が生きていくなかでぶつかるさまざまな困難の解決を援助する営みであり，それゆえに人の生きる社会や生活に大きく影響されます。したがってその時代の社会の要請や人々の意識の変遷につれて求められる心理臨床も変化します。近年，心理臨床の各領域でそうした変化に伴って臨床の場は広がり，支援の内容も変化してきていますが，司法領域においても同様のことが指摘できます。

刑事施設での改善指導等

刑事施設は長い間，1908年に定められた監獄法によって運営されていましたが，現在は，2005年の全面的な法改正，翌年の一部改正により成立した**刑事収容施設及び被収容者等の処遇に関する法律**が施行されています。この法律は「受刑者の処遇は，その者の資質及び環境に応じ，その自覚に訴え，改善更生の意欲の喚起及び社会生活に適応する能力の育成を図ることを旨として行うものとする」（30条）と規定し，受刑者の人権への配慮等とともに受刑者の社会復帰に向けた処遇の充実をめざすものとなっています。そのために従来の作業に加えて**改善指導**が義務づけられ，犯罪行動を変えるのに有効とされている認知行動療法を基本としたさまざまな教育プログラムが導入されました。その教育プログラムの実施には国家公務員である法務教官や法務技官（心理職）のほか，非常勤職員として採用された心理職（**処遇カウンセラー**）が当たっています。処遇カウンセラーは，施設適応が困難な者等個別対応の必要な受刑者へのカウンセリングにも携わっています。なお，教育施設として位置づけられる少年院においては，従前から個々の特性に応じて人格的成長を促し非行傾向の改善を図るための矯正教育がなされており，半数余の少年院に心理職が配置されています。

出口支援から入口支援へ

受刑者の出所に関しては仮釈放制度（第14章も参照）によって，更生の意欲があり，再犯のおそれがないと認められ，身元引受人のいる者については，所定の審査を経て刑期を残して出所することができますが，犯罪を繰り返して家族・親族との縁も切れているなど，身元引受人がおらず満期出所となる受刑者がいます。なかには行く当てもないまま出所後間もなく再犯に至って刑務所に戻ってくる者がおり，とくに自立の難しい高齢者や知的障害のある者はこうしたことになりやすく，刑務所が究極の福祉施設になっているような状況がありました。こうした事情を背景に，2009年，法務省と厚生労働省による正式な司法と福祉の連携として**地域生活支援事業**が開始され，各都道府県に**地域生活定着支援センター**が設置され，入所中から関係機関が連携，調整し，出所後ただちに必要な生活支援がなされるようになりました。刑務所や少年院への社会福祉士や精神保健福祉士の配置もされています。こうした**出口支援**の進展とともに，捜査や裁判の段階から被疑者，被告人となった高齢者や障害者の福祉的ニーズに着目して**福祉的支援**につなげることを検討する**入口支援**も始まり，地方検察庁や弁護士会が社会福祉士，精神保健福祉士と協働して福祉的支援による再犯のない社会生活の定着を図っています。こうした活動のなかで心理職は，犯罪行為の動機が不明であったり，認知症や発達障害が疑われたりする場合に，心理検査，面接をしてケアの方針策定のための見立てに携わっています。

入口支援も出口支援も，対象者の再犯のない社会生活の定着，社会復帰と国民の安心・安全な社会を目的とするものであり，2016年に制定された**再犯の防止等の推進に関する法律**では，矯正施設での改善更生のための指導とともに入口支援，出口支援に関する国の施策も定められています。

民間における加害者臨床，自助グループ

薬物依存，性的問題行動，DV加害，ストーカー加害等に対する治療教育を行う民間の医療施設や心理相談室等も増えており，そうしたところでも心理職が関わっています。また，薬物，アルコール，性，窃盗，ギャンブルなどの依存症の**自助グループ**もあり，矯正施設から自助グループにつながることで立ち直っていく人もいます（第8・14章も参照）。

医療観察制度

精神障害者による触法行為への対応については長い間議論されていましたが，

2003年法務省，厚生労働省共同で提案された**心神喪失等の状態で重大な他害行為を行った者の医療及び観察等に関する法律**が成立しました。精神障害によって刑事責任能力を問えない状態で，殺人，放火，強盗，強制性交等の重大な他害行為を行った人に対して，同様の行為を行うことなく社会復帰することを促進するために適切な医療を提供する制度です（第10章も参照）。この医療を担当する指定入院医療機関，指定通院医療機関が定められており，そこでは医師，看護師，心理職，作業療法士，精神保健福祉士による多職種チームが組まれ，心理職は心理検査や治療プログラムなどに携わっています。

加害者家族の支援

少年非行に関しては，従前から警察，家庭裁判所，保護観察所，少年鑑別所，少年院等各機関が保護者に対する相談，助言をしてきましたが，2006年の改正少年法で**保護者に対する措置**として，家庭裁判所が再非行防止のために必要と認めるときは，調査または審判において訓戒，指導等の措置をとることができると明文化されました。また，少年院や保護観察所でも保護者に対して指導，助言ができることが明文化されました。

一方，加害者の家族，親族であるということで社会からの非難，中傷にさらされる人々がおり，加害者家族も被害者であると認識されるようになっています。最近，民間団体がそうした加害者家族を支援する活動を始めています。個別の支援のほか**加害者家族の会**による心理的支援も行われており，家族の会では心理職がファシリテーターを務めるなどしています。

被害者支援

以前から加害者についてはその立ち直りや再犯防止のための種々の対策が講じられているのに対し，心理的苦痛のみならず経済的，社会的な困難にも直面させられる犯罪被害者（遺族も含む）については公的な支援がなされてきませんでした。こうした状況から，まず**犯罪被害者補償制度**として1980年に**犯罪被害者等給付金の支給等による犯罪被害者等の支援に関する法律**が成立し，1996年には警察庁によって犯罪被害者の精神的被害に着目して，その回復に取り組むべく**被害者対策要綱**が制定され，警察による性犯罪被害者のカウンセリングが始まりました。2004年には，犯罪被害者等の権利，利益の保護を図ることを目的に，そのための施策に関する基本理念および国，地方公共団体，国民の責務と施策の基本事項を定めた**犯罪被害者等基本法**が制定されました。現在，検察には被害者支援を担当する部署があり，カウンセリングや裁判で証言する際の付き添いが必要と考えられる被害者の支援を外部の支援者につなぐこともなされています。被害者の心理的ケアには警察の心理職のほか各都道府県にある**公益社団法人被害者支援センター**や心理職の職能団体あるいは民間の医療施設，心理相談室などが当たっています（第15章を参照）。

虐待，DV，ストーカー，いじめ，ハラスメント

児童，高齢者，障害者等に対する虐待，あるいは配偶者への暴力，ストーカー行為，また，いじめ，ハラスメントなどが社会問題化するとともにその防止のための法律が定められ，加害者への対応，被害者の支援に関する施策がとられており，多職種連携のなかで心理職も重要な役割を担っています。

なお，子どもが被害者あるいは目撃者である場合，つらいことを多くの関係者から繰り返し聞かれることによる二次被害や誘導的な質問による記憶のゆがみを防ぐために**司法面接**の手法が用いられています。司法面接は学校等でのいじめが疑われた場合にも，関係する子どもへの事実確認に活用できる手法です。

子の監護・子の引渡しの強制執行

両親の別居，離婚に際しては，子の監護，親権や面会交流に関する争いが生じがちであり，こうした場面では子の心情に深く配慮した対応が重要です。両親の別居に際して子の監護について争いが生じ，両親が合意できないと，裁判所が子の福祉を考慮して**監護者**を指定します。その決定が履行されない場合，裁判所は指定された監護者への**子の引渡しの強制執行**を行います。強制執行については，**改正民事執行法**（2019年）で方法，要件等が明確化され，強制執行が子の心身に有害な影響が及ばないよう配慮しなければならないことも定められました。心理職にはそのための役割が期待されており，裁判所から補助者あるいは立会人として執行官に同行することを依頼されることがあります。なお，子の引渡しの強制執行は，国会がいわゆる**ハーグ条約**（**国際的な子の奪取の民事上の側面に関する条約**）の締結を承認し（2013年），その実施のための国内法（いわゆるハーグ条約実施法）が成立した（2013年）ことを契機に，それまで民事執行法の運用でなされていたものを明文規定するという形で法制度の整備が進められてきたという経緯があります（ハーグ条約については第16章を参照）。

心理鑑定

心理鑑定は，心理学的な観点から加害者の「性格等を精査し，その形成過程

が家庭環境や成育歴とどのように関係するかを明らかにするとともに，犯行のメカニズムやそのときの心理状態を解明する」（橋本，2016）ものです。量刑判断や処遇方針策定に際して，加害者の性格や知能，家庭環境，成育歴など犯罪の背景，犯罪に至る心理過程，犯罪の動機等を解明するために行われる**情状鑑定**とほぼ同義に使われますが，**供述分析**（第11章も参照）など証拠評価も含む心理鑑定のほうが広い概念です。近年，対象者の性格や能力の理解が難しく，犯罪の動機がわかりにくいなど，心理鑑定を求められるケースが増えています。

なお，精神医学的な観点から刑事責任能力や訴訟能力等について鑑定するものは**精神鑑定**と呼ばれ，心理職は，精神鑑定にも心理検査を実施するなど補助的に関わってきました（第10章を参照）。

また，被害者についても刑事事件において，あるいは損害賠償請求等の民事事件において，**心的外傷**，精神的損害に関する精神鑑定や心理鑑定がなされています。

支援者の支援

司法領域で扱うケースは，人間の負の側面に触れざるをえないという点で，そこに関わる支援者は相当な心理的負担を負うことになります。被害者の被害体験，加害者の加害行為を聴くこと自体がストレスになるうえ，被害者のトラウマはもちろん，加害者の多くにもトラウマ体験があり，こうした対象者を支援するために共感的に関わろうとすることで対象者と同じようなストレス反応を経験する**二次的外傷性ストレス**が生じることがあります。このような支援者に対する支援も心理職の重要な役割です。

なお，支援者ではありませんが，裁判員裁判における**裁判員**も，凄惨な犯罪の証拠に触れる，あるいは他者の人生を左右する判断を求められるなど心理的負担が大きく，しかも厳しい守秘義務を課せられていて近しい人にも相談できないことから，心身の不調を来しやすい状況にあります。こうした裁判員のための相談窓口が設置されており，カウンセリングも行われています。

■ 司法領域の心理臨床と法制度

どの領域の心理臨床も法的，制度的な枠組みのなかでなされていますが，司法領域では関連する法や制度が多く，複雑であり，それらをよく理解して臨むことがとくに重要です。また，前項で述べたように，社会や時代の要請に応じて，たとえば**児童虐待の防止等に関する法律**（2000年），**ストーカー行為等の規制等に関する法律**（2000年），**配偶者からの暴力の防止及び被害者の保護等に関する法律**（2001年），**いじめ防止対策推進法**（2013年）の制定，雇用主に職場でのハラスメント防止のための措置を義務づける**労働施策の総合的な推進並びに労働者の雇用の安定及び職業生活の充実等に関する法律**（**労働施策総合推進法**，いわゆる**パワハラ防止法**）の改正（2019年），あるいは強姦罪の**強制性交等罪**への罪名変更（それに伴い，通常の性交に加えて肛門性交，口腔性交が対象行為となり，行為の主体も客体も性別を問わないことになりました），法定刑の引上げといった**性犯罪に関する刑法の改正**（2017年）などがなされており，常に現時点で施行されている法制度を把握しておく必要があります。また，現状に即して新たな対策を模索する必要に迫られることも多く，そうした場合には関係部署，関係機関と連携しつつ，新たな制度的な枠組みの構築に向けて工夫を重ねることも必要となります。

第4節　公認心理師の役割

本節では公認心理師として，主に加害者臨床に携わる場合を念頭に，その役割と役割を担う際の留意点について考えます。

■公認心理師の役割：法に定める公認心理師の4つの行為から

支援を要する者の心理状態の観察，その結果の分析

司法領域における心理的アセスメントでは，問題点ばかりに目が向くことになりがちですが，アセスメントはその後の教育，治療や処遇のためになされるものであり，犯罪に結びつく問題点とともに，対象者が将来，より適応的な社会生活を送るために使える資質にも目を向け，それを生かす方策や資源をともに考える姿勢が大事です。また，対象者のパーソナリティ形成も犯罪生起もその背景要因は多面的かつ複層的であり，単純な因果関係で捉えず，仮説－検証を繰り返す作業が必要です。

結果の報告に際しては，何を目的に誰に向けたアセスメントかを考えて適切に伝えることが必要です。**本人へのフィードバック**も重要で，本人のよい将来につながるように工夫することが大切です。

支援を要する者に対する相談，助言等

加害行動に結びつく考え方や行動傾向の改善を図るとともに，社会のなかでどう生きていくのかを考え，主体的に適応的な行動を選び取っていけるよう援助することが望まれます。こうした働きかけのためには再発防止のためのリスク管理（**再発防止モデル**）だけではなく，対象者が犯罪によって得ようとしていたものを社会的に承認される手段で得ることができるように支援することで，行動変容を目指す**良き人生モデル**（**グッドライフ・モデル**）の考え方や**犯罪からの離脱要因**の研究が参考になります。

支援を要する者の関係者に対する相談，助言等

加害者の保護者や家族に対してはとくに，それまで対象者と関わるなかで経験してきたであろう困難を想像しつつ，まず関係者の気持ちを聴くことが大切です。そのうえでアセスメントから理解できた対象者の心理状態や今後の援助の方針について説明し，協働して支援に当たれるよう信頼関係を築く必要があります。

心の健康に関する知識の普及のための教育，情報提供

加害者や被害者に関わるなかで得られた加害，被害を予防するために必要なこと，できることに関する知見を地域や社会に向けて伝えていくことも心理職の重要な役割です。

■ 公認心理師の役割を果たすための留意点

臨床の場としての司法領域の特殊性

ほとんどの加害者は公的か私的かを問わずなんらかの社会的権威によって強制的に臨床の場に引き出されること，また，成育歴や家庭環境に影響されて**対象関係**が不安定であることから，警戒的で支援者と信頼関係を結ぶことが難しく，働きかけに**抵抗**を示しがちです。抵抗には正面から対決せず対象者のなかにある葛藤や変化への動機を見出していく**動機づけ面接**の手法が有効とされています。

支援者が対象者に対して否定的感情を抱いたり，対象者の行為の背景にある攻撃性や偏った性的関心などに動揺させられたりすることもあります。こうした感情や動揺は支援者としてふさわしくないこととして**抑圧**，**否認**しがちですが，むしろ支援者としての成長や対象者のより深い理解の契機とすることも可能であり，自身の内面を探り，自分自身への気づきを深めることが望まれます。

支援者の立場は複雑で，被害者も含む社会に対してと，対象者に対してと**二重の責任**をもつことになります。**役割葛藤**も生じますが，対象者を支援することで犯罪・非行からの離脱が図れれば，これ以上被害者を出さないことにつながり，長い目でみた被害者支援になっていると考えることもできます。

司法領域では，二重の責任を負うことから，たとえば受刑者を出所後の生活支援につなぐことを考えても**守秘義務**という点で他領域以上に限界がありますが，対象者にとって不都合な限界や制限を隠さず，受け入れるべき現実として明確に示すことが対象者との信頼関係保持のうえで大切と考えられます。

対象者は虐待等の被害を体験していることが多く，だからといって加害行動を承認することはできませんが，加害者の傷つきをどう扱うかは司法領域の大きなテーマです。加害行動には傷つきに対する**防衛**という側面もあり，虚勢を張らずに安心して自己表出のできる場で自身の傷つき，弱さを認めることから始めて，自分の加害行動の意味を考え，被害者の傷つきや痛みを理解できるように援助していく支援が必要です。問題をトラウマの視点からみていく**トラウマインフォームドケア**の考え方が参考になります。

他機関，他職種との連携

司法領域では処遇の流れに応じて関わる司法関係機関が変わっていきますが，次の機関への引き継ぎとともに対象者に対してもそこでの処遇に備えるような働きかけをすることが必要です。

入口支援，出口支援や処遇の現場で**多職種連携**がなされていますが，広い視野から，将来への見通しをもって，互いの専門性を尊重しつつそれぞれの職種が効果的に機能を発揮できるようにしていくことが望まれます。なお，心理職としてアセスメントを依頼される際，依頼者が結果について一定の期待をもっていることがありますが，専門職としての中立，公正な立場を保持することが重要です。

セルフケア

司法領域で扱う内容，対象者の特性等から支援者の心理的負担は大きく，日常的に可能な**セルフケア**の手段を多くもっておくことが望まれますし，**ピアグループ**（同僚・仲間グループ）での話し合いや**スーパービジョン**の機会をもつことも重要です。ピアグループでは，仲間のストレス状態を，その人の個人的な精神的脆弱さのためとせず，自分たちの問題と捉えてともに考え，支えていく姿勢が大切です。

なお，困難な職務にもかかわらず，この領域で働き続ける専門家のモチベーションを支えるものとして，対象者の成長や変化，自身の成長，仲間との協働，再犯防止による潜在的な被害者の防御，社会の安全への貢献などから得られる満足感や達成感があることが報告されています。

演習問題

① 犯罪が発生した後の成人を対象とした司法システムの流れについて，「警察段階」「検察段階」「裁判段階」「矯正段階」「更生保護段階」の用語を使用して簡単に説明してみましょう。

② 司法・犯罪心理学を主な研究領域に分類し，それぞれの研究領域について，簡単に説明してみましょう。

③ 社会的なニーズと司法領域の心理臨床の広がりについて考察してみましょう。

④ 司法領域の心理臨床の特殊性と課題について整理してみましょう。

ブックガイド

▶浜井浩一編著（2013）.『犯罪統計入門――犯罪を科学する方法』［第 2 版］日本評論社

犯罪統計の用語，種類とその読み方について，初心者でも学びやすい内容になっているのでおすすめです。

▶藤岡淳子編（2020）.『司法・犯罪心理学』有斐閣

司法・犯罪心理学の基礎的な理論，司法制度と心理学の関わり，特に矯正保護段階の臨床場面について，より専門的に学びたい人（大学 3 ～ 4 年生・大学院修士課程）におすすめです。

▶越智啓太（2020）.『Progress & Application　司法犯罪心理学』サイエンス社

司法システムの仕組みや司法・犯罪心理学で行われている研究について，図やコラムを参照しながら学びたい人（大学 1 ～ 2 年生）におすすめです。

▶越智啓太・桐生正幸編著（2017）.『テキスト　司法・犯罪心理学』北大路書房

司法・犯罪心理学，とくに犯罪行動や捜査の領域で行われている最新の研究について，より専門的に学びたい人（大学 3 ～ 4 年生・大学院修士課程）におすすめです。

▶指宿信・木谷明・後藤昭・佐藤博史・浜井浩一・浜田寿美男編（2017）.『刑事司

法への問い』岩波書店

被害者遺族，冤罪被害者，法曹関係者，ジャーナリスト等による経験に根ざした率直な刑事司法への意見，提言。心理職としても知っておきたい刑事司法の抱える多様な課題が示されています。

▶伊藤絵美（2020）.『セルフケアの道具箱』晶文社

カウンセラーとしての経験や実証研究だけでなく，著者自身の実践によっても効果が確かめられている，セルフケアのための100のワークがイラストつきで紹介されています。

第 I 部

犯罪の原因

第2章 犯罪の生物学的要因

からだに問題があるのか

増井 啓太

第1節 生来性犯罪者

■ 犯罪原因論

犯罪が発生したとき，私たちはその原因をさまざまなところから求めようとします。たとえば，犯罪者の生物学的特徴や心理的特徴によって犯罪が起こったのではないかと考えたり，養育環境や交友関係といった加害者を取り巻く環境が犯罪につながったのではないかと考えたりします。犯罪の原因を議論することは，古くから哲学や心理学，社会学の研究テーマでもあり，これまでに犯罪原因に関するいくつもの理論が導かれてきました。犯罪原因に関する理論は**犯罪原因論**と呼ばれます。犯罪原因論には，大きく分けて3つのアプローチがあるとされています（越智，2012)。1つ目が加害者の生物学的特徴や遺伝的特徴から犯罪原因を議論する生物学的アプローチ，2つ目が加害者の性格特性や思考パターンが犯罪発生に関与するとする心理的アプローチ，3つ目が社会構造や加害者を取り巻く環境が犯罪を引き起こすとする社会学的アプローチです。このうち，本章では生物学的アプローチを取り上げ，犯罪の原因について考えます。

■ 生来性犯罪者説

イタリアの精神科医であったロンブローゾ（C. Lombroso；1836-1909）は，刑務所に入所している犯罪者の身体計測を行い，それを一般人と比較することで，犯罪者特有の身体的，生物学的特徴を明らかにしようとしました。彼は，4000人近くの収容者と，それとほぼ同数の兵士の身体的・生物学的特徴を比較しました。その結果，犯罪者には狭い額，大きな顎，大きな眼窩，大きな耳など18項目の身体的・生物学的特徴があることを見出しました。あわせて，犯罪者は，痛覚の鈍麻や強い自己顕示欲といった精神的特徴を示すことも明らかにしました。ロンブローゾは，1876年に自身の調査結果を『犯罪人論』（*L'uomo delinquente*）にて発表し，犯罪者がもつ上記のような特徴は，生まれながらに備わっているものだと述べました。そのため，ロンブローゾの考えは**生来性犯罪者説**と呼ばれています。さらに，ロンブローゾは，犯罪者の身体的特徴や精神的特徴は原始的な人間の特徴に近いとして，犯罪者を進化の段階が一段階低い人種，すなわち「先祖返り」した人種であると考えました。また，生来性犯罪者説では，犯罪性は生得的なもので，教育や指導によってこれを更生することは不可能であるため，社会の安全を獲得するためには犯罪者を社会的に排除するしかないと述べています。

ロンブローゾの生来性犯罪者説は，彼自身の経験に基づいたものであったために一般性に欠け，多くの批判を浴びることになりました。そのなかでも，イギリス人医師のゴーリングは，約3000人の収容者と，それとほぼ同数の一般人を対象として，96個の身体的・精神的特徴を調査しました。そして，当時確立しつつあった統計学的手法を用いて，犯罪者と一般人の特徴を比較検討しました。その結果，両者の特徴に統計的な違いは認められず，犯罪者特有の身体的・精神的特徴は確認されなかったと結論づけました（Goring, 1913）。生来性犯罪者説を発表した当初，ロンブローゾは「犯罪者のほとんどが生来的な犯罪者である」と考えていましたが，さまざまな批判を受けた結果，「犯罪者の生来性はごく一部である」と自説を修正するに至りました。現在では，生来性犯罪者説そのものは否定され，その歴史的価値のみが残っています。

ロンブローゾが述べた生来性犯罪者説は現在では否定されています。しかし，彼は，はじめて犯罪の原因を実証的な方法によって明らかにしようとしました。そして，彼の研究をきっかけとして，その後，犯罪の生物学的要因に関する研究が大きく進展しました。そのため，ロンブローゾは「犯罪学の父」と呼ばれています。

■ 犯罪と体型との関係性

生来性犯罪者説のほかに，犯罪と身体的特徴との関連を主張した理論にクレッチマー（E. Kretschmer；1888-1964）の類型論があります。クレッチマーは，人の体型を細長型，肥満型，闘士型の３つに分類しました。そして，細長型の人は窃盗と詐欺，肥満型は主に詐欺，闘士型は暴力犯罪を起こしやすいことを報告しました（Kretschmer, 1955）。また，アメリカの心理学者のシェルドン（W. H. Sheldon；1899-1977）は，健常な男性の写真をもとにして人の体型を外胚葉型（虚弱でやせている），内胚葉型（ふくよかで肥満型），中胚葉型（頑丈で筋肉質）の３つに分類しました。そして，非行少年には中胚葉型の割合が多く，外胚葉型の割合が少ないことを発見しました（Sheldon & Stevens, 1942；Sheldon et al, 1949）。しかしながら，いずれの考え方も理論の前提や研究方法について問題点が指摘されており，現在では，生来性犯罪者説と同様に歴史的な価値のみが残っているにすぎません。

これまで述べてきた生来性犯罪者説や類型論のなかで主張されているような犯罪と身体的・生物学的特徴との関係については，そのほとんどが現在までに否定されています。ところが，近年の研究において，AIが，殺人や強盗，汚職，詐欺などで有罪判決を受けた男性の犯罪者と非犯罪者の顔写真を，約９割の正解率で見分けることができたという知見が報告されました（Wu & Zhang, 2016）。さらに詳しく分析したところ，犯罪者の顔と非犯罪者の顔のどこに差異があるのかが示されました。具体的には，犯罪者の顔は非犯罪者よりも口が小さく，上唇が曲がっており，左右の目頭の間隔が狭いことが示されました。これらの研究結果は，犯罪者の顔には，非犯罪者の顔にはない，特有の特徴があることを示唆していると考えられます。ただし，結果の解釈には慎重さを要するところもあります。たとえば，使用された顔写真はすべて中国人男性のものであったため，明らかとなった犯罪者の顔の特徴が女性や他の人種の犯罪者にも当てはまるかどうかは不明です。また，顔の表情はストレスや疾病といった後天的な要因によって変化する可能性も考えられます。犯罪者の顔には，犯罪者特有の特徴があるのかどうかについては，今後さらなる検討が必要だと思われます。

第2節　遺伝的要因

■犯罪と遺伝

私たちの身体的特徴や知能，性格特性などには一定の遺伝的影響がみられます。犯罪原因に関する議論においても，犯罪性への遺伝的影響の有無，すなわち，「犯罪者の親から生まれた子どもは犯罪者になるのか」というテーマに関して多くの研究が実施されてきました。本節では，家系研究，養子研究，双生児研究，遺伝子多型研究のそれぞれの研究知見を紹介しながら，犯罪性に及ぼす遺伝的影響について議論したいと思います。

■家系研究

家系研究とは，犯罪者の血縁者や親族のなかにどの程度犯罪者がいるのかを調べることで，犯罪性に及ぼす遺伝的影響を検討する研究です。主な研究として，ゴダードが行ったカリカック家の研究（Goddard, 1912）とダグデイルとエスタブルックが行ったジューク家の研究があります（Estabrook, 1916；Dugdale, 1877）。

カリカック家の研究では，マーティン・カリカックという男性の家系が調べられました。彼はアメリカ独立戦争に参加中に精神遅滞の女性と関係をもったにもかかわらず，戦後に健常な別の女性と結婚をして子孫をもうけました。ゴダードは，それぞれの家系の子孫たちを比較したところ，精神遅滞の女性との子孫480人のうち正常だった者はわずか46人（9.6%）であったことを報告しました。その他の子孫についてはさらに3人が犯罪者でした。一方で，健常な女性との子孫では496人全員が正常者であったことがまとめられています。

ジューク研究のきっかけは，アメリカの地方刑務所に血のつながった6人の親族が服役していたことにダグデイルが気づいたことでした。その後，彼が詳しく調査したところ，ほかにも17人もの親族が別の刑務所に収容されていたことが明らかとなりました。そこで，これらの犯罪者たちの家系をたどり，どの程度親族のなかに犯罪者がいるのかを調査したところ，709人中140人（19.7%）が犯罪者であったことを突き止めました。さらに詳細な調査を実施した結果，最終的には2820人の親族のうち171人（6.1%）が犯罪者であったことが報告されています。

家系研究によって「犯罪者の血縁者や親族は犯罪者になる可能性が高い」という，犯罪性に及ぼす遺伝的影響の大きさが明らかとなりました。しかしながら，家系研究の手法では環境の影響を完全に排除することは不可能です。そのために，犯罪性に及ぼす遺伝の影響がどの程度大きいものなのか，遺伝の影響が環境の影響よりも大きいのかが断定できないという問題点が指摘されています。また，カリカック家の研究では調査方法に問題があったり，精神遅滞とされる対象者の写真に修正が施されていたとの指摘もあります（Gould, 1996）。そこで，犯罪には遺伝と環境のどちらの要因がより強く影響するのかを調べる研究手法が取られるようになりました。それが次項から紹介する養子研究と双生児研究です。

■養子研究

養子研究とは，養子に出された子どもの犯罪性を，産みの親と育ての親の犯罪歴の有無から比較することで，犯罪性に及ぼす遺伝の影響を検討する研究のことです。養子には，産みの親からは遺伝的要素が引き継がれますが，養親からは引き継がれません。クロウ（Crowe, 1974）は，犯罪歴のある親から生まれ，養子に出された子どもの犯罪歴を，犯罪歴のない親から生まれて養子に出された子どもの犯罪歴と比較しました。その結果，犯罪歴のある親から生まれ，養子に出された子どもでは52人中7人に逮捕歴がありましたが，生みの親に犯罪歴がなく養子に出された子どもでは52人中1人にしか逮捕歴がありませんでした。

ハッチングとメドニック（Hutchings & Mednick, 1975）の研究では，実父の犯罪歴と養父の犯罪歴が子どもの犯罪のしやすさに及ぼす影響を調べました。このとき，実親に犯罪歴があり，養親に犯罪歴がない場合の養子の犯罪性が，実親に犯罪歴がなく，養親に犯罪歴がある場合の養子の犯罪性よりも高ければ，犯罪には遺伝的影響が大きいことがいえます。反対に，実親に犯罪歴がなく，養親に犯罪歴がある場合の養子の犯罪性のほうが高ければ，犯罪には環境の影響が大きいことになります。調査の結果，実父に犯罪歴があり，養父に犯罪歴がない場合の養子の犯罪歴は22%であった一方で，実父に犯罪歴がなく，養父に犯罪歴がある場合の養子が犯罪者になる割合は11.5%でした。すなわち，

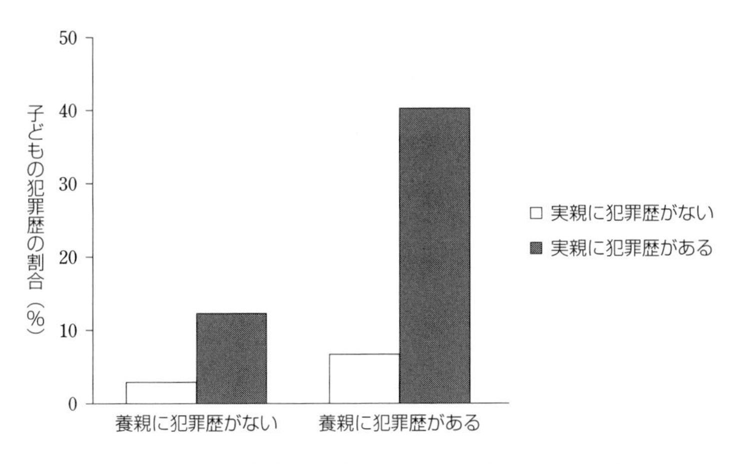

図 2-1　実親と養親の犯罪歴が養子の犯罪歴に及ぼす影響

（出所）Bohman, 1996 より作成。

犯罪性には環境の影響よりも遺伝の影響のほうが大きいことが示唆されました。ボーマン（Bohman, 1996）の研究においても，実親の犯罪歴と養親の犯罪歴が養子の犯罪のしやすさに及ぼす影響が調べられました。その結果，実親に犯罪歴があり，養親に犯罪歴がない場合の養子の犯罪歴は 12.1%であった一方で，実親に犯罪歴がなく，養親に犯罪歴がある養子が犯罪者になる割合は 6.7%でした（図 2-1）。この結果からも，犯罪性には環境の影響よりも遺伝の影響が大きいことが見て取れます。しかしながら，ボーマン（Bohman, 1996）の研究で，養子の犯罪性が最も高かったのは実親，養親ともに犯罪歴がある場合でした。このことは，犯罪性には，遺伝的要因と環境要因の影響が相互的に作用することを示しています。すなわち，たとえ犯罪をしやすい遺伝的要素をもつ者であったとしても，よい環境で育つことで犯罪のリスクを軽減できる可能性を示唆しています。

養子研究では，産みの親と育ての親の犯罪性の有無から子どもの犯罪性を検討することで，犯罪性に及ぼす遺伝と環境の影響を比較することが可能です。しかし，研究対象が養子と限定されていること，養育環境以外の環境要因の影響を完全に排除できないといった問題点があります。

■ 双生児研究

双生児研究とは，一卵性双生児（ほぼすべての遺伝情報が同じ双子）と二卵性双生児（遺伝情報の半分だけが同じ双子）とを対象として，それぞれの一致率を比較することで，犯罪性に及ぼす遺伝的要因と環境要因の影響を比較検討する研究を指します。一致率とは，双子の一方が犯罪者であるならば，もう片方も犯罪者である割合のことです。そして，かりに一卵性双生児の一致率が二卵性双生児のそれよりも高かった場合，犯罪性に対しては，環境の影響よりも遺伝の影響のほうが大きいと考えられます。それに対して，もし，一卵性双生児の一致率と二卵性双生児の一致率がほぼ同程度だった場合，犯罪性に対しては，遺伝の影響よりも環境の影響のほうが大きいと判断できます。

犯罪に関する双生児研究の最初の報告は，ランゲ（J. Lange）によって行われたとされています（佐々木，2010）。ランゲによると，一卵性双生児 13 組の一致率は 77%であったのに対して，二卵性双生児 17 組の一致率は 12%であったことが述べられています（Lange, 1929）。その後の研究では，6000 組の双子を対象として一致率が調べられました。その結果，一卵性双生児の一致率は 35.6%でしたが，二卵性双生児では 12.3%であったことが明らかとなっています（Mednick & Christiansen, 1977）。

このように，複数の研究で一卵性双生児の一致率のほうが，二卵性双生児のそれよりも高いことが報告されています。したがって，犯罪性には環境の影響よりも遺伝の影響のほうが大きいことが考えられます。一方で，ダルガードとクリングレン（Dalgaard & Kringlen, 1976）が報告した結果では，一卵性双生児 31 組の一致率は 26%であったのに対して，二卵性双生児 54 組の一致率は 25%でした。この結果は一卵性双生児と二卵性双生児の一致率とが同程度であり，犯罪に及ぼす環境の影響の大きさを示すものであるといえます。以上をまとめると，犯罪性に対しては，環境要因の影響よりも遺伝的要因の影響のほうが大きいと考えられますが，環境要因の影響を無視することはできないといえるでしょう。

双生児研究は，一卵性双生児と二卵性双生児の一致率を比較することで，犯罪性に及ぼす遺伝要因と環境要因の影響を検討することができます。しかしながら，双生児研究も養育環境以外の環境要因の影響を完全に統制することはできないという問題点があります。

■ 遺伝子多型研究

犯罪と遺伝との関連を検討する研究として，近年，研究数が増加しているものに**遺伝子多型**（gene polymorphism）**研究**があります。遺伝子多型研究とは，セロトニンやドーパミンといった神経伝達物質の結合や分解，シナプスにおける神経伝達物質の輸送に関与する遺伝子の個人差に着目し，それらの個人差と私たちの行動や心理的特徴，さまざまな疾病との関連を調べる研究のことです。本項では，セロトニン神経系遺伝子，ドーパミン神経系遺伝子，およびそれらの分解に関連する酵素活性遺伝子の多型と犯罪との関連を検討した先行知見を概説します。

神経伝達物質のうち，犯罪に関わる物質としてセロトニンがあります。たとえば，モフィットら（Moffitt et al., 1998）は，781人の男女を対象として，血中のセロトニン濃度と暴力との関連を検討しました。その結果，暴力的な男性のセロトニン濃度は，暴力的でない男性よりも高かったことが明らかとなりました。このセロトニンの伝達に関わる遺伝子の1つに，セロトニントランスポーター遺伝子（5-HTT）があります。そして，5-HTTの型には，セロトニンの伝達水準の低いS対立遺伝子と，伝達水準の高いL対立遺伝子を組み合わせたSS型，SL型，LL型があります。このうち，SS型やSL型は攻撃性や衝動性の高さ，薬物乱用などと関連することが指摘されています（Gerra et al., 2004；Gunter et al., 2010；Halikainen et al., 1999）。リァオら（Liao et al., 2004）の研究では，暴力犯罪を起こした男性（犯罪者群）135人と犯罪をしていない男性（統制群）111人について，5-HTTの対立遺伝子の割合を調べました。その結果，S対立遺伝子をもつ人の割合が，犯罪者群において高かったことが報告されています。

一方で，トシュチャコワら（Toshchakova et al., 2018）は，ロシアの殺人犯，窃盗犯と非犯罪者を対象として，5-HTTの多型の割合を比較しました。その結果，犯罪者群では，非犯罪者群と比較して，LL型の割合が多く，SL型やSS型の割合が少ないことが示されました。5-HTTの多型が犯罪と関与することは諸先行知見からも明らかであると考えられますが，どのような型が犯罪と深く関連するのかについては，罪種や国籍の違いも含めたより詳細な検討が必要であると思われます。

セロトニンのほかに犯罪と関与する神経伝達物質として，ドーパミンがあります。ドーパミンは欲求が満たされたときや心地よさを感じた際に放出されます。ドーパミンの伝達に関わる遺伝子には，ドーパミンD4受容体遺伝子（DRD4）やドーパミントランスポーター遺伝子（DAT）などがあります。このうち，DRD4遺伝子は，細胞内で48塩基長を1反復単位として，反復数7回の長形か4回の短形をとることが知られています（増井・野村，2010）。このDRD4多型のうち，反復数7回の対立遺伝子をもつ人は，これより反復回数の少ない人に比べて，新しい刺激やスリルの伴う経験を求めがちであるとされています（例：Benjamin et al., 1996）。さらに，チェレプコワら（Cherepkova et al., 2019）は，犯罪者と非犯罪者を対象として，DRD4多型の割合を調査しました。そして，DRD4の反復回数の多い人の割合は，非犯罪者群よりも犯罪者群で多く，とりわけ，重犯罪者においてその傾向が顕著であったという結果が得られました。DATの多型に関しては，反復数9回の遺伝子多型は，その他の反復数の遺伝子多型よりも境界性パーソナリティ障害にみられる怒りや衝動性といった特性と関連することが示されています（Joyce et al., 2009）。犯罪との関連については，常習犯において反復数9回の遺伝子多型をもつ人の割合が高かったことが述べられています（Cherepkova et al., 2019）。

ドーパミンやノルアドレナリンなどのカテコール系化合物の分解に関わる酵素にカテコール－O－メチル基転移酵素（COMT），セロトニンなどのモノアミン神経物質の酸化を促進させる酵素の1つにモノアミン酸化酵素A（MAO-A）があり，それらの酵素の働きは候補遺伝子によって異なるとされます（増井・野村，2010）。たとえば，COMT遺伝子には2つの対立遺伝子が存在し，アミノ酸の一種であるバリンを有するVAL型とメチオニンを有するMET型に分類されます。このうち，MET型はVAL型に比べてCOMTの活性が低いため，カテコール化合物の分解速度が遅く，攻撃的になることが知られています（Strous et al., 2003）。その一方で，性犯罪者と非犯罪者のCOMT遺伝子多型の割合を比較した調査では，両者の割合に差異は認められなかったことを報告している研究もあり（Jakubczyk et al., 2017），COMT遺伝子と犯罪との関連についてはさらなる検討が必要であると考えられます。

これまで，MAO-A遺伝子の多型は，衝動性や攻撃性，物質依存と密接に関連することが明らかとなっています（例：Manuck et al., 2000）。このMAO-A遺伝子多型と犯罪との関連について検討した研究では，非暴力犯罪者と比較して暴力犯罪者において，MAO-A活性の低いMAOA-L型の割合が高かったことが

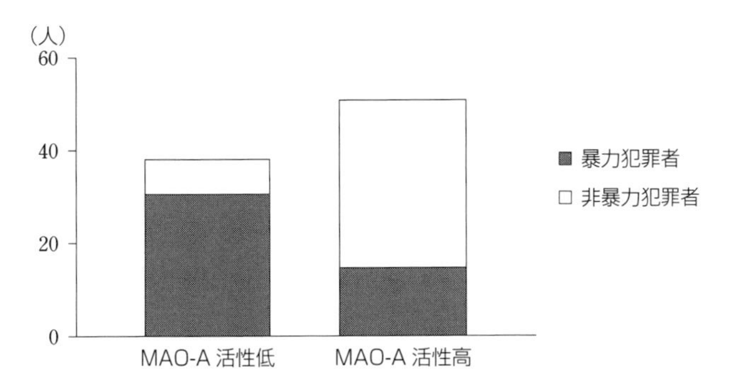

図 2-2　暴力犯罪者と非暴力犯罪者の MAO-A 遺伝子多型の割合

（出所）Stetler et al., 2014, Fig.1 より作成。

明らかとなっています（Stetler et al., 2014；図 2-2）。同様に，カスピら（Caspi et al., 2002）がニュージーランドの男性を対象として実施した研究では，MAO-A 活性の低さが暴力行為と関連していましたが，その関係性は児童期に虐待を受けていた人において確認されました。以上の研究知見をまとめると，MAO-A 活性の低い遺伝子多型は犯罪と関連すると考えられますが，それは環境要因によって調整される可能性があります。

ここまでの内容から，犯罪性に対しては一定の遺伝的影響が存在し，それは環境による影響よりも大きい可能性が考慮されます。しかしながら，環境要因の影響を完全に排除できていない研究や環境要因の調整効果が得られた知見もあり，「犯罪性は遺伝するのか否か」という議論の結論を導くためにはさらなる研究が必要であると思われます。

次節では，犯罪の原因を生物学的要因から検討した諸知見を紹介します。

第 3 節　生物学的要因

■ 犯罪と中枢神経系領域との関連

神経犯罪学（neurocriminology）とは，犯罪の原因を，脳などの中枢神経系領域の構造的・機能的問題から検討する学問のことです。そのなかで，犯罪と脳の構造的問題との関連については，外傷性脳損傷の影響が指摘されています。外傷性脳損傷とは，交通事故などで頭部に強い衝撃が与えられることによって，後天的に脳が損傷を受けてしまうことです。外傷性脳損傷によって私たちの性格や行動が変化したことを示す事例は複数報告されています。有名な事例としては，フィネアス・ゲージの事故が挙げられます。ゲージはアメリカの鉄道会社に勤める作業員で，鉄道の線路を引くための工事に従事していました。1848年，工事中の事故により，長さ1mを超える金属の棒がゲージの左頬から頭の中上部を貫通しました。ゲージは奇跡的に一命を取り留めましたが，前頭葉に深刻な損傷を受けました。事故前のゲージは穏やかで親切な人物でしたが，事故により彼の性格は，気まぐれで攻撃的，不誠実で嘘つきに変わったといわれています（Perino, 2020）。

20世紀になり，脳画像研究の技術が確立したことで，非侵襲的な手法で犯罪者の脳の構造や機能を調べることができるようになりました。具体的な研究として，反社会的なパーソナリティ障害者は，そうでない人と比較して，前頭葉の灰白質の体積が11％減少していたことが報告されています（Raine et al., 2000；図2-3）。さらに，ヤンとレイン（Yang & Raine, 2009）は，犯罪者を対象として実施された12編の脳画像研究の結果をまとめて，メタ分析を実施しました。その結果，犯罪者の前頭葉の体積は，非犯罪者のそれと比較して小さかったことが明らかとなりました。犯罪者の前頭葉の構造上の問題に加えて，機能的な問題も先行研究のなかで指摘されています。たとえば，先述の先行研究において，犯罪者の前頭葉はグルコース（ブドウ糖）の代謝が低いことが示されています（Yang & Raine, 2009）。また，キールら（Kiehl et al., 2001）の研究では，犯罪者と非犯罪者を対象として，「血」や「下水」といった不快感情を強める単語をみているときの脳血流量の変化を調べました。その結果，犯罪者の前頭葉の脳血流量は，非犯罪者の血流量よりも少なかったことが見出されました。

このように犯罪者では，前頭葉の構造的・機能的問題が認められることが多くの研究のなかで述べられています。前頭葉は，行動や感情の制御，注意や集中力の維持，目標志向的な意思決定に関わる脳領域とされています。したがって，犯罪者はそのような機能に問題があると考えられています。

前頭葉のほかにも，報酬の評価や予測に関わる線条体の体積が，犯罪者群のほうが非犯罪者群よりも10％大きかったことを報告している研究（Glenn et al., 2010）や，道徳的な意思決定を行う際に，情動の処理や覚醒調整に関与する偏桃体の働きが，罪を犯した人では，犯罪をしていない人よりも低かったことを

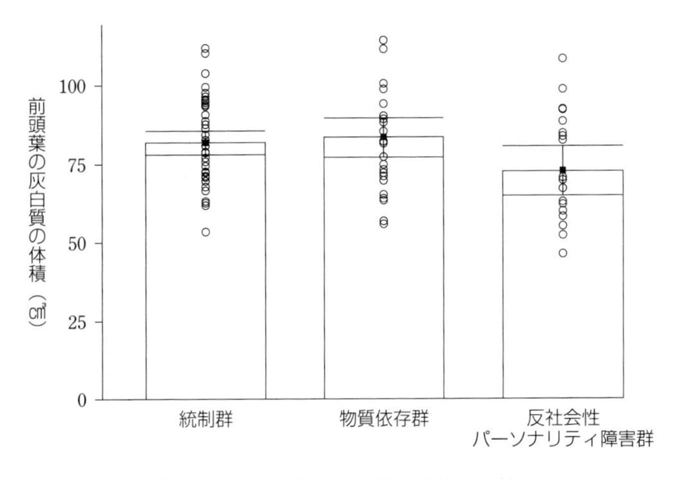

図 2-3　前頭葉の灰白質の体積の比較

（出所） Raine et al., 2000, Fig.2 より作成。

明らかにした研究（Glenn et al., 2009）もあります。

■ 犯罪と抹消神経系活動との関連

犯罪の原因に関する生物学的要因について，抹消神経系活動との関連からも議論がなされています。ラトヴァラら（Latvala et al., 2015）は，安静時の心拍数と暴力的な犯罪性との関連について縦断的研究を実施しました。この研究では，1958 年から 1991 年までに産まれた 70 万人以上のスウェーデン人の男性が研究対象でした。研究の結果，青年期後期における安静時の心拍数が少ない男性は，心拍数が多い男性よりも，暴力犯罪で有罪判決を受ける割合が 39％も高かったことが報告されました。あわせて，非暴力的犯罪で有罪を受ける可能性に関しては，25％ほど高かったことも示されています。同様に，ブラジルで実施された調査においても，安静時の心拍数が少ない男性の暴力犯罪を起こす割合は，心拍数が多い男性のそれよりも 1.9 倍も高かったことが述べられています（Murray et al., 2016）。以上より，安静時の心拍数の少なさが犯罪，とりわけ暴力犯罪の発生と関与することが明らかとなっています。

発汗の程度を電気的に測定することで得られる皮膚コンダクタンス反応（skin conductance response：SCR）は，一般的には，恐怖や不安を感じたときに大きくなるとされます。SCR と攻撃性との関連について，先行研究では，恐怖を感じたときのSCRの小さい人は攻撃的であることが示唆されています。たとえば，ガオら（Gao et al., 2010）は，3歳から8歳までの児童を対象として，恐怖を感じたときのSCRと8歳時の攻撃性の程度との関連を調査しました。その結果，攻撃性の高い児童の多くは，SCRが小さいことが明らかとなりました。さらに，ガオら（Gao et al., 2015）は，縦断的研究により，青年期後期における恐怖時のSCRの小ささが能動的攻撃（なんらかの目的達成のために動機づけられる，手段としての攻撃）の高さと関連したことを見出しています。

■犯罪と性ホルモンとの関連

ホルモンとは，私たちの体内で分泌され，血液によって全身に運ばれながら体調管理や恒常性の維持を担っている化学物質のことです。このうち，生殖器で分泌されるホルモンを性ホルモンと呼びます。性ホルモンにはいくつかの種類があり，女性ホルモンであるエストロゲンとプロゲステロン，男性ホルモンであるテストステロンなどがあります。このうち，テストステロンの濃度が犯罪と関連することが先行研究のなかで示されています。

たとえば，ダブスら（Dabbs et al., 1995）は，692人の男性収容者を対象に，唾液中のテストステロン濃度と罪種や刑務所内での行動との関連を調査しました。その結果，性犯罪や暴力犯罪を起こした受刑者のテストステロン濃度は，強盗や窃盗などの財産犯罪を起こした受刑者よりも高かったことが明らかになりました。くわえて，テストステロン濃度の高かった受刑者は，刑務所内での規則を多く破っていたことも示唆されました。

同様に，スチューダーら（Studer et al., 2005）は，男性の性犯罪者の血清中テストステロンの濃度と犯罪の内容，再犯の割合との関連を検討しました。そして，血清中テストステロンの濃度の高かった犯罪者ほど，重大な犯罪を起こしており，再犯の割合も高かったことを報告しています。

そのほか，アロメキら（Aromäki et al., 2002）の研究では，性犯罪者と非犯罪者の唾液中のテストステロン濃度を比較しました。その結果，両者に明確な違いは認められなかったのですが，性犯罪者では，反社会性パーソナリティの水準が高くなるほどテストステロンの濃度が高くなっていたのに対して，非犯罪者ではそのような関係性は見出されなかったことが報告されました（図2-4）。この結果は，反社会性パーソナリティの程度が高いという条件のもとでのみテ

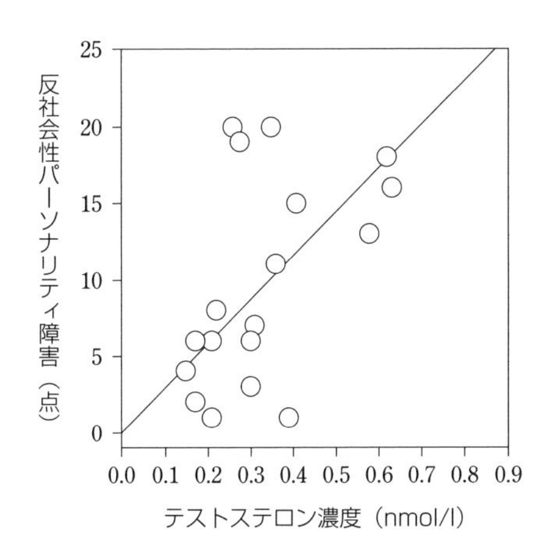

図 2-4　性犯罪者におけるテストステロン濃度と反社会性パーソナリティ障害との関連

（出所）　Aromäki et al., 2002, Fig.1 より作成。

ストステロンの影響が現れる可能性を示唆しています。

■ 犯罪と指比との関連

出生前に子宮内でどの程度テストステロンやエストロゲンを浴びたのかを表す指標として手の指比が用いられることがあります。とりわけ，第 2 指（人差し指）と第 4 指（薬指）の長さの比率を表す 2D : 4D 比が小さい，すなわち第 2 指が第 4 指よりも短く，その差が顕著であると子宮内でのテストステロンを浴びた量が多いことが示されています（Brown et al., 2002；Hönekopp et al., 2007）。この 2D : 4D 比の大きさが攻撃性やリスクの伴う行動の選択と関わることが報告されています（McIntyre et al., 2007；Stenstrom et al., 2011）。たとえば，マキンタイアーら（McIntyre et al., 2007）は 2D : 4D 比と模擬戦争ゲームでの理不尽な攻撃行動との関連を調べました。その結果，2D : 4D 比の小さい人ほど理不尽な攻撃行動を選択しやすいことがわかったということです。

第 4 節　さらなる研究の必要性

本章では，犯罪原因論の生物学的アプローチに着目し，犯罪者の生物学的特徴や遺伝的特徴から犯罪原因を議論してきました。犯罪の生物学的要因を明らかにすることは，犯罪や再犯の抑止に効果的であると思われます。

しかし，本章で紹介した研究知見を解釈する際には注意しなければならない点も存在します。それは，先行研究で示された犯罪と遺伝的特徴，生物学的特徴との関係性は相関関係であり，因果関係ではないという点です。そのため，犯罪と関連することが明らかになっている遺伝的特徴や生物学的特徴の発現を抑制したからといって，犯罪の発生件数が減少するとは限りません。また，そのような特徴をもっている人が，将来犯罪者になるかどうかを予測することも不可能です。なんらかの遺伝的特徴や生物学的特徴が犯罪と関連することは確かだと思われますが，はたしてそれらが，犯罪原因として妥当かどうかの判断は慎重に行う必要があります。

演習問題

① 犯罪者特有の身体的特徴に関する議論がどのように行われてきたかを考えてみましょう。

② 犯罪に及ぼす遺伝的要因の影響を調べるための研究にはどのようなものがあるかを考えてみましょう。

③ 犯罪と中枢神経系活動，抹消神経系活動との関連について考えてみましょう。

ブックガイド

▶ Blair, J., Mitchell, D. & Blair, K.（福井裕輝訳）（2009）.『サイコパス――冷淡な脳』星和書店

サイコパス研究の第一人者である著者が，自身の研究やその他の研究から，サイコパスと判定された犯罪者の生物学的・認知的特徴をまとめています。サイコパスについて深く知りたいなら，本書がおすすめです。

▶ レイン，A.（高橋洋訳）（2015）.『暴力の解剖学――神経犯罪学への招待』紀伊國屋書店

神経犯罪学の観点から暴力の生物学的要因について解説した本です。犯罪者の中枢神経系活動の特異性について詳しくまとめられおり，犯罪の生物学的基盤について深く理解することができます。

▶ロウ，D. C.（津富宏訳）（2009）．『犯罪の生物学――遺伝・進化・環境・倫理』北大路書房

犯罪性向と生物学的特徴や遺伝学的特徴との関連をまとめた解説書です。遺伝学の簡単な解説もあるため，初学者でも理解しやすい内容になっています。

第3章 犯罪の心理的要因
性格や思考に問題があるのか

増井 啓太

第1節 犯罪者の性格

犯罪の原因に関するさまざまな理論を犯罪原因論と呼びます。そのうち，本章では心理的アプローチに関する知見を紹介します。最初に，犯罪とパーソナリティとの関係性についてみていきます。

■ 犯罪とパーソナリティ

パーソナリティとは，各個人の内に存在する，時間的・状況的に比較的安定した認知，感情，行動を表現するための概念のことです（若林，2009；渡邊，2010）。犯罪とパーソナリティとの関連についての研究は，ロンブローゾの生来性犯罪者説以来行われてきました。初期の実証的研究で代表的なものにグリュック夫妻（Glueck & Glueck, 1950）の非行研究があります。彼らは500人の非行少年と同数の一般少年を対象として，パーソナリティ，知能，社会環境などを比較検討しました。その結果，非行少年は一般少年と比べて，自己主張が強い，衝動的で自己制御が困難，怒りっぽい，情緒不安定，猜疑心が高い，破壊的で反抗的といった特徴を強く示したことがまとめられています。

人のパーソナリティを理解するための理論の1つにアイゼンク（H. J. Eysenck）の理論があります。彼は，パーソナリティを「精神病質傾向」（psychoticism），「外向性」（extraversion），「神経症傾向」（neuroticism）の3つの次元から捉えるモデルを提唱しました。「精神病質傾向」は，独創的であるが，衝動的で社会的規範が低いといった特徴が該当します。「外向性」には，活動的で社交的，楽観的などの特徴が含まれます。「神経症傾向」には，不安が強い，感情的などの特徴が含まれます。このようなアイゼンクのモデルは，各次元の頭文字を取って**P-E-Nモデル**と呼ばれています。犯罪とP-E-Nモデルとの関連について，ダムら（van Dam et al., 2005）は，非行少年と一般少年を対象とした調査を実施しました。その結果，一般少年の「外向性」得点は，非行少年の得点よりも高かったことが明らかとなりました。また，累犯者と非累犯者とで各次元の得点を比較したところ，累犯者のほうが「外向性」得点，および「精神病質傾向」得点が高かったことも述べられています。これらの結果から，非行少年は一般少年よりも活動的で社交的であり，累犯者においてその傾向が顕著であることが見て取れます。くわえて，何回も犯罪を起こした人は，そうでない人よりも衝動的で，社会的規範が低いこともわかりました。

そのほかのパーソナリティの理論モデルに，コスタとマクレー（Costa & McCrae, 1985）によって提唱された**ビッグファイブモデル**があります。ビッグファイブモデルとは，人のパーソナリティを，「神経症傾向」（neuroticism），「外向性」（extraversion），「誠実性」（consciousness），「開放性」（openness），「調和性」（協調性；agreeableness）の5つの次元から捉えようとする理論です。犯罪とビッグファイブとの関連では，非行少年は一般少年よりも，開放性と調和性が低かったことが示唆されています（van Dam et al., 2005）。くわえて，累犯者は非累犯者よりも神経症傾向の得点が高く，調和性の得点が低かったことが明らかとなっています。ジョーンズら（Jones et al., 2011）は，犯罪とビッグファイブモデルとの関連を検討した30編の論文についてメタ分析を行いました。そして，誠実性と調和性の低さ，ならびに，神経症傾向の高さが反社会的な行動の促進と関連していたことを見出しました。しかし，犯罪者は非犯罪者よりも誠実性や調和性の得点が高いことを指摘している研究もあります。たとえば，クロアチアやベルギーで実施された研究では，犯罪者の誠実性や調和性の程度は，非犯罪者よりも高かったことを明らかにしています（Thiry, 2012；Trninić et al., 2008）。このほかにも，エリクソンら（Eriksson et al., 2007）は，スウェーデンの犯罪者と一般人のパーソナリティを比較しました。その結果，男性犯罪者の誠実性は，一般人よりも高かったことを見出しています。日本の犯罪者と一般人のパーソナリティの違いを検討したシモツカサら（Shimotsukasa et al., 2019）

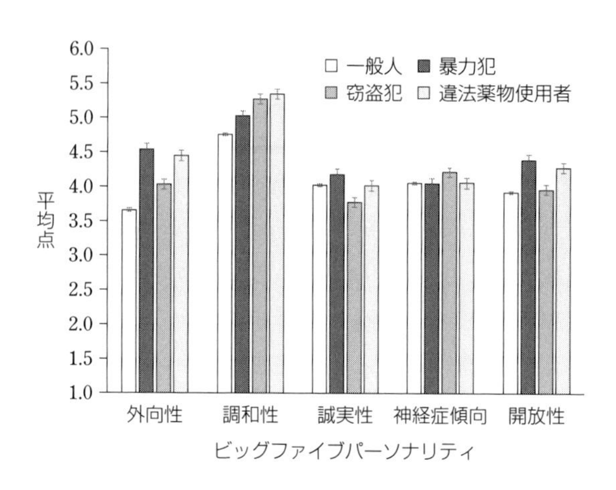

図 3-1　犯罪者と非犯罪者のビッグファイブパーソナリティ

（出所）　Shimotsukasa et al., 2019, Fig.1 より作成。

の研究では，罪種の異なる犯罪者 645 人と一般人 4546 人を対象としました。分析の結果，暴力犯罪者は一般人よりも外向性，開放性，調和性の水準が高かったことが示されました。あわせて，一般人と比較して，違法薬物使用者では開放性と調和性の得点が高く，窃盗犯では誠実性の得点が低かったことが報告されています（図 3-1）。誠実性や調和性には，目標志向性や共感性，他者との親和性の高さといった特徴が含まれます。犯罪者のほうが一般人よりも誠実性や調和性が高いという先行知見は，一見しただけではこれらの特徴と矛盾しているように思われます。しかし，誠実性や調和性の高い個人は，他の犯罪者に共感し，交流を深め，犯罪という目標達成のために努めやすいという可能性を考慮すると，シモツカサら（Shimotsukasa et al., 2019）の結果も理解しやすいかもしれません。また，犯罪者の誠実性の程度に関して一貫した知見が得られていないことについて，エリクソンら（Eriksson et al., 2007）は，刑務所内での適応がパーソナリティに影響を及ぼした可能性を指摘しています。これまでの内容をまとめると，犯罪者のパーソナリティは非犯罪者と異なっていることが見て取れますが，「犯罪者に共通するパーソナリティ」の解明にはいまだ至っていません。

犯罪とパーソナリティとの関連について，罪種の違いなどの影響により一貫した結果を得ることは困難だと思われます。越智（2012）は，そのような背景から，近年では，パーソナリティの特定の側面と犯罪や攻撃性，暴力との関連についての研究が行われるようになったと述べています。次項からはそれらの知見を紹介していきます。

■ 犯罪と自己統制

ゴットフレットソンとハーシは，犯罪の本質は**自己統制**（self-control）の欠如であるとする**犯罪に関する一般理論**（the general theory of crime）を提唱しました（Gottfredson & Hirschi, 1990）。自己統制の欠如とは，行動に熟慮，慎重さ，忍耐強さが伴わない，無計画で，中長期的な利益よりも目先の利益を優先するなどの特徴を含んでいます。「犯罪に関する一般理論」では，そのような自己統制の欠如がさまざまな逸脱行為や犯罪を規定する最も有力な予測因であると主張しました。自己統制の欠如が犯罪と関連することについては，先述のグリュック夫妻が実施した研究（Glueck & Glueck, 1950）においても示されています。そのほかにも，ドナーら（Donner et al., 2014）は，自己統制の欠如の度合いがインターネット上の逸脱行為やデジタル海賊行為（違法ダウンロードなど）を引き起こすことを明らかにしています。

さらに，「犯罪に関する一般理論」において，ゴットフレットソンとハーシは，自己統制の高低は幼少期のしつけなどに由来し，生後6～8歳までの適切な家庭環境もしくは家庭代替的なものによる働きかけが非常に大きな影響を与えると指摘しています（河野・岡本，2001）。河野・岡本（2001）は，上記の影響過程を実証的に検討するために，男性受刑者190人を対象に調査を実施しました。河野らの研究では，実親の逸脱行為や欠損の有無から家庭環境を調査し，それが自己統制や犯罪深度（非行歴の有無や複数回受刑の有無）にどのように影響を与えているのかを調べました。その結果，問題のある家庭環境で育った受刑者ほど自己統制の程度が低く，その結果，犯罪深度を促進するというプロセスが見出されました（図3-2）。

近年の研究では，個人の自己統制の程度と身近な集団メンバーの自己統制の程度が不良行為に及ぼす影響が検討されています（中川・大渕，2007）。そして，たとえ自己統制が低くない個人であっても，自己統制の低いメンバーの多い集団に属していると不良行為を行いやすいことが報告されています。さらに，中川・林（2015）の研究では，特性的な自己統制（個人がもつ自己統制の程度）と状

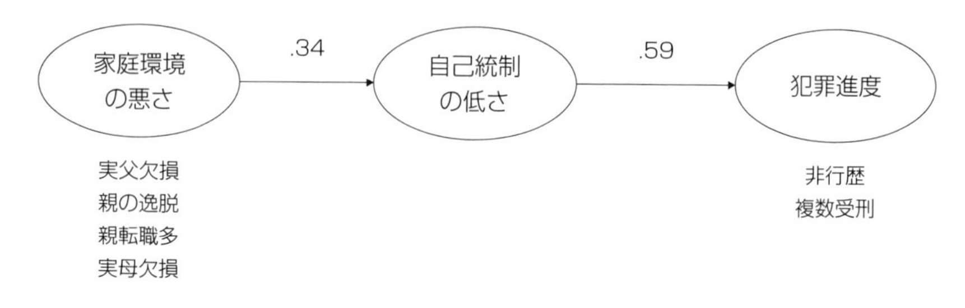

図 3-2　家庭環境が自己統制ならびに犯罪進度に及ぼす影響

（注）矢印の上の数値の絶対値が大きいほど影響力が強いことを意味します。
（出所）河野・岡本，2001 より作成。

況的な自己統制（逸脱行為を誘発するさまざまな状況における，逸脱行為に伴うコストの見積もりの程度）が逸脱行為実行意図に与える影響が調べられました。その結果，特性的な自己統制が高い参加者であっても，状況的な自己統制が低い場合（逸脱行為に対するコストの見積もりが低い状況）では逸脱行為の実行意図が高くなることを見出しました。以上の知見から，犯罪や逸脱行為には，自己統制の欠如が影響を与えるが，個人の自己統制よりも周辺他者や外的環境の自己統制のほうがより強い影響を与えることが示唆されています。

■ 犯罪と刺激希求性

刺激希求性とは，新規で変化に富んだ刺激や経験を求め，そのためにはリスクを冒すことをいとわない傾向のことです（Zuckerman, 1979）。刺激希求性は，自己統制の欠如や衝動性と類似した概念として捉えられており，非行や犯罪との関連も検討されています。具体的な研究として，ジョアマンら（Joireman et al., 2003）は，大学生を対象とした調査において，刺激希求性の高さは言語的攻撃性や身体的攻撃性を促進することを報告しました。同様に，ウィルソンとスカルパ（Wilson & Scarpa, 2011）は，刺激希求性と攻撃性に関する 43 編の論文についてメタ分析を実施し，刺激希求性の高い人ほど攻撃性が高いことを明らかにしました。一方で，参加者の年齢や攻撃性の測定方法によって，それらの関係性が異なることも指摘しています。シンら（Shin et al., 2016）は，刺激希求性と犯罪のタイプとの関連を調べる調査を実施しました。その結果，刺激希求性の高い人ほど窃盗犯罪を行いやすいことが示されました。

■ 犯罪と不安

ジョーンズら（Jones et al., 2011）の研究において，ビッグファイブの神経症傾向の高さが反社会的行動を促進することが明らかになっています。この結果は，神経症傾向の高い人ほど感じやすい不安や，不安を感じたことによる感情の不安定さが反社会的行為に影響を与える可能性を示唆しています。実際に，ジョリフら（Jolliffe et al., 2019）は，503人の少年を対象とした縦断的調査を実施し，不安の高さが窃盗や暴力などの非行のリスク要因となることを見出しました。

■ 犯罪と共感性

共感性とは，他者の感情や経験に対して，それをあたかも自分自身のことのように捉え，他者の心情や状況に応じた感情の喚起を促す傾向とされています（増井，2019）。そして，犯罪者は，このような共感性が低いとされています。そのため，刑事収容施設内で，特定の受刑者を対象に，再犯防止を目的として実施される特別改善指導の処遇プログラムには「共感と被害者理解」というプログラムが組み込まれています（法務省，2016）。犯罪と共感との関係を検討した実証的研究では，素行障害の少年と一般の少年の共感性の程度を比較した結果，素行障害をもつ少年の共感性のほうが低かったことが報告されています。くわえて，共感性の低さが反社会的行動の出現に影響を及ぼすことも述べられました（de Wied et al., 2005）。渕上（2008）の調査では，少年鑑別所に入所している男女1842人を対象に，共感性と素行障害傾向との関連が調べられました。そして，男女とも共感性の程度が低いほど素行障害傾向が高いことが明らかとなりました。同様に，岡本・河野（2010）は，成人犯罪者100人を暴力犯罪経験の有無で群分けし，各群の共感性を比較しました。その結果，暴力犯罪経験のある犯罪者の共感性は，経験のない犯罪者よりも低かったことが報告されています。

一方で，共感性の高さが犯罪を引き起こすことを説明する研究もあります。たとえば，出口・大川（2004）は，暴力犯罪者群，非暴力犯罪者群，非犯罪者群の共感性の程度を調査しました。そして，暴力犯罪者群の共感性の程度は，他の群よりも高いこと，非犯罪者群の共感性の得点が最も低いことを報告しました。これらの結果から，出口・大川（2004）は，「共感性が高いからこそ刺

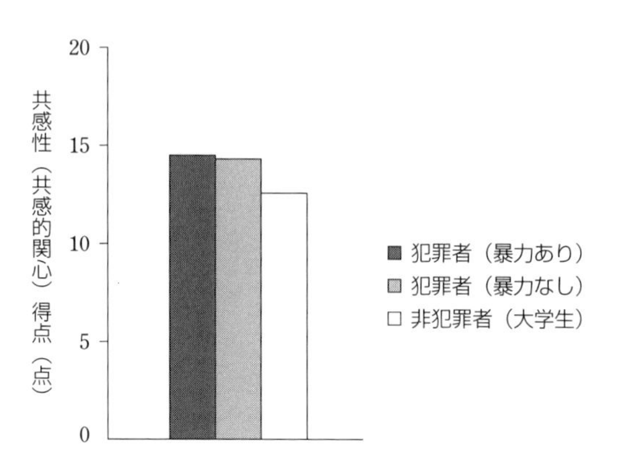

図 3-3　犯罪者（暴力犯，非暴力犯）と非犯罪者の共感性の比較

（出所）河野ほか，2013 より作成。

激に過剰共感を起こし，凶悪犯罪に至る場合もある」とし，「エンパシッククライム」（empathic crime；共感的犯罪）という概念を述べています。同様の結果は，河野ら（2013）の調査でも確認されています（図 3-3）。この調査では，10代から 20 代の男性の犯罪者および非犯罪者を対象とし，共感性の程度を検討しました。分析の結果，犯罪者の共感性の程度は，非犯罪者のそれよりも高かったことが認められました。これまでみてきたように，犯罪と共感性との関連については一貫した知見が得られていません。これは，犯罪者の罪種の違い，犯罪へと至る動機の違い，刑事収容施設での処遇プログラムの受講の有無などの影響が考えられます。犯罪と共感の関連については，今後より詳細な検討が必要であると思われます。

■ 犯罪とサイコパシー

サイコパシーとは，他者への共感や罪悪感の欠如，自己中心的，不誠実，感情の浅薄さ，他者操作性，衝動的といった特徴をもつ個人特性のことです（Hare, 1991）。ヘア（Hare, 1991）によると，サイコパシーは認知的側面（自己中心性や不誠実さ），情動的側面（共感の欠如や浅薄な感情），行動的側面（衝動的行動など）の 3 つの概念から構成されるといわれています。サイコパシーは，研究の初期から犯罪との親和性が高いことが指摘されてきました。たとえば，サイコパシーの診断ツールとして世界中で広く使用されている Psychopathy

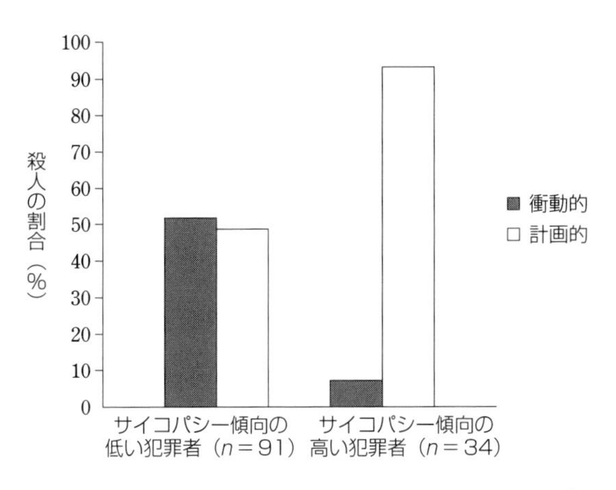

図 3-4　犯罪者のサイコパシーの程度と殺人のタイプ

（出所）　Woodworth & Porter, 2002, Fig.1 より作成。

Checklist-Revised（PCL-R；Hare, 1991）は，半構造化面接により対象者のサイコパシーの程度を数値化することができますが，その対象者は犯罪者に限定されています。また，コイドら（Coid et al., 2009）は，男性犯罪者 299 人を対象としてサイコパシーの傾向を測定したところ，58.5％の人が「潜在的な高サイコパシー傾向者」であったと述べています。ウッドワースとポーター（Woodworth & Porter, 2002）は，サイコパシーと殺人の方法との関連を調査しました。その結果，サイコパシー傾向の高い人は，衝動的な殺人よりも計画的な殺人を行う割合が高いことを明らかにしました（図 3-4）。これは，カッとなったり，我を忘れたりといった感情の高ぶりが高サイコパシー傾向者の殺人には伴っていないことを示しています。このほかにも，サイコパシー傾向の高い人は，低い人と比較して再犯率が高いことが報告されています。キールとホフマン（Kiehl & Hoffman, 2011）は，サイコパシー傾向の高い犯罪者と低い犯罪者の再犯率を比較しました。そして，高サイコパシー傾向の犯罪者の 1 年後の再犯率は，低サイコパシー傾向の犯罪者の 2 倍であったことを明らかにしました。また，サイコパシー傾向の高い犯罪者の 6 割以上が，出所後 5 年以内に暴力犯罪を起こしていたことも報告されました（低サイコパシー傾向の犯罪者の再犯率は約 3 割でした）。

近年のサイコパシーに関する研究では，犯罪者だけでなく，一般人を対象とした研究も多くなっています。これは，健常者のサイコパシー傾向と犯罪者のサイコパシーとの間には質的な差異は認められないとする知見が発表されたためです（Haslam, 2007）。一般人を対象として，サイコパシーと逸脱行為との関係を調べた研究にジョーンズとネリア（Jones & Neria, 2015）の研究があります。この研究では，サイコパシーと攻撃性との関連について検討されました。そして，サイコパシーの高さが身体的攻撃性の高さと関与していたことを報告しています。同様に，増井（Masui, 2019）は，サイコパシー傾向の高い人ほどインターネット上の「荒らし」行為を行いやすいことを指摘しています。また，サイコパシー傾向の高い人は飲酒後の攻撃行動が高く（Birkley et al., 2013），アルコールや薬物，タバコをより乱用することが述べられています（Stenason & Vernon, 2016）。

第2節　犯罪者の認知

犯罪者や非行少年のなかには自身や被害者，ひいては社会全体に対する認知がゆがんでいる人たちがいます。たとえば，性犯罪の加害者には，「被害者も望んでいた」や「被害者が露出の高い服装をしていたのが悪い」といった「レイプ神話」を抱いている者も少なからず存在します。また，暴力犯罪者のなかには「相手や社会が自分を攻撃しようとしている」「自分は何をしても許される存在だ」といったゆがんだ認知を有している者もいます。そのような認知のゆがみを修正するために，刑事収容施設内での矯正プログラムには，認知行動療法を用いた治療や介入が実施されています。本節では，犯罪者や非行少年の認知とそのゆがみの特徴についてみていきます。

■犯罪と敵意帰属バイアス

犯罪者や非行少年は，他者から被害を受けた場合，たとえ相手の行動の意図が曖昧な場合であっても，敵意や脅威に帰属しがちであるとされます。たとえば，道を歩いているときに前から歩いてきた人にぶつかった状況において，犯罪者や非行少年は「わざとぶつかってきた」と解釈しがちだということです。ドッジ（Dodge, 1980）は，攻撃的な子どもとそうでない子どもが，不快なことをしてきた相手にどのような反応を示すかを調べました。この実験では3つの

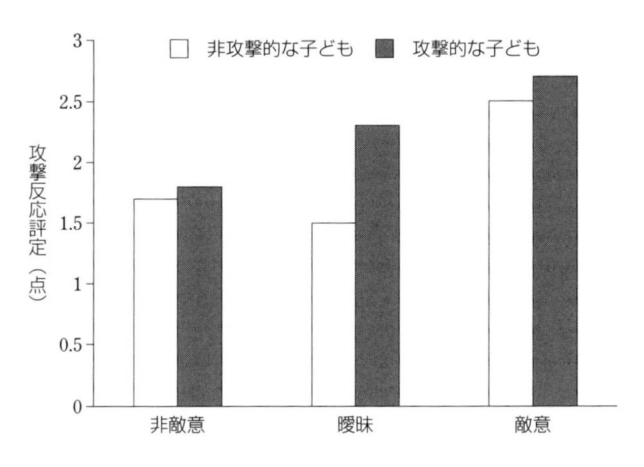

図 3-5　行動の意図が曖昧な場面での攻撃的反応

（出所）Dodge, 1980 より作成。

条件が設定され，敵意条件の相手は意図的に不快なことをし，非敵意的条件では，実験に参加した子どもにとって不快な出来事が起こるのですが，それは相手の意図によるものではありませんでした。曖昧条件では，相手の意図が不明でした。それぞれの条件で子どもがどのような反応を示すかを調べたところ，意図的条件や非意図的条件の相手に対する攻撃的な反応は，子どもの攻撃性に関わらず同程度でした。しかし，曖昧条件の相手に対しては，攻撃的な子どもは，そうでない子どもに比べて，より攻撃的な反応を示しました（図 3-5）。このような，不快な出来事に対する行為者の意図を，行為者の敵意や脅威に優先的に帰属することを**敵意帰属バイアス**（hostile attribution bias）と呼びます。ドッジら（Dodge et al., 1990）は，128 人の非行少年を対象に，敵意帰属バイアスと攻撃性や暴力犯罪との関連を調べました。そして，敵意帰属バイアスが強い少年ほど反応的攻撃（先行する脅威や不安によって引き起こされる攻撃）を行いやすく，暴力犯罪の回数も多いことが示唆されました。犯罪者と非犯罪者の敵意帰属バイアスを比較した研究では，犯罪者のほうが非犯罪者よりも，敵意帰属バイアスが強く，その結果，行為者に対してより強い怒りを表出していました（Zajenkowska et al., 2021）。

ドッジとトムリン（Dodge & Tomlin, 1987）によると，攻撃的な子どもは「自分が人から嫌われている」という自己スキーマをもっているとされています。

不快な場面では，客観的な手がかりよりもこの自己スキーマを優先的に使用するため，加害者への敵意が強くなると考えられています（大渕，2011）。

犯罪者の敵意帰属バイアスに対して，ザイェンコスカら（Zajenkowska et al., 2021）は，心理的な介入によってそれを低下させることができる可能性を指摘しています。ザイェンコスカらは8人の女性収容者に対してメンタライゼーションに関する心理・教育トレーニングを3カ月間実施しました。トレーニング中の対象者の発言内容を調べたところ，トレーニングの回数を重ねるにつれて敵意帰属的な発言が少なくなったことを報告しています。しかし，この研究では対象者が少数で，かつ女性のみであったため，結果の解釈は慎重に行うべきでしょう。

■ 犯罪と怒り反すう

犯罪や非行といった問題行動を引き起こす背景の1つに「怒り」感情の表出があります。怒り感情は，ネガティブな感情であるにもかかわらず，対象への接近反応を促進する特徴をもっています（高木・阿部，2006）。これまで，怒り感情の抑制や表出に関わる認知的要因として**怒り反すう**（angry rumination）に注目が集まってきました。怒り反すうとは，怒りの感情や体験に注意を向けたり，想起したり，その原因や結果について考えることと定義されています（Sukhodolsky et al., 2001）。先行研究では，怒りを抑制するほど怒り反すうの程度が高くなり，高められた怒り反すうが怒りの表出を促すという一連の過程が明らかになっています（大島ほか，2020）。他の研究では，怒り反すうは敵意や攻撃行動を促進することがわかっています。たとえば，ブッシュマン（Bushman, 2002）の実験では，600人の大学生を対象として，怒り反すうがその後の攻撃行動を増大させることを見出しています。スミスら（Smith et al., 2016）は，怒り反すうをしやすい子どもほどクラスメイトや教師から攻撃的であると評価されていたことを述べています。また，この研究では，非行少年を対象とした調査も実施しており，怒り反すうのしやすさと特性的な怒り傾向が，非行少年の攻撃性の高さと関与していたことが報告されています。

近年注目されることが多くなった「あおり運転」にもこの怒り反すうが関与することが示されています。中井（2021）は，他者を危険にさらす可能性のある方法で運転する攻撃的運転（aggressive driving）と，道路でのある出来事をきっかけとして車両または凶器を用いて他者に危害を加えようとする路上の激怒（road rage）を合わせて「あおり運転」の定義としてします。サーとネスビット（Suhr & Nesbit, 2013）は，運転中の怒りが「あおり運転」を引き起こすが，怒りの反すうがその影響を強めることを明らかにしています。

以上のことを踏まえると，攻撃行動を抑制するためには，怒り感情そのものを抑制するだけでなく，怒り感情の持続を解消することが重要であるといえます。

これまでに述べてきた認知のゆがみは犯罪の一因となっているため，認知行動療法によってそれを修正することが，犯罪や非行の防止につながると考えられます。

第3節 犯罪と精神疾患

犯罪や非行の原因を議論する際，精神疾患の影響を考慮することがあります。実際，精神疾患のなかには衝動性や攻撃行動と関与するものもあり，それらの疾患が犯罪の原因になることもあります。では，犯罪者のうち精神疾患を抱えている人の割合はどの程度なのでしょうか。これについて，法務省から毎年発行されている犯罪白書に示されたデータを紹介したいと思います。それによると，2019 年に検挙された人員のうち，精神疾患に罹っていた，もしくは精神疾患の疑いのある者の割合は 1.0%であったことが報告されています（法務省，2020）。罪種別でみると，放火が 15.2%，殺人が 9.8%と高い割合を占めていますが，全体的な割合としてはけっして高いものとはいえないでしょう。しかしながら，犯罪の原因を明らかにし，再犯防止に効果的な教育や治療を確立するためには，犯罪や非行に及ぼす精神疾患の影響を考慮することは重要であると思われます。そこで，本節では犯罪と深く関連する精神疾患を取り上げ，それらの特徴や犯罪との関わり方を議論したいと思います。

■ 反社会性パーソナリティ障害

『精神疾患の診断・統計マニュアル』（*Diagnostic and Statistical Manual of Mental Disorders, Fifth Edition*：DSM-5）によると，パーソナリティ障害とは，パーソナリティに柔軟性がなく，認知，感情，対人関係，衝動の抑制のパターンが他の

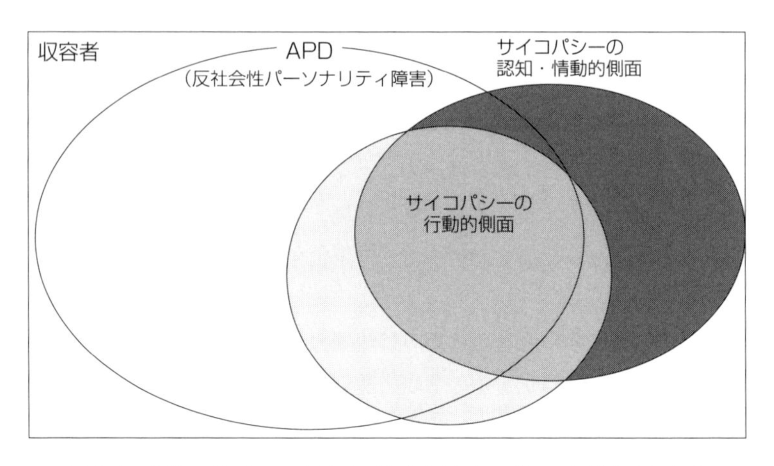

図 3-6　反社会性パーソナリティ障害とサイコパシーの概念の重なり

(出所)　Hart & Hare, 1996 より作成。

人と著しく異なることで本人が苦痛を感じたり，社会生活に支障をきたす障害とされます（American Psychiatric Association, 2013）。DSM-5 には 10 種類のパーソナリティ障害が載っていますが，犯罪との関連が強いものとして**反社会性パーソナリティ障害**（antisocial personality disorder：APD）が挙げられます。APD の特徴として，社会的規範や法律に従わず，衝動性や攻撃性が高いことなどが挙げられます。APD の有病率は 0.2 ～ 3.3% といわれていますが，ハートとヘア（Hart & Hare, 1996）が発表した刑務所の収容者のデータでは，65 ～ 85% が APD の診断基準を満たしたことがわかっています。APD 患者は暴力犯罪や性犯罪，薬物犯罪を行いがちであるとされています。ところで，APD の概念にはサイコパシーの概念と類似した内容のものが含まれているため，両者は同一概念として扱われることがしばしばあります。しかし，APD の概念は行動的な特徴を主としているのに対して，サイコパシーの定義には，それに加えて認知的側面や情動的側面も含まれています。実際に，APD はサイコパシーの行動的側面とは強く関連していましたが，認知的側面や情動的側面との関連はそれほど強くなかったことが指摘されています（Hart & Hare, 1996）（図 3-6）。以上のことから，APD はサイコパシーよりも狭義な概念といえるかもしれません。

■発達障害

発達障害とは，生得的な脳の障害や発達の欠陥により学習や実行機能，社会的技能に欠陥が低年齢から生じる障害のことです（American Psychiatric Association, 2013）。DSM-5では，神経発達障害群に分類され，主なものとして知的能力障害（intellectual disability）や自閉症スペクトラム障害（autism spectrum disorder：ASD），注意欠如・多動性障害（attention-deficit / hyperactivity disorder：ADHD）などがあります。

知的能力障害の特徴は，知的能力の欠陥とさまざまな場での機能障害が挙げられます。犯罪との関連について，遺伝的・周生期的な要因により出生前に微細な脳損傷を受けることで，言語機能や注意機能，学習機能に障害が生じ，それによって犯罪を引き起こす可能性が指摘されています（Moffitt, 1993；Moffitt & Caspi, 2001）。安藤（2011）は，知的障害者による犯罪では窃盗が最も多く，放火や性犯罪に占める割合も高いことを述べています。動機に関しては，食欲や性欲などの欲動や怒り感情の表出といった原始的反応によるものが多く，一度行動が習慣化されてしまうと修正が難しいことが指摘されています（安藤，2011）。

ASDの特徴には，社会的コミュニケーションや対人相互反応に持続的な欠陥があること，行動や興味が限定的で反復されることなどがあります。ASDの有病率は，人口の約1%であるとされていますが，刑務所に収容されている人を対象とした調査では，ASDの診断基準を満たした人の割合が4.4%であったことがわかっています（Fazio et al., 2012）。ASDと犯罪との関係性では，知的能力に問題のない高機能型のASD患者は暴力犯罪を行いやすいことが示唆されています（Hofvander, 2018）。一方で，269人の男性犯罪者を対象とした調査では，ASDの犯罪者とそうでない犯罪者では初犯の年齢や過去の犯罪歴にほとんど差が認められなかったことが述べられています（Hofvander et al., 2019）。このように，ASDと犯罪との関連についてはいまだ一貫した知見が得られていません。犯罪の動機として，互恵性や共感性の欠如，強迫的な行動や思考などの影響が考えられます。

ADHDは，不注意，忍耐の欠如，多動性，無計画で衝動的といった特徴を有する精神疾患です。子どもの約5%，成人の約2.5%がADHDに該当するとされています。一方で，イギリスの犯罪者を対象とした調査では，非行少年の

45％，成人犯罪者の 24％が過去に ADHD と診断されており，そのうち 14％が成人になっても症状が続いていたことが明らかとなりました。あわせて，ADHD の犯罪者は，初犯の年齢が若いことや，再犯率が高いことが示されています。ADHD と最も関連の強い犯罪は，暴力犯罪とされており，その背景には忍耐の欠如や衝動のコントロール不全などが関与しています（Young & Thome, 2011）。なお，サイコパシー傾向の高い犯罪者は ADHD の診断基準を満たす割合が高いことが報告されています。マクブライド（McBride, 1998）の研究では，サイコパシー傾向の高い犯罪者のうち，ADHD の診断基準を満たした者の割合は 57％であったのに対して，サイコパシー傾向の低い犯罪者での割合は 18％であったことが確認されています。くわえて，成人の場合には，反社会性パーソナリティ障害との併存が多いとされています。

■ 統合失調症

統合失調症とは，妄想や幻覚によって，仕事や社会生活に支障が出たり，コミュニケーションが適切に行えないようになる障害のことです。先行研究では，統合失調症は暴力犯罪との関連が強いことが指摘されています。たとえば，ワンら（Wang et al., 2017）の研究では，中国の女性犯罪者を対象として，統合失調症の有無と暴力犯罪および殺人の割合との関連を調べました。その結果，統合失調症の犯罪者のうち 78.8％が暴力犯罪を起こしており，この割合は統合失調症でない犯罪者の割合（30.8％）よりも高いことが見出されました。殺人においても同様で，統合失調症の犯罪者のうち 44.2％が殺人を起こしており，これは統合失調症でない犯罪者の割合（18.3％）よりも高いことが示されました。さらに，グリーンバーグら（Greenberg et al., 2011）は，統合失調症患者のなかで，薬物使用が認められた場合に，暴力犯罪のリスクが高くなることを示しています。類似した結果は，ファゼルら（Fazel et al., 2009）の研究においても認められています。彼らは，1976 ～ 2006 年のスウェーデン全土の入院記録と有罪判決記録を関連づけて統合失調症と犯罪との関連を調べました。統合失調症患者と非患者とで暴力犯罪（殺人や強盗，放火など）を起こした人の割合を比較した結果，統合失調症患者群での犯罪者の割合は 13.2％であったのに対して，非患者群の割合は 5.3％でした。くわえて，統合失調症に薬物濫用が加わることで，犯罪者になる割合は 27.6％まで上昇することが示されました。以上の先行研究から，統合失調症は暴力犯罪のリスクを高める要因であり，その影響は薬物濫用といった他のリスク要因によっていっそう増大することが明らかとなっています。

第4節　さらなる研究の必要性

ここまで，犯罪に関連するさまざまな心理的要因を解説してきました。とはいえ，精神疾患が犯罪や非行に与える影響は，罪種や犯罪者の性別，薬物使用の有無によって異なる可能性もあります。実際に，精神疾患者の暴力犯罪の割合について，過去の暴力歴や物質使用障害などの影響を統制すると，一般人の割合と同程度であったことを述べている研究もあります（Fazel et al., 2017）。また，精神疾患そのものが犯罪や非行に直接影響を与えるのではなく，精神疾患患者を取り巻く環境要因（たとえば，孤独や疾患に対する周囲の無理解など）が犯罪や非行を引き起こす可能性も考えられます。犯罪や非行と精神疾患との直接的な関係については不明な点も残存しており，今後さらなる検討が望まれます。

演習問題

① 犯罪に関連するパーソナリティにはどのようなものがあるかを考えてみましょう。
② 犯罪が示す認知バイアスの特徴とはどのようなものか考えてみましょう。
③ 犯罪に関連する精神疾患にはどのようなものがあるかを考えてみましょう。

ブックガイド

▶福井裕輝・岡田尊司編集（2019）.『情動と犯罪――共感・愛着の破綻と回復の可能性』朝倉書店

犯罪者の情動の問題について解説した本です。愛着障害や共感性，社会的認知と犯罪との関わりについて網羅的にまとめられています。

▶ジーグラー－ヒル，V.・マーカス，D. K. 編（下司忠大・阿部晋吾・小塩真司監訳／川本哲也・喜入暁・田村紋女・増井啓太訳）（2021）.『パーソナリティのダークサイド――社会・人格・臨床心理学による科学と実践』福村出版

社会的に好ましくないパーソナリティに関する知見が多くまとめられています。自己統制の低さに関わるパーソナリティやサイコパシーの特徴を知ることができ，それらの特徴と犯罪との関連について考えてみると，犯罪者の心理的特徴をより詳

しく捉えることができるかもしれません。

▶吉澤寛之・大西彩子・ジニ，G.・吉田俊和編著（2015).『ゆがんだ認知が生み出す反社会的行動――その予防と改善の可能性』北大路書房

認知のゆがみと犯罪行為との関連を調べた研究知見について解説されています。認知のゆがみの修正方法や予防方法に関しても紹介されています。

第4章 犯罪の社会的要因

社会に問題があるのか

板山 昂

犯罪者は，生物学的要因，知能や性格などに偏りがあるために犯罪を行うと考えられがちです。これは，私たちが個々のもつ固有の特徴に原因を求めることで，犯罪者はそうでない者と根本的に違うと考え，ある意味で安心したいという気持ちの表れであるといえるかもしれません。実際，そのような要因の特徴，偏りによって犯罪と親和性が高くなり，犯罪が促進されやすくなりえますが，犯罪発生は単純に内面的問題だけで生じるとは言い切れません。

たとえば，貧困などの社会経済的問題は財産犯に関わってくるでしょうし，人間関係などのその人を取り巻く環境，さらには犯行現場となったその場の物理的環境など，さまざまなものが犯罪行為に深く関わってきます。本章では，そのような「環境」に焦点を当て，犯罪の原因について考えます。

第1節 人間関係・社会の仕組み

■ 分化的接触理論

サザランド（E. H. Sutherland）の**分化的接触理論**（differential association theory；Sutherland & Cressey, 1960）は，家庭，学校や職場，地域社会等における対人関係のなかで逸脱行動を肯定する文化（価値観，習慣，行動様式等）と接触し，これらを学習することが犯罪の原因となるという考え方です。分化的（differential）とは個人によって異なっているという意味であり，逸脱行動を肯定する文化との接触の仕方の個人差（**分化的接触**；differential association）が犯罪行動をするか否かを決めると考えます。

分化的接触理論は，生来性犯罪説をはじめとする生物学的決定論と対立した考え方であり，犯罪行動は遺伝ではなく，後天的な学習（learning）によってもたらされるとする学習理論です。

分化的接触理論は9つの命題から成ります。

⑴　犯罪行動は学習される。

犯罪や少年非行などの行為は，遺伝などの生得的特性によるものではなく，学習によるものであるとしています。

⑵　犯罪行動はコミュニケーションの過程における他者との相互作用のなかで学習される。

犯罪の動機や犯行の手口など，犯罪行動に関わることの多くは，他者とのコミュニケーションのなかで学習されます。また，言語コミュニケーションだけでなく非言語コミュニケーションにおいても伝達，学習されます。つまり，会話のなかで価値観や犯行手口等を学習するだけでなく，仲間の行動をみることで振る舞いや犯行手口等が学習されます。

⑶　犯罪行動の学習は主として親密な私的集団内で行われる。

犯罪行動の学習は，主にフェイストゥフェイスの交友関係があるなどの親密でインフォーマルな集団内で行われます。映画や新聞などマス・コミュニケーションの役割は小さいと考えられています。

しかし，この理論は現代ほどマス・メディアが発達していない時代のものです。現代ではインターネットやSNSなどのなかでも親密なコミュニケーション，コミュニティが形成されるようになっており，フェイストゥフェイスでないところでも学習がなされる可能性が大いにありますし，インターネットで犯罪行動の方法に関わる情報を容易に手に入れることができるようになっていることから，注意が必要でしょう。

⑷　犯罪行動を学習する際，その学習される内容には，⒜犯罪の技術（犯罪の手口）と⒝犯罪の動機，動因，合理化，態度等の特定の方向づけを含む。

⑸　動機および動因に関する方向づけは，法規範の肯定的あるいは否定的意義づけから学習される。

社会には規範に対する考えが異なっていたり，対立する意義づけをもった集団が存在しています。そのため，規範を守るべきだと考える人々に囲まれて生活している人もいれば，規範に従う必要はないと考える人々に囲まれて生活している人もいます。その集団における人々との相互作用において法規範，犯罪行為に対する意義づけが学習されます。

(6) 法律違反に対する肯定的意義づけが，否定的意義づけを上回ったとき，人は犯罪行為を行う。

これが分化的接触の原理とされます。犯罪行為を肯定している集団と接触し，その意義づけを受け入れたときに犯罪行為を行うようになると考えます（その集団と接触しなければ，そうはならない)。たとえば，未成年者が喫煙や飲酒を肯定する集団と交流するようになり，その影響を受けて喫煙や飲酒という違法行為をするようになる，ということが例として挙げられます。

(7) 分化的接触は頻度，期間，優先性，強度によって異なる。

その集団との接触頻度，接触の期間，その集団と関わる優先度の高さ，接触の強度によって，逸脱行動を肯定する文化との接触の仕方に個人差が生まれます。

(8) 犯罪的行動パターンおよび非犯罪的行動パターンとの接触による犯罪行動学習のプロセスは，他の学習行動にも関係するメカニズムのすべてを含んでいる。

犯罪だからといって，特殊な方法やメカニズムで学習されているわけではありません。他のさまざまな行動と同様の学習方法，メカニズムによって犯罪も学習されます。

(9) 犯罪行動は一般的な欲求および価値の表現であるが，非犯罪行動もまた同じ欲求および価値の表現であるので，犯罪行動はそれらの一般的な欲求および価値によって説明することはできない。

犯罪行動を説明するのに，金銭を得たい，権力が欲しい，欲求不満を解消したいなど一般的な欲求や価値で説明をしても，それは説明したことにはなりません。個人的な欲求不満が強くても，お金が欲しくても，それが犯罪行動に直結するわけではありません。たとえば，窃盗も遵法的な労働のどちらも，同じように金銭を得るためにその行動をしています。

以上の分化的接触理論に対する反証として，犯罪者に囲まれて生活しているにもかかわらず犯罪者にならない人が存在していること，逆に犯罪者が周りにいなかったとしても犯罪者になる人が存在することが指摘されます。では，何が犯罪者になるかを左右するのでしょうか。グレイザー（Glaser, 1956）はサザランドの分化的接触理論に「同一化」（identification）の過程を取り入れ，**分化的同一化理論**（differential identification theory）を提唱しました。この理論によれば，犯罪行為の学習は，その文化への接触だけでは成立せず，その文化，集団のメンバーに憧れたり，目標にしたりするなど，その行動や価値観を取り入れる過程（同一化）を経ることで成立するとされます。

■ 社会的絆理論

犯罪の発生に関して，多くの人は「なぜ犯罪を行ったのか」と考えます。この点についてハーシ（T. Hirshi）は「なぜ人は犯罪を行わないのか」と逆の発想から，**社会的絆理論**（social bond theory）を作りました。

ハーシ（Hirshi, 1969）の社会的絆理論は，人が犯罪を行わないのは，以下の4つの絆によってそれが抑制されているからであり，個人と社会をつなぎとめるその絆が弱まったときに犯罪などの逸脱行動が生じると考えます。

愛　着

家族や友人，学校など，大切な対象に対する「愛着」（attachment）が犯罪を抑制するというものです。もし，犯罪行為を行えば，家族や友人に悲しい思いをさせてしまう，関係を失ってしまう可能性があるため，犯罪が抑制されます。

投　資

犯罪行為を行い，捕まってしまえば，これまで合法的な活動のなかで積み上げてきたもの（成績，業績，キャリアなど）を失ってしまうこともあります。それらを得るために多くの資源（勉強や努力など）を「投資」（commitment）しており，その投資を無駄にしてしまいたくないため，犯罪が抑制されます。

巻き込み

Involvementは「巻き込み」や関与，忙殺などと訳されますが，簡単にいえば忙しさです。慣習的・合法的・遵法的な活動に時間がとられていれば，わざわざ犯罪のことなど考える，実行する暇はありません。少年は学校や塾，部活動など，大人にとっては仕事があてはまります。無職の人に犯罪者が多い理由は，この要因で説明できます。また，夏休みなどの長期休暇に犯罪・非行が多くなる理由も，学校や部活動が休みになり，暇が生まれるからと考えることができます。

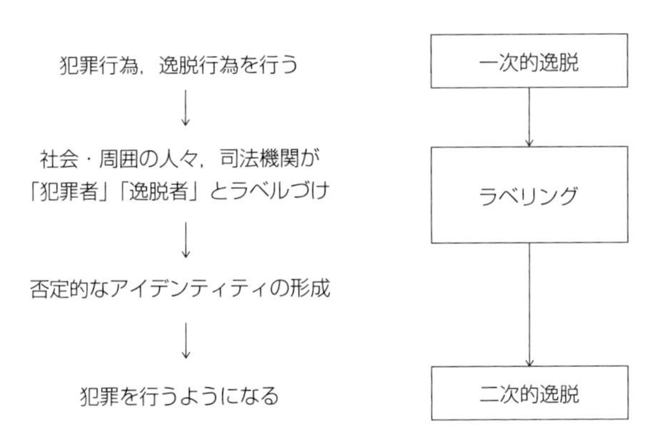

図 4-1　ラベリング理論の流れ

信　念

当然のことですが，社会のルールや法律などには従うべきだという「信念」（belief）が強いほど，犯罪に関与する可能性は低くなります。

■ ラベリング理論

前章，および本章前節までに紹介された理論の多くは，犯罪者自身の特徴やその者が置かれた環境の特徴に着目したものです。これに対して，「犯罪者は周囲からの**ラベリング**（labeling）によって生み出される」と主張する**ラベリング理論**（labeling theory）があり，ベッカー（Becker, 1963）がその代表的な研究者とされています。ラベリングとは「犯罪者」などラベル貼りをすることであり，**烙印づけ**（stigmatization）とも呼ばれます。

ラベリング理論では，最初に逸脱行為・犯罪行為を実行するに至ったプロセス（一次的逸脱）よりも，その後の逸脱・犯罪が促進，深化していくプロセスに着目しています。一次的逸脱は生物学的，心理学的，社会的要因などの犯罪原因が複雑に作用して発生します。その後，それに対して他者がラベリングすることによって，本人も自分自身を犯罪者であると考えるようになり，否定的なアイデンティティを形成し，犯罪を繰り返すようになる二次的逸脱が生じます（Lemert, 1951；図 4-1）。ここでいう他者には，一般の人々だけでなく，一次的逸脱の処理を担当する警察や検察，裁判所，刑務所などの司法機関や矯正機関も含まれます。

もし，何かの弾みや出来心でなんらかの罪を犯してしまっても，それが発覚しなかった場合には，もうこのようなことをしてはいけないと反省し，更生できたかもしれません。ところがその行為が発覚し，逮捕などされてしまったならば，逸脱者・犯罪者という烙印を押されることになります。そうすると，「あいつは犯罪者だ」と周囲からみられるようになり，普通の生活を送ることは困難となるでしょう。つまり，犯罪者は社会によって作りだされると主張するのがラベリング理論といえます。罪を犯した未成年者の実名報道は，可塑性の高い少年がラベリングによって更生が妨げられてしまう可能性をはらんでいるといえるでしょう。

第2節　環境犯罪学

環境犯罪学（environmental criminology）は，ブランティンガムとブランティンガム（Brantingham & Brantingham, 1981）によって提唱されたもので，犯罪の原因ではなく，犯罪を取り巻く具体的な環境（時間，空間，状況など）や犯罪の分布，パターンに着目することによって，効果的な犯罪予防を目的とする学問領域です。犯罪を行いやすい環境であるため，人は犯罪を行う可能性があり，犯罪が発生すると考えます。そして，犯罪を行いやすい，犯罪が発生しやすい環境要因を明らかにし，それを除去・改善することによって犯罪発生を抑制しようとします。

ここでは，環境犯罪学に関する諸理論を紹介します。

■ 日常活動理論

日常活動理論（routine activity theory）は，コーエンとフェルソン（Cohen & Felson, 1979）によって提唱された理論で，①動機づけられた犯罪者，②適当な犯行対象，③有能な守り手の不在という要素が重なりあうときに犯罪発生率が高まると考えます（図 4-2）。動機をもつ犯罪者が多く存在する場所でも潜在的被害者がいない場所では犯罪は発生しません。動機をもつ犯罪者と潜在的被害者が多く出会う場所であっても環境に犯罪抑止力があれば犯罪発生は抑止されます。ここでいう犯罪の抑止力には，警察や防犯カメラといった公式に犯罪を抑止する機能のみではなく，一般人の目といった非公式な機能も含まれます。

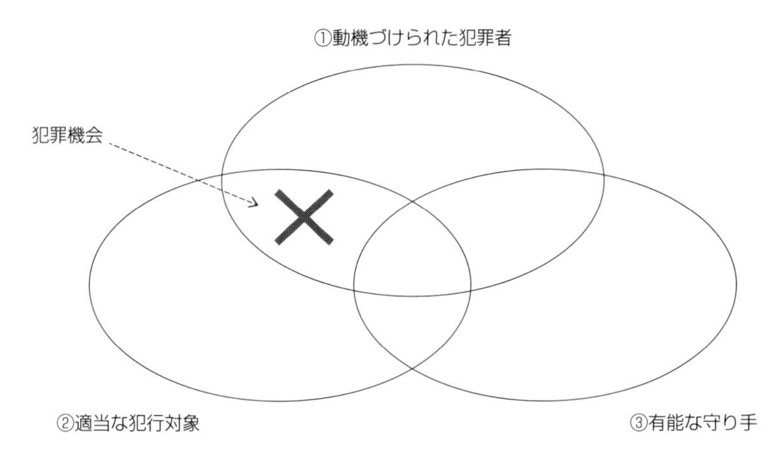

図 4-2　日常活動理論のイメージ

（出所）Cohen & Felson, 1979 より作成。

この理論は名前の通り，犯罪者もそうでない人と同様に日常的活動（ルーティン・アクティビティ）を行っており，犯罪はその日常的活動のなかで発生すると考えます。犯罪者もありふれた人物であると考え，人格や異常さに原因を求めません。

日常生活のなかで，犯罪者が好んで集まる場所や犯罪が発生しやすくなる場所・時間帯を避けるなどすれば，犯罪被害の可能性を低めることができます。

■ 合理的選択理論

コーニッシュとクラーク（Cornish & Clarke, 1986）によって提唱された**合理的選択理論**（rational choice theory）は，犯罪者は基本的に合理的選択をするという前提に立ち，犯罪者は犯罪実行における「コスト」（労力やリスク）と「利益」を天秤にかけ，利益がコストを上回ったときに犯罪が実行されると考えます。ここでいうリスクとは，逮捕されるリスクや逮捕後の不利益である刑罰などが含まれます。

犯罪実行にかかる「労力」を高め，犯罪実行時に認識される「リスク」を増加させ，犯罪実行の結果として得られる「利益」を減少させることで，犯罪予防ができるようになります。たとえば，空き巣犯の犯行に労力をかけさせるために玄関の鍵を 1 つから 2 つに増やす，強盗から得られる利益を減らすために店舗等での支払いを現金でなく電子決済にする，逮捕されるリスクを増大させるために監視カメラを設置することなどが挙げられます。これらの考えは，犯罪の起こりやすい状況に焦点を当て，それを改善し，犯罪の減少を試みる方法であり，**状況的犯罪予防**（situational crime prevention；Clarke & Homel, 1997）と呼ばれます。

■ 守りやすい空間理論

プルーイット・アイゴー（Pruitt-Igoe）は，アメリカのミズーリ州セントルイスの郊外に1954年に建設された低所得者層向けの公共集合住宅であり，11階建て33棟，総戸数2870戸から成る大規模なもので，賞を受けるほどの評価をされました。

しかし，プルーイット・アイゴーは入居開始から多くの犯罪に悩まされました。数年で荒れ果て，多くの住民が退去してしまいました。共有スペースはゴミであふれ，バンダリズム（公共または私有財産を故意に破壊すること）や落書きが横行しました。管理がなされず割れた窓や落書きはそのまま放置されるなど，建物の環境は急速に悪化し，暴力や犯罪の温床となりスラム化してしまいました。結果として，プルーイット・アイゴーは建設から18年後（1972年）に爆破解体されました。

ニューマン（O. Newman）は，プルーイット・アイゴーの失敗について，住環境の空間デザインに犯罪を誘発しやすい要因があると考え，**守りやすい空間**（defensible space）**理論**を提唱しました（Newman, 1972）。ニューマンは，守りやすい空間の条件として，以下の4つが必要であると述べました。

領 域 性

領域性とは，建物や通路，障壁の設計などによって，「その場所が我々（住民）のものである」ということを明確に示し，住民の縄張り意識を高めることをいいます。外部からの侵入者に対しては，入ってはいけない場所に侵入（しようと）していることを感じさせる，物理的・象徴的な障壁になります。

物理的障壁は，高い塀や壁などの外部からの侵入者を物理的に防ぐ障壁です。象徴的障壁は，誰もが行き来できる公共の空間と住民が所有する私的空間との境界線を明確にし（「境界の画定」），間接的に縄張りを示すことで，外部の人間が侵入しづらくなるという心理的な作用をもたらします。たとえば，道路から一段高くなった庭や低い柵，花壇など，公共の空間と私的な空間が明瞭に区別できるデザインのことを指します。公共の空間と私的な空間の間があいまいなほど，そこに侵入することが容易になってしまいます。

自然監視性

住民が自然な生活のなかで監視できることです。**自然監視性**を高めるためには，見通しをよくし，死角をなくすことが必要になります。自然監視性が低いと外部からの侵入者を発見しづらく，容易に侵入を許してしまいます。たとえば，前述の物理的障壁である外壁を高くすることで，外部からの侵入を困難にすることができますが，その一方で見通しが悪くなり（自然監視性の低下），不審者に気づきにくく，侵入の発覚も遅らせてしまう可能性があります。

イメージ

住民が住居やコミュニティに愛着がもて，自分たちで住みよくしていこうと動機づけられることが重要です。そのためには，住民に否定的な**イメージ**を抱かせるような外観・構造を避けることなどが必要です。

周辺環境

安全と認められている公共施設など，犯罪の少ない地区に隣接して住宅を建設することで**周辺環境**をよくすることができます。

以上の要素を考慮した適切な環境デザインとその使用によって犯罪は抑止でき，それができていないことが犯罪の発生を促進することにつながります。

事実，プルーイット・アイゴーでは，住民でない外部の人が簡単に入れるオープンな敷地（領域性が曖昧），数階おきにエレベーターが停止するスキップストップ方式の採用，死角の多い閉鎖的な空間（不十分な自然監視性），予算削減のため当初計画されていた公園がつくられないなど居住環境に問題がありました。また，当時にしては先進的なデザインが特徴的だったことで周りから浮いてしまい，「低所得者向けの集合住宅」であることが目立ち，住人は自分の住んでいる環境に否定的なイメージを抱いてしまいました（住環境への否定的なイメージ）。それに伴って住環境への関心も低下してしまったことによって，住環境の改善や侵入者，迷惑・犯罪行為への対応もしなくなってしまったのです。もともと周辺環境が悪かったうえ，以上のことなどが犯罪を助長したとされています。

■ CPTED

ジェフリー（Jeffery, 1971）は，建物や街路などの環境（ハード面）の設計によって犯罪を予防し，警察や地域住民などによる防犯活動（ソフト面）と併せて犯罪の起きにくい環境の形成を目指す**CPTED**（crime prevention through environmental design：**防犯環境設計**）という犯罪予防の考え方を提唱しました。CPTEDに関しては，「人間によってつくられる環境の適切なデザインとその効果的な使用によって，犯罪に対する不安感の減少，犯罪発生の減少，そして生活の質の向上を導くことができる」ことが示されています（Crowe, 1991）。守りやすい空間理論が住宅地のみを対象としていたのに対し，ジェフリー理論では，学校や商業地などにも視野が広げられています。

物理的環境（ハード面）に注目した初期のCPTEDは第1世代と呼ばれ，被害対象の強化・回避，接近の制御に焦点が当てられました。第2世代では，街や人，コミュニティも含めた社会環境にも注目し，監視性の確保や領域性の強化も考慮されるようになりました。

日本の公的指針・基準で使用されている防犯環境設計の4つの基本的手法は下記の通りです（図4-3）。

被害対象の強化・回避

部材や設備などを破壊されにくいものにしたり，防犯設備等を設置したりして，侵入等の機会を減らす（例：強化ガラス，防犯セキュリティ）。

接近の制御

犯罪を企てる者の動きを限定し，被害対象への接近を妨げ，犯罪の機会を少なくする（例：ガードレール，オートロック，守衛の配置）。

監視性の確保

周囲からの見通し，人の目を確保し，犯罪企図者が常にみられている可能性のある環境をつくる（例：照明，塀の低さ，人通りの増加）。

領域性の強化

そこが自分たちの「縄張り」であることを示すことによって，犯罪企図者に対して犯罪のしづらい空間だと感じさせる状況をつくる（例：前項の「境界の画定」）。帰属意識を向上し，コミュニティ形成を促進する（例：街の美化活動，あいさつ）。

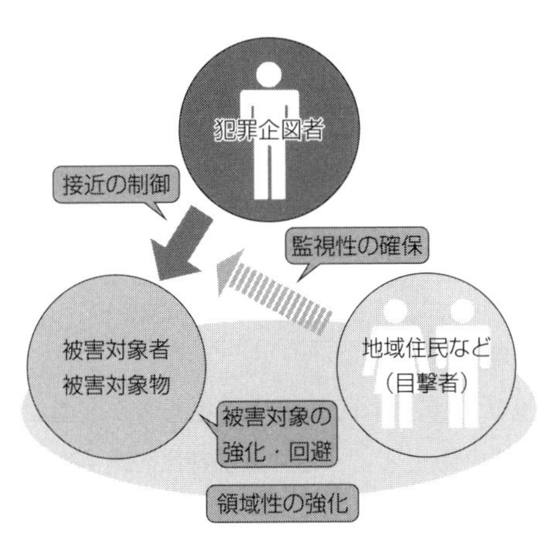

図 4-3　日本の CPTED の基本的手法

（出所）　子ども安全まちづくりパートナーズ「防犯まちづくりのヒントとガイド」より作成。

■ 割れ窓理論

地域の秩序びん乱（秩序・風紀などが乱れること）と犯罪発生の関係についてウィルソンとケリング（Wilson & Kelling, 1982）は**割れ窓理論**（broken window theory）を提唱しました。

割れ窓理論とは1枚の割れた窓が修理されずに放置されていると，その建物が誰にも注意・管理されていないという象徴になり，やがてほかの窓も次々に割られてしまい，やがて地域の環境が悪化して凶悪な犯罪が多発するようになるという犯罪発生に関する理論です。逆に考えると，公園や地域の清掃活動や落書きの消去活動など，小さな問題に早く対応することで，将来発生する犯罪を未然に防止する効果があるといえます。実際，かつては犯罪多発都市であったニューヨークでは，1994年以降，当時のジュリアーニ市長がこの理論を応用して，割られた窓など建物の修理や落書きなどの消去，軽犯罪の取り締まりを強化した結果，犯罪発生率が大幅に低下しました。

カイザーら（Keizer et al., 2008）の調査によると，ゴミが捨ててあったり，近くの壁に落書きがあったりして汚い場合，そうでない地域に比べて，ゴミのポイ捨てや窃盗等，反社会的行為の件数が2倍以上多いことが明らかになっています。日本においても公園のゴミが放置されていたり，雑草が伸び放題の空き地などで犯罪が起きやすいことが指摘されています。ゴミや雑草を放置していることが，その場所が誰にも管理されていない，というメッセージを送ってしまっているのです。

第3節　人を犯罪に導くもの

■ 犯罪原因論と犯罪機会論

欧米での犯罪対策は，1970年代までは，犯罪者が犯行に及んだ原因・背景を除去することで犯罪を防止しようとする**犯罪原因論**（第2・3章も参照）が主流でした。犯罪原因論では，「犯罪者は非犯罪者と根本的に違っており，罪を犯す性質をもつ者ともたない者がいる」という前提に立っています。犯罪原因論は，個々の犯罪原因を特定することは可能ですが，類似事件の抑止には効果を発揮することは困難でした。

犯罪原因論では激増する犯罪を止められなかったことから，1980年代になると犯罪機会論に転換していきました。**犯罪機会論**は，犯罪の機会を与えないことによって犯罪を未然に防止しようとする考え方です。犯罪機会論では「犯罪者とそうでない者の間に大差はなく，犯罪機会があれば誰でも犯罪を実行し，犯罪機会がなければ犯罪的傾向をもつ者でも犯罪を実行しない」という前提に立ちます。この考えに基づいて欧米では犯罪原因論から機会論へ転換し，犯罪をしにくい状況を作ることで，犯罪発生の増加を防ぐことに成功しました（小宮，2005）。

犯罪の発生について犯罪者自身の特徴だけでなく，犯罪を取り巻く周囲の状況に目を向ける必要があるのです。また，犯罪抑止について考えると犯罪原因論は犯罪者の更生・再犯防止に有効であり，犯罪機会論は防犯に有効であり，どちらも必要な考え方であるといえるでしょう。

■ 生物心理社会モデル

生物心理社会モデル（bio-psycho-social model）とは，エンゲル（Engel, 1977）が提唱した患者へのアプローチ方法です。人間の心理的問題や身体的な疾患は，「生物学的要因」「心理的要因」「社会的要因」がそれぞれ相互に影響しあって起こります。そのため，それらを独立させることはできず，すべての疾患は単

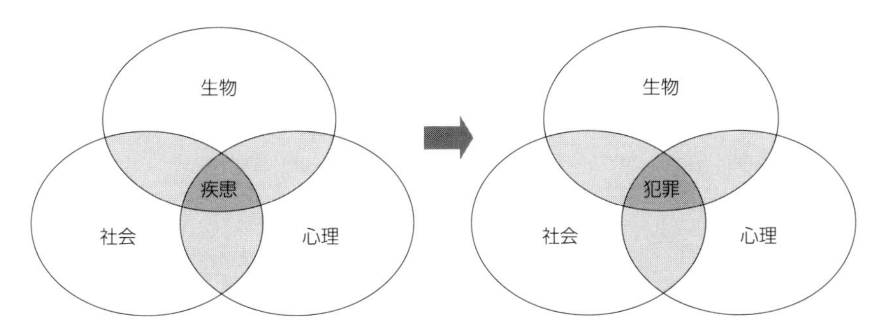

図 4-4　生物心理社会モデルのイメージ

独のものが原因とはなりえません（図 4-4 左）。このモデルでは，患者をケアする場合，これら 3 つの要因をすべて考慮した介入を行う必要があると考えます。

(1)　生物学的要因――脳，遺伝的疾患，発達特性，生得的気質など
(2)　心理的要因――ストレス，感情，パーソナリティ，価値観など
(3)　社会的要因――社会・経済状況，文化，環境，人間関係など

うつ病を例に挙げて生物心理社会モデルを考えてみます。女性は男性の 2 倍程度うつ病になりやすいといわれています。男女差の原因としては，思春期における女性ホルモンの増加，妊娠・出産など女性に特有の要因（生物学的要因）や男女の社会的役割の格差などが考えられています（厚生労働省，2004）。たとえば，新しい家族が誕生したことに加え，夫の転勤によって引っ越しをしたことで生活が大きく変わり（社会的要因），子育てが上手くいかず「自分がいけないんだ」と責めて考える傾向があり（心理的要因），やる気がわかなくなり，結果としてうつ病を発症してしまったとします。

以上の例のように，1 つの病気にもさまざまな要因が絡み合っていることがわかると思います。引っ越しや出産もストレスはかかりますが，それだけでなく，引っ越しによって親や友人と離れ，子育てのサポートをしてくれる人が身近にいなくなったことや，もともともっていたネガティブ思考の傾向などが絡み合っていると考えられます。この治療には，①薬物治療などの医学的な治療や支援をはじめ，②カウンセリングなどの心理的な治療や支援，さらに③社会的な支援のいずれも欠かせません。

犯罪に関しても同様のことが考えられます（図 4-4 右）。第 2・3 章で説明された生物学的要因や心理的要因，そして本章で説明した状況も含めたさまざま

な社会的な要因が複雑に絡み合って犯罪は発生します。つまり，犯罪原因に対しては，これらを独立にではなく，複合的に考える必要があります。そして，犯罪の抑止，犯罪者の改善更生に関してもさまざまな分野が協力し，それにあたる必要があります。

演習問題

① 社会的絆理論とは何か，説明してみましょう。

② 本章までの知見を踏まえ，犯罪の原因についてのあなたの考えを述べてみましょう。

③ 犯罪原因論と犯罪機会論について，両者を比較しながら説明してみましょう。

ブックガイド

▶小俣謙二・島田貴仁（2011）．『犯罪と市民の心理学——犯罪リスクに社会はどうかかわるか』北大路書房

犯罪と環境，市民との関係性に焦点を当てた防犯に関する心理学が詳細に紹介されています。

▶ボンタ，J.・アンドリュース，D. A.（原田隆之訳）（2018）．『犯罪行動の心理学 原著第6版』北大路書房

犯罪行動の原因に関する心理学の理論が幅広く紹介されています。

▶小出治・樋村恭一（2003）．『都市の防犯 工学・心理学からのアプローチ』北大路書房

「都市」や「地域」「まち」という観点から犯罪の実態を分析し，防犯に役立てられる工学的・心理学的知見を詳細に紹介しています。

第 II 部

非行・犯罪への対応

第5章 非　行
更生に向けて

澤田 尚宏

第1節 数値でみる非行

生まれたばかりの赤ちゃんや，公園で両親に連れられ無邪気に遊ぶ小さな子どもたちをみていると，ほとんどの人が温かい気持ちになって思わず微笑んでしまうのではないでしょうか。誰もが彼らの健やかな成長と幸せを願い，犯罪や非行を起こすようになるなど想像もしないでしょう。ですが，現実には少年・少女による非行は起き，被害者と加害者が生まれています。

そのようなことが起きないことが何よりなのですが，実際に起きている以上は，非行を犯して加害者となった少年たちを再び社会へ帰し，二度と被害者を生むことなく彼ら・彼女らを社会に定着させる働きかけが必要です。

本章では，筆者の少年院での非行少年たちへの処遇経験から，とくに心理職として非行を犯した少年に接する立場をめざす人向けに，最近の少年犯罪の動向を紹介しつつ，更生へ向けた少年への働きかけのポイントを紹介したいと思います。

■ 非行少年とは

初めに本章で対象とする「非行」や「非行少年」の意味を確認しましょう。

まず少年についてですが，少年法では，「20歳に満たない者」を「少年」としています（第2条1項）。以下，本章では性別を問わず「少年」と表現します。また「非行」とは以下の3種類のことを指す言葉です。

① 14歳以上20歳未満の少年による刑罰法規に違反した行為（犯罪少年）

② 14歳に満たないで刑罰法令に触れる行為（触法少年）

③ 20歳未満で，正当な理由なく保護者の監護に服さず家に帰らない，いかがわしい場所への出入りや不良者と交際する，または自己や他者の特性を害するようなおそれがあるなど，将来犯罪を行う虞（おそれ）が濃いこと（虞犯（ぐはん）少年）

つまり「非行少年」とは，配偶者の有無や，社会的・経済的自立の程度，性別などに関係なく，上記の①～③に当てはまる20歳未満の者，となります。また，2022年度からは少年法改正により，少年のうち18歳以上の者は**特定少年**とされ，17歳以下の少年とは扱いが区別されることになります。

■少年事件の動向

全体の傾向

2020年度の犯罪白書によると，少年による刑法犯の検挙人数は減少を続け，2019年は2万6076人でした。これはここ20年のピークであった2003年（20万3684人）と比較して約90%の減少で，少年10万人あたりの人口比でも戦後最低です（図5-1）。

この少年犯罪を含めた犯罪減少についてはっきりとした理由はわかっていませんが，少子化や社会の成熟，人権意識の高まりなどさまざまな要因が影響していると考えられます（浜井，2013）。

特殊詐欺

警察庁によると，2019年度の特殊詐欺の認知件数と被害額は，それぞれ1万6851件（前年比－5.6%）と315.8億円（前年比－17.5%）で，減少傾向ですが高水準で推移しています。

特殊詐欺に関わる少年は少なくなく，検挙者に占める特殊詐欺に関わった少年の割合は21.6%であり，恐喝（25.4%），住居侵入（22.6%）に次いで多く，検挙された少年のうち74.5%は「受け子」として関わっていました。

また，特殊詐欺の主犯格として検挙された者のうち，39.0%が暴力団構成員等であり，特殊詐欺という組織犯罪の末端に少年が取り込まれている構図となっています。

筆者は，2017年度から特殊詐欺に関わった非行少年への少年院での調査，

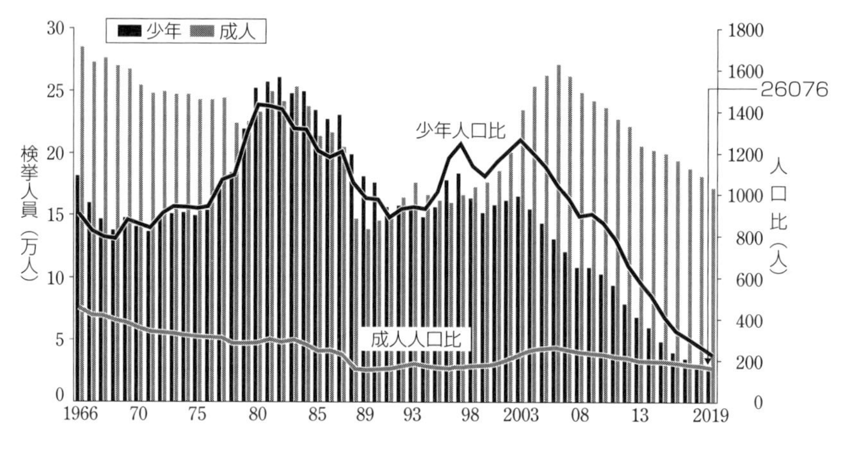

図 5-1　刑法犯人口比の変化

（注）1．警察庁の統計，警察庁交通局の資料および総務省統計局の人口資料による。
2．犯行時の年齢による。ただし，検挙時に 20 歳以上であった者は，成人として計上している。
3．触法少年の補導人員を含む。
4．「少年人口比」は，10 歳以上の少年 10 万人当たりの，「成人人口比」は，成人 10 万人当たりの，それぞれの検挙人員である。
5．2002 ～ 14 年は，危険運転致死傷を含む。
（出所）法務省，2020 より作成。

指導プログラム作成，指導に当たり，その過程で特殊詐欺に関わった多くの少年と面接をしました。その経験からわかったことは，少年院に入院する程度に非行が進んだ少年の多くは特殊詐欺であることを承知して関与し，不良集団での先輩や友人から誘われたことが発端となっているようです。また，その不良集団の背景に暴力団がいることも理解しているようです。

しかし，このような背景事情は特殊詐欺に特有のものではなく，他の非行の背景にも不良集団とつながる交友関係，また暴力団のような反社会組織が見え隠れする場合が多くあります。また，就労や就学の挫折による目標喪失，周囲への引け目なども影響しています。現場で非行少年の処遇にあたる際には，少年自身の内面の問題への対応だけではなく，保護観察所や自立支援施設などの協力機関と協働して社会復帰後の保護環境調整を行うことがとても大切になります。

特殊詐欺に関わった少年の特性と少年院での処遇については後述します。

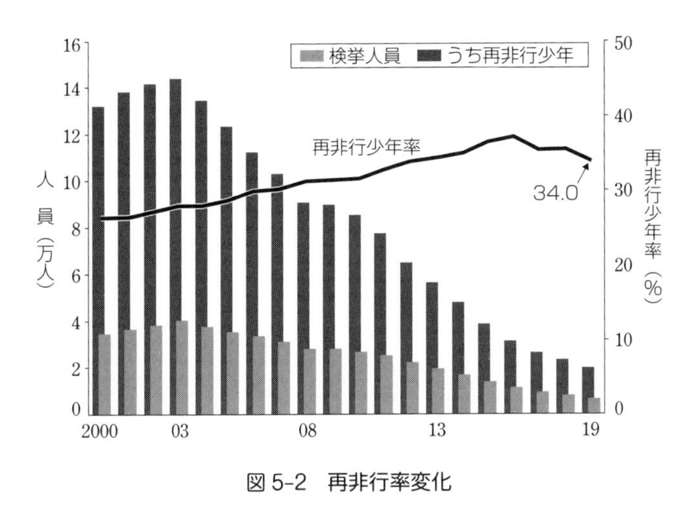

図 5-2　再非行率変化

（注）1. 警察庁の統計による。
2. 犯行時の年齢による。ただし，検挙時に 20 歳以上であった者を除く。
3. 触法少年の補導人員を含まない。
4. 「再非行少年」は，前に道路交通法違反を除く非行により検挙（補導）されたことがあり，再び検挙された少年をいう。
5. 「再非行少年率」は，少年の刑法犯検挙人員に占める再非行少年の人員の比率をいう。

（出所）法務省，2020 より作成。

■ 再非行について

犯罪白書（法務省，2020）によれば，2019 年に刑法犯として検挙された少年（1 万 9914 人）のうち，道路交通法違反を除いてそれまでに検挙，または補導されたことがある再非行少年は 34.0% でした（図 5-2）。また，少年院出院者の再入院，または成人年齢に達したことによる刑事施設への入所の割合は，2019 年度では，出院後 2 年以内で 11.8%，5 年以内になると 22.7% でした。再非行率はここ数年は微減していますが，大きくは変わりません。出院してから 5 年以内に 2 割以上の者がまた収容されていることを考えると，再非行防止の取り組みをさらに推進する必要があります。前項でも述べましたが，再非行防止の取り組みとして，就労や就学など環境調整をしっかりと行うことが重要です。

実際に，犯罪白書（法務省，2020）の 2019 年のデータをみると，保護観察処分期間中に再処分を受けた少年の割合は，就学中は 10.5%，有職者が 15.1% であったのに対して，無職は 52.9% です（図 5-3）。

少年院仮退院者（退院後も保護観察期間がある少年）の再処分についても同様

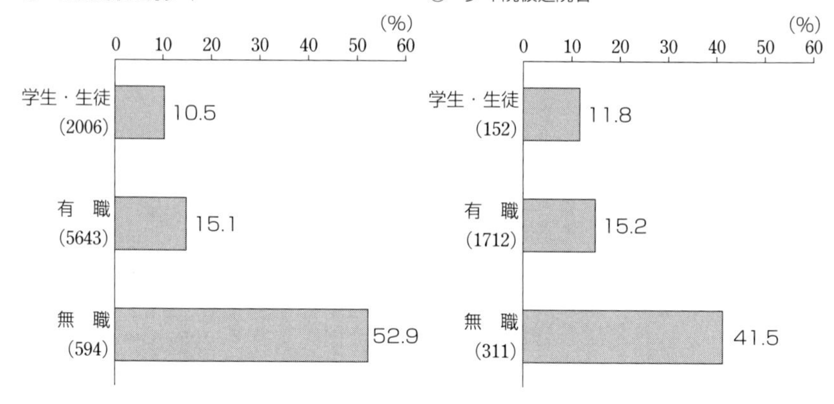

図 5-3 保護処分中の再処分者状況

（注） 1. 法務省大臣官房司法法制部の資料による。
2. 保護観察処分少年は，交通短期保護観察の対象者を除く。
3. 保護観察終了時の就学・就労状況による。ただし，犯罪または非行により身柄を拘束されたまま保護観察が終了した者については，身柄を拘束される直前の就学・就労状況による。
4. 「再処分人員」は，保護観察期間中に再非行・再犯により新たな保護処分または刑事処分（施設送致申請による保護処分および起訴猶予の処分を含む。刑事裁判については，その期間中に確定したものに限る）を受けた者の人員をいう。
5. 家事従事者，定収入のある無職者および不詳の者を除く。
6. （ ）内は，実人員。
（出所） 法務省，2020 より作成。

で，就学中の少年は 11.8%，有職者が 15.2% であったのに対して，無職の少年の割合は 41.5% です。

これらのデータから明らかなように，再非行防止のためには，少年たちをいかに就労，就学につなげていくかが重要です。少年院では，民間団体などと協力し，協力雇用主制度（第 14 章も参照）や職親（しょくしん）プロジェクト（企業が，刑務所や少年院出身者に仕事と住居などを提供して更生と社会復帰を支援する制度）など，少年たちの社会定着のための取り組みがなされています。

少年が再非行するということは，多くの場合新たな被害者が生まれうるということであり，少年自身やその周りの人が不幸な人生を歩むということを意味します。非行に至る原因や背景は複雑で根深い場合が多く，少年の人生は少年自身が歩んでいくものであって，けっして誰かが肩代わりできるものではありません。

したがって，現場で非行少年の処遇に関わる立場にいる者は，自分ひとりでなんとかしようとするのではなく，少年の人生の主人公は少年自身であることを理解し，少年の隠れたニーズをよく把握し，非行の背景情報を多くの手段を使って探り，協働する機関と連携して少年を社会に送り出していく心構えが必要です。

第2節 少年を非行に導いたもの

■ 非行の要因

少年がやったとはとても思えないような非行や重大犯罪が起きると，テレビや新聞などのマスコミによって，少年の家族関係，生育歴，または少年の特異な面がクローズアップされ，また世の人々もそのような情報に興味をもっているようです。複雑な事件の背景にあるぞっとするような話や，にわかには信じられない考え方や行為，複雑な人間関係に興味があるのかも知れません。

しかし，筆者ら少年院の職員が少年の背景情報に触れるのは，少年が非行に至るまでの周囲との関わりを整理し，その心の内側を理解することで更生に向けた歩みを後押しするためです。

非行少年の背景や生育歴などはさまざまであり，教育学や社会学，心理学などいろいろな視点から考えることも可能です。第Ｉ部でも解説があるように，犯罪の要因はさまざまです。非行ではとくに発達障害を含む精神障害の視点が重要になります。実際に，一般的な少年院でも精神障害などを抱えた少年の割合が増加し，専門的処遇の必要性が高まったこと，昨今の少年非行に関する報道でも精神障害や発達障害に言及したものも多いことから，それらと非行との関係についての理解は，非行臨床の現場にいる人間にも他領域の専門家との協働のため，今後さらに必要となるでしょう。

■ 発達の非定型性

人間の発達は，母胎で発生を始めてから一定の方向性をもちながらもある程度の個人差がありますが，神経系の発達も同様です。その差が個人間の身体的・精神的な特徴の違いを生じさせますが，一定の範囲内での差であれば大きな問題は生じにくいでしょう。

昨今では「注意欠如・多動性障害」(ADHD)，「自閉症スペクトラム症候群」

(ASD）や「学習障害」(LD）などの発達障害についての情報も多く，子育てをされている人や仕事で子どもと接する人などに限らず，発達障害が広く知られるようになってきたと感じられます。しかし同時に，非行や犯罪，問題行動を発達障害と安易に結びつけてしまっている場合も多くみられます。ですが非行臨床では，非行に至る少年の心理的ダイナミズムを理解し，発達障害が非行にどのような影響を与えているかを丁寧に考える必要があります。そこで発達障害と非行の関係について整理します（発達障害自体については第3章参照)。

いわゆる発達障害そのものの特性は**一次障害**と呼ばれますが，そもそも一次障害自体が非行の原因となることはまれです。

身体的発達と同様に，子どもたちの言語理解や認知，感情コントロールなどの精神的発達も多様であり，周囲と摩擦を起こしやすい行動や，その子の生きづらさにつながることがあります。具体的には，周囲の誤解，対人トラブルなどから生じた極端に悪い自己イメージや不登校，うつ，摂食障害，不眠や過緊張などです。このような一次障害が原因となって生じる障害を**二次障害**と呼び，少年非行臨床では，この二次障害が非行に大きな影響を及ぼしている事例によく接します。実際に少年院の少年たちは，表面上はどうであれ，内心では対人不信，自己不信，否定的態度など二次障害を感じさせる感情をもって生活しています。

■素行障害

加害者のなかには何度も繰り返し犯罪を重ねる者がいることも事実です。犯罪白書（法務省，2020）によれば，2019年における刑務所再入所者の総数は1万187人であり，これは刑務所入所者の総数1万7464人に対して58.3%となり，5回以上の再入所者の割合は22.9%です。

罰せられても繰り返し犯罪行為を行う者について，その原因や背景に関する研究はさまざまな角度からなされていますが，ここでは少年非行と再犯を考える視点として，**反社会性パーソナリティ障害**（APD）と**素行障害**（CD）という精神医学の言葉を借りてみたいと思います。

反社会性パーソナリティ障害と診断されるのは，他者の権利を顧みず，罪になるようなことをその結果を深く考えずに行い，そのような行為が持続している18歳以上の者です（詳しくは第3章参照)。

表 5-1　素行障害診断基準

A	他人の基本的人権または年齢相応の主要な社会的規範または規則を侵害することが反復し自足する行動様式で，以下の 15 の基準のうち，どの基準群からでも少なくとも 3 つが過去 12 カ月の間に存在し，基準の少なくとも 1 つは過去 6 カ月の間に存在したことによって明らかとなる。
	人および動物に対する攻撃性 (1) しばしば他人をいじめ，脅迫し，または威嚇する。 (2) しばしば取っ組み合いの喧嘩を始める。 (3) 他人に重大な身体的危害を与えるような凶器を使用したことがある（例：バット，レンガ，割れた瓶，ナイフ，銃）。 (4) 人に対して身体的に残酷であった。 (5) 動物に対して身体的に残酷であった。 (6) 被害者の面前で盗みをしたことがある（例：人に襲いかかる強盗，ひったくり，強奪，凶器を使っての強盗）。 (7) 性行為を強いたことがある。
	所有物の破壊 (8) 重大な損害を与えるために故意に放火したことがある。 (9) 故意に他人の所有物を破壊したことがある（放火以外で）。
	虚偽性や窃盗 (10) 他人の住居，建造物，または車に侵入したことがある。 (11) 物または行為を得たり，または義務を逃れるためしばしば嘘をつく（例：人をだます）。 (12) 被害者の面前ではなく，多少価値のある物品を盗んだことがある（例：万引き，ただし破壊や侵入のないもの，文書偽造）。
	重大な規則違反 (13) 親の禁止にもかかわらず，しばしば夜間に外出する行為が 13 歳未満から始まる。 (14) 親または親代わりの人の家に住んでる間に，一晩中，家を空けたことが少なくとも 2 回，または長期にわたって帰らないことが 1 回以上あった。 (15) しばしば学校を怠ける行為が 13 歳未満から始まる。
B	その行動の障害は，臨床的に意味のある社会的，学業的，または職業的機能の障害を引き起こしている。
C	その人が 18 歳以上の場合，反社会性パーソナリティ障害の基準を満たさない。

（出所）日本精神神経学会（日本語版用語監修），髙橋三郎・大野裕：DSM-5 精神疾患の診断・統計マニュアル，p461，医学書院，2014。

そして素行障害については，診断基準（表 5-1）を確認するとわかるように，反社会性パーソナリティ障害の症状とあまり変わりません。また DSM-5 によれば素行障害で認められる行動とは，暴行，窃盗，詐欺，放火，怠学や家出など規制からの逸脱などであり，それらは言い換えると「非行」といえます（野村・奥村，1999）。

つまり，反社会性パーソナリティ障害と素行障害とは，成人後の犯罪傾向の強さと非行を精神疾患と捉えて医学的な名前を与えたものであって，精神医学的な観点からいえば，筆者のような少年矯正施設の職員は，素行障害の少年たちに対応している，といえるでしょう。筆者は医療従事者ではありませんが，精神医学的な見地を借りることはたしかに目の前の少年の心理的ダイナミズムを理解しやすくすると感じます。また筆者ら職員が行う非行少年への処遇を精神医学的な概念で整理することは説明力を上げ，他領域との連携をスムーズにするでしょう。

以降は，反社会性パーソナリティ障害と素行障害の視点から，非行少年について分析していきます。

■ DBD マーチと可塑性

まず **DBD**（disruptive behavior disorder；**破壊的行動障害**）**マーチ**（齊藤・原田，1999）について説明します。DBD マーチとは，幼少期の注意欠如・多動性障害から反抗性挑戦障害（ODD），素行障害から反社会性パーソナリティ障害へと続く社会的不適応行動の悪循環を示したものです。

DBD マーチによれば，素行障害には前駆的に**反抗性挑戦障害**（**ODD**）があり，また反抗性挑戦障害にも前段階として注意欠如・多動性障害が存在しています。反抗性挑戦障害とは，権威者への反抗や癇癪，意地の悪さや他罰的な態度などが重度であり，周囲の秩序を乱してしまうような障害です。反抗性挑戦障害の原因は不明ですが，一次障害と二次障害が混在して周囲との問題を引き起こしている状態なのかもしれません。

DBD マーチでいえば非行少年は素行障害の段階といえますが，少年鑑別所に入所中の少年を対象にした調査でもおおむね当てはまるようです（渕上，2010）。

また，DBD マーチに当てはめて考えると，少年がもつ豊かな**可塑性**（発達の途上であり適切な教育で更生が可能なこと）とは，人格として固定化した反社会性パーソナリティ障害と比べ，比較的予後が良好であること，と言い換えられるでしょう。

ここでは精神医学の概念を借りましたが，どのような立場の言葉で非行の要因を語っても，それだけでは現実の少年自体は何も変わりません。実務家が非行の要因を明らかにするのは再非行を防止し被害者が新たに生まれないようにし，そして少年を改善更生させていくためです。少年が何に困っていて，なぜうまくいかなくて，どうすべきなのかを明らかにし，少年の置かれた状況をわかりやすい言葉で説明する必要があるのです。

第3節　非行の関連法と処遇

■少年法

犯罪者が罰せられることは社会秩序の維持にとって必要なことですが，成人ではない少年については特別な取り扱いをしています。それを定めた法律が**少年法**です。

「少年」の規定についてはすでに述べましたが，少年法の目的はすべての少年の健全育成であり，非行少年は健全育成が期待できるような適切な保護下になく，社会的に不適応な行動からより保護を求めている状態といえます。したがって少年法では，たとえ罪を犯した少年でも罰よりも保護教育を優先し，刑罰を科すとしても，それが少年の保護教育にとって必要であり，かつ社会の秩序維持に必要な場合に行います。少年の保護を優先するこうした考え方を**保護優先主義**といいます。また，適切な保護教育を与えられない親の下にいる少年に対しては国が代わりに保護教育を与える**国親**（くにおや）**思想**も知っておくべきでしょう。

次に少年事件の処理手続について**家庭裁判所中心主義**を紹介します。少年事件では少年の保護教育を優先するのですが，犯罪が起きている以上，本人の責任や社会秩序の維持，また権利の保障などを曖昧にするわけにもいきません。この保護・福祉的側面と司法的側面を両立させるため，少年事件の手続きの中心に家庭裁判所を置き，その両面を調和させています。このほか，少年にとって最適な保護を家庭裁判所に決定させるために軽微な少年事件でも家庭裁判所に送致する**全件送致主義**，家庭裁判所が主宰者として自ら調査して手続きを進め，少年にとって最適な保護を与える**職権主義的審問構造**についても知っておくべきでしょう。

■非行少年に関する手続き

前述したように，少年事件では一般の成人の事件とは異なる手続きがとられます（図5-4）。

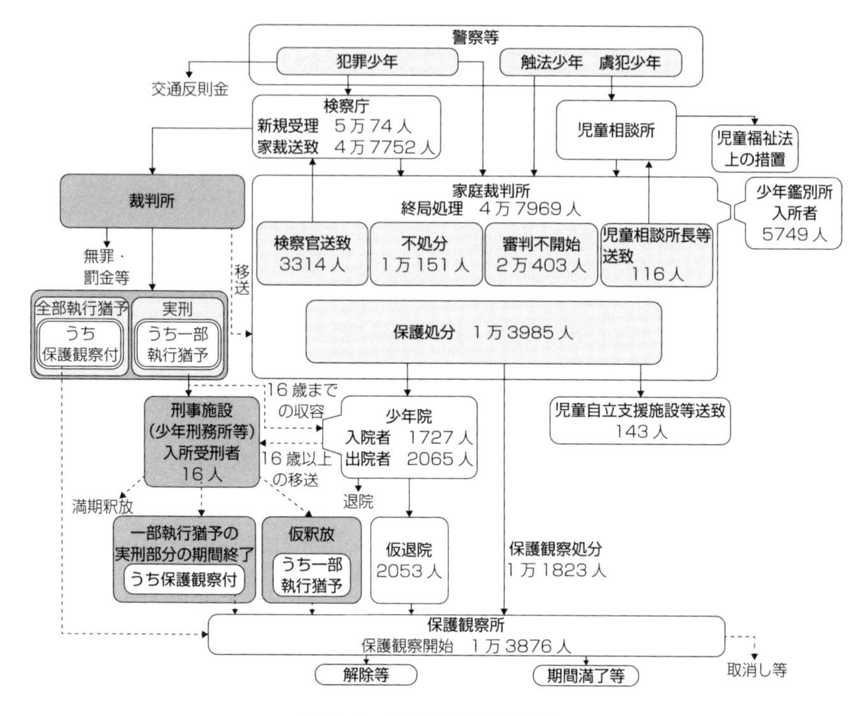

図 5-4　少年事件手続の流れ

（注）1．検察統計年報，司法統計年報，矯正統計年報および保護統計年報による。
2．「検察庁」の人員は，事件単位の延べ人員である。たとえば，1人が2回送致された場合には，2人として計上している。
3．「児童相談所長等送致」は，知事・児童相談所長送致である。
4．「児童自立支援施設等送致」は，児童自立支援施設・児童養護施設送致である。
5．「出院者」の人員は，出院事由が退院または仮退院の者に限る。
6．「保護観察開始」の人員は，保護観察処分少年および少年院仮退院者に限る。
（出所）法務省，2020 より作成。

少年事件が家庭裁判所に送致されると，家庭裁判所は非行の存否などを調査したうえで，家庭裁判所調査官に命じて非行に影響を与えた少年の資質，環境，また再非行危険性（**要保護性**）を調べさせ，少年が非行に至った背景を明らかにします。

少年であっても重大な事件などを起こした場合には少年鑑別所に少年を収容（最大8週間）し（**観護措置**），心理技官や精神科医，観護教官などにより面接や心理テスト，行動観察などによって心身の**鑑別**が行われ（図 5-5），少年にとって適当と考えられる処遇についての鑑別結果が家庭裁判所に送られます。家庭

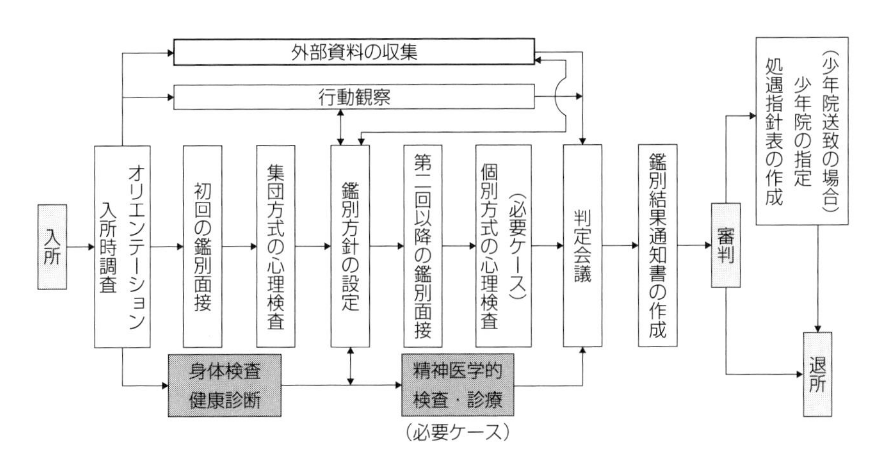

図 5-5　少年鑑別所での鑑別の流れ

（出所）法務省，2020 より作成。

裁判所はこれらの調査結果や鑑別の結果に基づいて，**保護処分**が不要な場合には不処分とし，保護処分が必要な場合には，**保護観察**，**児童相談所**，**児童自立支援施設**への送致のほか，**少年院送致**のいずれかの保護処分を行います。

また，家庭裁判所に送致された少年事件でも，死刑，懲役または禁錮に当たる事件で刑事処分相当と家庭裁判所で認められたときは，少年事件であっても検察官にまた戻されます（**逆送**）が，犯行時に 16 歳以上の少年が故意に起こした被害者を死亡させた事件は，原則として事件を検察官に送致することになっています（**原則逆送**）。ただし，特定少年については，民法上は成人で責任がある立場であることから，死刑，無期または短期 1 年以上の懲役・禁錮に当たる罪の事件が，原則逆送対象事件に追加されました。

第 4 節　矯正施設・更生保護施設

■ 児童自立支援施設

児童自立支援施設は各都道府県に設置され全国に 58 カ所あり，行動上の問題や非行問題を抱える少年に対応する施設です。

児童福祉法に基づいて，家庭やその他の環境上の理由から生活指導を必要とする児童や，不良行為，またはそのおそれがある児童が家庭裁判所の保護処分の１つとして入所しています。また入所だけでなく，家庭環境調整，地域支援，退所後のケアなどの活動も行っており，他の施設では対応が困難になったケースの受け皿としても機能しています。「共生教育」をモットーに，専任職員が家庭的な雰囲気のなかで児童と生活を共にし，協調性や責任感，自律性を涵養します。また小学生と中学生は施設内の学校で義務教育を受け，心身の健全な成長と社会性の発達を目的としてクラブ活動なども盛んに行われています。中学校卒業後も外部の高校への通学や，施設内の高等部での活動を通して社会人としての基本的なスキルを磨き，社会で自立して生活する準備をしています。

■少 年 院

矯正教育の目的

少年院の主な目的は，少年院送致となった少年を収容し，その健全育成を図ることです。そのために少年院では**矯正教育**や社会復帰支援などを行います。2020年4月1日の時点で，全国に48庁（分院6庁を含む）が設置されています。また，在院者は2000年の6052人から減少しており，2019年度は1727人で，1949年以降で最少となっています。

矯正教育とは，「在院者の**犯罪的傾向**を矯正し，並びに在院者に対し，健全な心身を培わせ，社会生活に適応するのに必要な知識及び能力を習得させることを目的」（少年院法第23条1項）としています。

また少年院は，少年の年齢，犯罪的傾向の程度，心身の状況などに応じて少年を以下の4種類に分けて収容しています。

① 第1種――保護処分の執行を受ける者であって，心身に著しい障害がないおおむね12歳以上23歳未満のもの（②に定める者を除く）

② 第2種――保護処分の執行を受ける者であって，心身に著しい障害がない犯罪的傾向が進んだ，おおむね16歳以上23歳未満のもの

③ 第3種――保護処分の執行を受ける者であって，心身に著しい障害かがあるおおむね12歳以上26歳未満のもの

④ 第4種――少年院において刑の執行を受けるもの

在院者の特性に応じて体系的，組織的に矯正教育を行うため，年齢，心身の障害の状況および犯罪的傾向の程度，社会生活に適応するために必要な能力，その他の事情に照らし，一定の共通特性を有する在院者のタイプごとに，矯正

表 5-2　第 1 種少年院の例

矯正教育課程	符号	在院者の類型
義務教育課程 I	E1	義務教育を修了しない者のうち，12 歳に達する日以後の最初の 3 月 31 日までの間にあるもの。
義務教育課程 II	E2	義務教育を修了しない者のうち，12 歳に達する日以後の最初の 3 月 31 日が終了したもの。
社会適応課程 I	A1	義務教育を修了した者のうち，就労上，就学上，生活環境の調整上等，社会適応上の問題がある者であって，他の課程の類型には該当しないもの。
社会適応課程 II	A2	義務教育を修了した者のうち，反社会的な価値観・行動傾向，自己統制力の低さ，認知の偏り等，資質上，特に問題となる事情を改善する必要があるもの。
支援教育課程 I	N1	知的障害またはその疑いのある者およびこれに準じた者で処遇上の配慮を要するもの。
支援教育課程 II	N2	知的障害もしくは発達障害またはこれらの疑いのある者およびこれに準じた者で処遇上の配慮を要するもの。
支援教育課程 III	N3	義務教育を修了した者のうち，知的能力の制約，対人関係のもち方の稚拙さ，非社会的行動傾向等に応じた配慮を要するもの。

（出所）　法務省，2020 より作成。

教育の重点的な内容および標準的な期間を定め，少年院の種類ごとに**矯正教育課程**が指定されています（表 5-2）。また 2022 年度からは，少年法改正に合わせて少年院法も改正され，保護観察中の特定少年が重大な遵守事項違反をした場合に家庭裁判所の決定により 1 年以下の期間収容する**第 5 種少年院**が設置される予定です。

少年との関わり

少年院の先生と少年たちとの関わりについて述べたいと思います。前提として，少年院は収容されている在院者に合わせてそれぞれ矯正教育課程が定められています。また，各少年院ごとに関わり方に特徴があり，それぞれの少年に応じた必要な関わり方も多様です。ここでは，どこの少年院でも必要となるような関わりについて述べます。

少年院に収容された少年はまず最下級生である 3 級生からスタートし，2 級生，1 級生と段階を踏んでいきます。少年それぞれについて，その問題性や特性などに合わせて**個人別矯正教育計画**が作成され，在院中に少年が達成すべき**個人別矯正教育目標**が定められます。またこの個人別矯正教育目標を収容期間内に達成できるよう，各級で達成すべき**段階別教育目標**があり，その目標を達成することで進級できます。

少年それぞれに担任の先生がおり，担任の先生は少年が目標をクリアできるよう挫けそうになるのを励ましたり，さまざまなことを指導し，また悩みを聴いたりと，それこそ擬似的な家族のような関係を結んで少年の考え方や対人認知，行動などの変容を促していきます。担任の先生と少年の関係には深い情緒的交流があり，それゆえに摩擦や葛藤もありますが，それらも少年の抱える問題性を考えさせる素材として生かしながら指導します。

また，少年それぞれの問題性に合わせて**特定生活指導**が実施されます。特定生活指導は講義形式や個別面接で実施することが多いため，自分が担任していない少年とも関わることとなります。またクラブ活動や職業指導，その他行事などの場面でも担任以外の少年を指導することになります。

少年の認知や行動の変容を促していくことは簡単なことではありません。ですから担任１人で行うのではなく，先生全体で少年について情報を共有し，一貫した指導ができるようチームとして少年に関わることが大切です。

更生に向けて

筆者は「特殊詐欺」に関わった少年と多く関わりました。その経験から，どのように少年の心と行動のケース・フォーミュレーション（介入の対象となる問題を明確化し，その成り立ちについて仮説を立てること）をし，指導し，その結果少年がどう変容していくのかの一例を，特殊詐欺を焦点にして述べます。

筆者の共同調査から（山本・澤田，2019），特殊詐欺に関わった少年は健全な社会人としての自己像が弱い可能性があることがわかりました。その一方で少年院での生活では中心的・積極的で，強い承認欲求が観察されていました。これは特殊詐欺に主導的に関わってきた少年像とも合致し，強い承認欲求をもちながらも，挫折やこれまでのネガティブな経験から自己肯定感が低く，健全な生活で認められるように努力する力が育っていないという心理的共通点がみえてきました。

この理解のもとに考えると，少年にとって特殊詐欺によって詐取した多額の金銭も主導的な働きも，強い承認欲求と実際の自己像のギャップを埋める代替物であった，と考えられます。

そこで筆者らは少年たちの承認欲求の強さに着目し，「本当はどんな自分に

コラム　365日24時間——少年院での生活指導

少年院での処遇の中核は矯正教育ですが，その中核となるのが生活指導です。生活指導は少年たちが善良な社会人として自立した生活を営むための基礎となる知識，生活態度を習得させるために行います。

その生活指導は，①基本的生活訓練，②問題行動指導，③治療的指導，④被害者心情理解指導，⑤保護関係調整指導，⑥進路指導について，面接や作文指導，全体講義，グループワーク，日記指導などの方法を用いて行います。

また少年それぞれが抱える問題に合わせ，①暴力防止指導，②交友関係指導，③家族関係指導，④薬物非行防止指導，⑤性非行防止指導，⑥被害者の視点を取り入れた教育，の6種類の特定生活指導が設けられています。

これで一般的な生活指導の説明は終わりです。文字で書くとこれだけなのですが，生活指導は，文字通り少年院での生活すべてに関わっているといえます。とくに基本的生活訓練については少年院の先生として外せないと思います。なぜならば，少年も先生も，日々なんらかの生活をしているからです。基本的生活訓練は365日24時間にわたっているといえます。

つまり少年が抱えるさまざまな面に介入するチャンスが基本的生活訓練を通して一日中あるのです。実際，少年が非行に至った背景には生活の乱れがあります。そういう問題点に少年を向き合わせる機会が基本的生活訓練を通してもたらされるのです。大抵の場合，少年の非行を深く探っていくと生活の乱れが存在し，さらにその奥に生活が乱れることになったなんらかの理由（交友問題や挫折，家庭環境，障害など）が現れます。基本的生活態度に注目することで，深くまで指導の範囲を広げることも可能です。

言い換えると，生活指導こそ先生の力量が試されます。生活指導を通して少年の問題を見抜けず，通り一遍な指導しかできないのであれば，少年へよい影響を与えることはなかなか期待できないでしょう。逆にそれができる先生はどのような場面でも生徒へ有効な指導が可能となるでしょう。それを一言で表せば，「信頼される」ということかもしれません。

少年は正しい言葉を聴きたいわけではなく，信頼する人の言葉を聴きたいのだと思います。そういう先生になるチャンスが基本的生活訓練にはあるのです。

ただ，自ら範を示そうと筆者自身も自分の生活を正すことに取り組みましたが，なかなか大変だな，と感じます。その大変さを知ったおかげで頑張る少年に素直に「頑張れよ」といえるようになりました。生活指導は先生自身が少年たちの努力の大変さを知るよいチャンスでもあるのです。

なりたいのか」を言語化させ，健全な自己像を少年にもたせるような方向で指導しました。

少年のなかには，規律ある少年院の生活で努力を正しく評価され，助言・指導されることで内省が進み，これまでの生活や金銭管理の問題を考える講座にも前向きに取り組み，過去の自分を恥じ，資格取得などに励むようになるなど，望ましい変化が多くみられる者もいます。努力するようになると，自分のやった非行がもたらした被害の大きさが理解でき，反省が深まり，「どんな非行でも二度としたくない」と述べるような少年も多くいます。

これはあくまでも一例に過ぎませんが，目標を定めて個々の少年の心と行動の関係を考えて，きちんと少年に対してケース・フォーミュレーションを行うことで一貫した指導をしていくことが大切です。

■保護観察

保護観察官・保護司

保護観察官は，心理学，教育学，社会学などを専門とした法務省の職員として，保護観察所や**更生保護委員会**で勤務し，犯罪をした人や非行少年が社会で自立していくために，地域のさまざまな活動や団体と連携して再犯・再非行の防止と社会復帰のための指導や援助を行います。刑務所や少年院といった施設内で行われる**施設内処遇**に対して，施設に収容せずに社会生活のなかで行われる処遇であることから，**社会内処遇**といわれます。保護観察官はこの「社会内処遇」の中核となって働きます。

保護司は，社会奉仕の精神で犯罪や非行をした人との面接や環境調整などに従事し，犯罪・非行の予防のための啓発活動なども行う民間のボランティアで，非常勤の公務員です。保護司は保護司法で定められた条件を備えた人が保護観察官から推薦され，そのなかから選ばれて法務大臣から委嘱されます。保護司は保護観察処分を受けている少年との関わりの中心となり，少年と定期的に面接や助言，家族からの相談を受けるなどして社会への定着を支援します。

更生保護施設

更生保護施設は，主に刑務所や少年院を出た人で頼れる家族がいない場合や，公的機関の援助を受けられない場合などに保護観察官の委託を受けて入所するところです。全国に 103 施設あり，宿泊場所と食事を提供するほか，就職活動，生活指導を行って入所者がスムーズに社会復帰できるよう支援する施設です。更生保護施設では，職員によって生活指導や就労指導が行われ，自立のために金銭管理をできるようにする貯蓄指導なども行われています。さらに，社会的スキルの向上のため**生活技能訓練**（SST）が行われ，またアルコールや薬物の問題を抱える入所者への酒害・薬害プログラムもあり，自己の問題に気づき，回復へ向けて努力できるよう支援が行われています。薬物処遇重点実施更生保護施設では，精神保健福祉士による指導も行われています。ほかにも，年齢や障害のために就労が困難な入所者にハローワークや協力雇用主に紹介するなど，スムーズな社会復帰に向けた活動が行われています。

医療観察制度

殺人や放火などの重大な犯罪・非行を犯したが，心神喪失または心神耗弱の状態であった場合に，必要な医療措置をとることで社会復帰を促す制度が**医療観察制度**です。この制度は，裁判所と精神科医が合議によって対象者に指定医療機関への入院や通院によって医療措置を受けさせ，社会復帰に導くものです（詳しくは第1・10章を参照）。

演習問題

新人の少年院の先生として，実際の勤務ではどのようなことに気をつけるべきなのか，考えてみてください。考え方に正解はありませんので，キーワードを参考にして，設問に答えてみましょう。

① 当直中，1人の生徒が，いつもは使わない塗り薬の使用など，あなたに対して他の先生が当直のときよりも明らかに多くの要求をしてきます。要求の内容自体には問題はないのですが，どのような対応をしますか？　また，少年のそのような行動からどのような少年の心の動きが考えられますか？

　キーワード：保安，行動観察，生育歴

② あなたが担任している生徒（16歳5カ月）は，面接では，いつも将来について「社長になる」など現状から考えれば現実的ではないことを話しています。それよりも家族との関係を改善させたいのですが，どのように面接指導しますか？

　キーワード：メタ認知，面接，動機づけ

③ 反社会的組織との関係が強い少年（18歳，高校中退）の担任を任されました。少年は，能力は比較的高いのですが，これまで健全な形で何かを達成したことがなく，自己肯定感が低いようです。どのような点をポイントにして指導しますか？

　キーワード：居場所，役割，共感

ブックガイド

▶アメリカ集団精神療法学会（日本集団精神療法学会監訳／西村馨・藤信子訳）(2014).『AGPA 集団精神療法実践ガイドライン』創元社

本書を読むと，少年院の集団処遇とグループワークには相違点も多いが，それ以上に共通点が多いと感じます。たとえば第2章の「治療要因と治療機序」は，少年院の集団処遇がもつ更生的風土とは何か，を考えるうえで参考になります。エビデンスも多く示されおり，さらに勉強したい方にもよいと思います。

▶岡田尊司（2004).『パーソナリティ障害――いかに接し，どう克服するか』PHP 研究所

平易な文体で読みやすく，それぞれのパーソナリティ障害について例が挙げられているのでイメージしやすくなっています。著者自身が医療少年院で精神科の先生をしていた経験があり，対応のポイントなどもまとめられていますので，少年矯正施設などでの仕事に興味がある人にも参考になると思います。

▶三田村仰（2017).『はじめてまなぶ行動療法』金剛出版

第3世代の行動療法とも呼ばれる臨床行動分析を学ぶのに最適な本です。難しい面もある理論を読みやすく解説しており，学生におすすめです。また筆者がこれまで優秀と感じたベテランの少年院の先生方は，本書にあるようなことを自然にしている，と感じます。その意味でも心理学の実務家をめざす人にもおすすめです。

第6章 DV
大切な人への暴力

相馬 敏彦

恋人や配偶者といった大切な相手との関係は，安らぎの源として当事者の心身にポジティブな影響をもつこともあれば，暴力の温床としてネガティブな影響をもつこともあります。ここでは，親密な関係のなかでどうして暴力がエスカレートしやすいのかを考えます。そして，DVを防ぐために有効なアプローチを紹介します。

第1節 DVの定義と実態

DV（domestic violence；ドメスティック・バイオレンス）という用語は，広く家族間の暴力を指すこともあれば，より限定的に夫婦間での暴力だけを指すこともあります。ここでの「夫婦」には戸籍上の婚姻関係のみならず，内縁関係も含みます。近年は，未婚の恋愛関係における暴力被害が一定数報告されていることもあり，日本語でDVという場合，既婚か未婚かにかかわらず，広く親密な関係において生じる暴力（intimate partner violence）を指すことが多いようです。そこで，本章でも，親密な関係で生じる暴力をDVと捉え，その生起プロセスをみていくことにします。

DVには，殴ったり蹴ったりする身体的暴力，人格を否定したり脅迫したりする精神的暴力，生活費を取り上げたり金銭を奪ったりする経済的暴力，性行為を強要したり避妊に協力しないといった性的暴力が含まれます。現実的には，配偶者からの暴力被害者の約半数（46%）が，上記の2つ以上のタイプの暴力を重複して受けたと報告しています（内閣府男女共同参画局，2021）。ただ，タイ

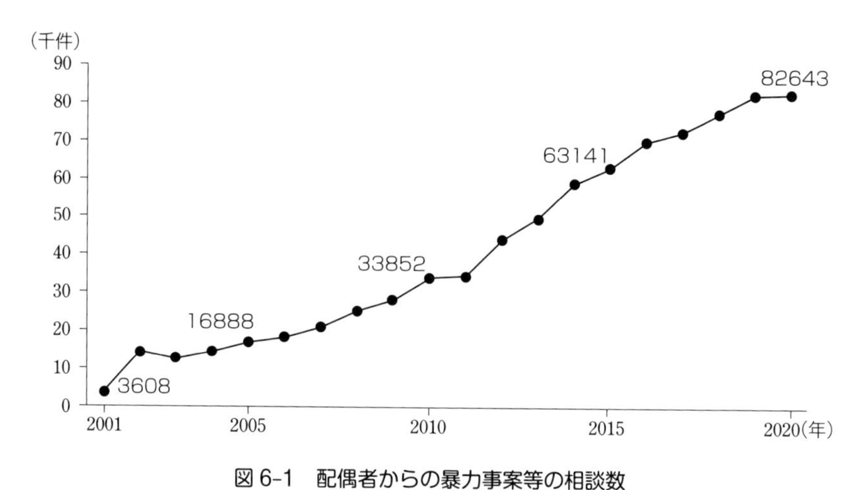

図 6-1　配偶者からの暴力事案等の相談数

（注）1．配偶者からの身体に対する暴力または生命等に対する脅迫を受けた被害者の相談等を受理した件数。
2．2001 年は，DV 防止法の施行日（10 月 13 日）以降の件数。
3．法改正を受け，2004 年 12 月 2 日施行以降，離婚後に引き続き暴力を受けた事案について，2008 年 1 月 11 日施行以降，生命等に対する脅迫を受けた事案について，また，2014 年 1 月 3 日施行以降，生活の本拠を共にする交際（婚姻関係における共同生活に類する共同生活を営んでいないものを除く）をする関係にある相手方からの暴力事案についても計上。
（出所）警察庁，2021 より作成。

プ別にみると，とくに報告件数が多いのは身体的暴力と精神的暴力です。これらの暴力は DV の典型であると同時に，後述するように，親密な関係の継続につれて，精神的暴力から身体的暴力へエスカレートしやすいことが示されています（相馬，2019）。

■ DV 防止法と支援体制

2001 年に「配偶者からの暴力の防止及び被害者の保護等に関する法律」（通称，**DV 防止法**）が施行されて以降，DV 被害の報告件数は増え続けています。図 6-1 に，警察に寄せられた配偶者からの暴力に関する相談数の経年変化を示します。警察への報告・相談件数が減らない背景として，以前は，痴話げんかや家庭内のもめごととして扱われてきた暴力が，DV 防止法の施行や DV 概念の普及により，社会的に許容されない行為と認識され始めたことがあるといえます。

DV 防止法は，各都道府県に対して配偶者暴力相談支援センター（以下，**DV 相談支援センター**）の設置を義務づけています。DV 相談支援センターでは，相談の受付はもちろん，緊急時の一時保護や，保護命令制度についての情報提供や利用のサポートを行っています。保護命令制度とは，DV 被害によって生命や身体に重大な危害を受けるおそれが大きい場合に，被害者の申立てに基づき，裁判所が加害者に被害者への接近や連絡（つきまとい等）を禁じたり，退去を命じたりする仕組みです。被害者は，DV 相談支援センターや警察に相談することで，保護命令などの諸制度を活用しやすくなり，さらに他のさまざまな支援資源にもアクセスしやすくなります。そこには，民間団体の運営する一時保護施設も含まれます。深刻な DV の被害者は，これらの仕組みを活用することで，加害者，すなわち暴力から離れた安全な環境を確保しやすくなるといえます。なお，DV と児童虐待とが同時に生じている家庭も少なくないため，現在は，DV 相談支援センターと児童相談所との連携した対応が求められているところです。

■ DV のもたらす影響

DV は被害者だけでなく，被害者の周囲にいる関係者にもダメージを与えます。

被害者へのダメージ

DV の被害者には，けがや慢性的な痛みといった身体的な症状や，不安や自殺念慮，さらにはうつ病や心的外傷後ストレス障害（PTSD）といった精神衛生上の問題が生じることがあります（Chmielowska & Fuhr, 2017）。そのなかで，暴力をふるわれながらも被害者が相手から離れようとしない背景に**学習性無力感**があります（Walker, 1979）。これは，どのような対処をとっても断続的に暴力をふるわれることで，「自分にはどうしようもない」というあきらめを学習し，次第になんの抵抗も示さなくなる状態を指します。このようなあきらめの状態に陥ってしまうと，どれだけ暴力をふるわれても，相手を避けたり関係から離れたりしようともしなくなります。第三者は，DV 被害者が自らの意思で関係に留まっていると判断してしまうことがありますが，実際には断続的な暴力被害の結果，被害者が学習性無力感に陥っていることもあるのです。

周囲の関係者へのダメージ

両親の DV を目撃した子どもにも DV の影響が及ぶことがあります。ウッドとサマーズ（Wood & Sommers, 2011）によると，両親の DV を目撃した子どもが，同時に両親からの虐待を受けていると，思春期に不安や抑うつなどの内在的な問題を生じさせやすくなったり，非行や暴力加害といった外在的な問題を生じさせやすくなったりします。後者の暴力加害は，とくに他者から拒絶された場面で激しくなりやすく，幼少期のDVの目撃と被虐待経験が，**他者からの受容への敏感さ**を高めてしまうといえます。また，DVの目撃はその後の飲酒，喫煙，薬物使用，危険な性行動のとりやすさとも関連します。興味深いことに，DVを目撃した子どもがその後にふるう暴力は，目撃者の性別にかかわらず，男子に向きやすいようです。つまり，男子は，両親のDVを目撃することで同性である男子の友人に対する身体的攻撃を生じさせやすくなる一方，女子は異性，すなわち交際相手である男性に対する攻撃を生じさせやすいことが報告されています。男子から男子への攻撃には男性間での暴力に寛容な文化的規範が影響していると考えられる一方，女子から男子への攻撃には男性のほうが攻撃されても傷つきにくいと信じられていたり，女子が自己防衛する必要があったりすることが関わっているのかもしれません。

第2節　DVが生じてエスカレートするプロセス

DVがどのような場合に生じやすく，どのようにして被害が深刻化しやすいのかについて，当事者，相互作用，社会環境の3つの側面（説明レベル）に分けて，関連する要因をみていきます。

■当事者の要因：加害に影響する特性

DVの生じやすさや被害の深刻化は，加害者の特性や被害後の被害者に生じる心理的変化と関わっています。

加害者の性格特性としてよく知られるものに，攻撃性，サイコパシー特性，愛着スタイルの3つがあります。順にみていきます。

攻撃性

性格としての乱暴さは，しばしばDV加害者の典型的な特徴だといわれます。乱暴な人は，交際相手にも暴力をふるいやすいだろうというわけです。しかし，いくつかの実証研究によれば，**攻撃性**が加害にもたらす影響は単独ではそれほど強くありません（影響がないわけではありません）。それよりも，次の条件が揃った場合に，攻撃性はDV加害につながりやすいことが確認されています（Finkel et al., 2012；相馬ほか，2017）。

第1の条件は，相手から**挑発**を受けたように感じる状況です。相手から馬鹿にされたり，けちをつけられたりしたように感じると，攻撃性の高い人は相手を傷つけたい衝動に駆られます。ただし，この衝動に駆られてもただちに相手を傷つけるわけではありません。人は，どれだけ親密な相手であっても「他者を傷つけること」が社会のルールに反しており，罰せられることを知っています。攻撃性の高い人であってもそうです。攻撃性の高い人は，相手を傷つけたい衝動に駆られても，ルールに反しないよう，多くの場合，自分の行動を制御しようとするのです。しかし，状況によっては衝動にあらがえないことが起きます。

第2の条件は，自己制御するための余裕（**自己制御資源**）の不足です。たとえば，仕事で気苦労が絶えなかったり，育児で気が張っていたりすると，それ以外のことを自己制御する余裕を失いがちになります。攻撃性の強い人が，相手から挑発されたように感じて強い**攻撃衝動**に駆られて，かつそれを制御する余裕がなければ，強い攻撃衝動は相手への行動，すなわち暴力として表出されやすくなります。このように，攻撃性の強さは，相手から挑発を受けたように感じることと，自己制御する余裕のなさという2つの条件が揃うことで，DV加害につながりやすいといえます。

サイコパシー特性

次に，DV加害に影響するもう1つの特性として，**サイコパシー特性**を取り上げます。ロバートソンら（Robertson et al., 2020）によると，この特性は，冷淡さ，操作性，衝動性に特徴づけられるもので，他のリスク因子（攻撃性，反社会的行動，親子関係，アルコール使用，過去の投獄）の影響を統計的に取り除いても，DV加害を強く予測することが示されています。また，この特性は，DV加害に対する治療の難しさとも関連することが示されています（サイコパシーと犯罪一般との関連は第3章も参照）。

サイコパシー特性は，とくに男性による**計画的な**（衝動的ではない）**DV加害**と関わることが示唆されています。たとえば，DV加害で有罪判決を受けて治療中の男性を対象とした研究では，**衝動的なDV加害**者よりも計画的なDV加害者のサイコパシー特性が強いことが示されています（Stanford et al., 2008）。これは，先述した，攻撃性により生じるDV加害が衝動に基づくと説明されていた点とは対照的です。なお，女性を対象に行われた研究では，サイコパシー特性によるDV加害の質に違いはみられず，計画的なDV加害者も衝動的なDV加害者も，比較対象の一般学生よりもサイコパシー特性が弱いことが示されています（Lake & Stanford, 2011）。

サイコパシー特性が，DV加害に影響するプロセスに関連して，**幼少期の虐待経験**がこの特性の獲得を促し，それが成人期のDV加害につながるといわれることがあります。しかし，犯罪者を対象とする研究では，サイコパシー特性（ライフスタイルに関する側面）のDV加害に及ぼす影響を取り除いても，なお児童虐待経験が後のDV加害に強く影響することが示されています（Swogger et al., 2012）。つまり，幼少期の被虐待経験はDV加害を予測するものの，それはサイコパシー特性の獲得が促されるのとは別のプロセスによる可能性が高いといえます。興味深いことに，この研究では，児童虐待とサイコパシー特性の組み合わせによってDV加害の生じやすさが異なることも示されています。つまり，サイコパシー特性の高い男性が児童虐待の経験をもつ場合に，恋人や配偶者といった親密な相手に暴力をふるいやすくなるということです。この組み合わせによる効果は，親密な相手以外の他者への暴力全般に対しては認められていません。したがって，児童虐待の経験とサイコパシー特性との組み合わせ効果は，親密な相手への暴力のみでみられるといえます。

愛着スタイル

DV加害には，親密な他者との関わりについての信念である**愛着スタイル**も影響します。とくに，自分は親密な相手から受け入れられない，愛されるに値しないという信念である**愛着不安**の高さは，DV加害に影響します。愛着不安の高い人は，親密さに対する過度の欲求が満たされなかったり，他方で見捨てられるという不安が強かったりして，相互作用や関係をネガティブに捉えその鬱積を暴力によって晴らしたり，相手をコントロールしようとしたりするからです。日本で行われた大規模なパネル調査では，未婚のカップルでも既婚カップルでも，一方の愛着不安の高さが相手に対するDV加害を長期的に予測することが示されています（金政ほか，2021）。

■被害化に影響する要因

加害の起こしやすさと異なり，被害の受けやすさに影響する個人特性については，その有無も含めてまだ十分にわかっていません（Pereira et al., 2020）。ただし，被害を受けることで，心身が傷つく以外に，被害者のいくつかの信念にも変化が生じ，それがDV被害の深刻化に関わっていることが示されています。

他者との関わりについての信念

前節では，加害者のもつ，他者との関わりについての信念が加害の原因として機能すると説明しました。一方，被害者においては，被害を受けることで，被害者自身のもつ信念が変化することが示されています。カルビートら（Calvete et al., 2007）は，身体的なDVを受けたスペインの女性を対象に調査し，精神的なDVを受けることで，他者からの拒絶や断絶を恐れるスキーマが強まり，暴力をふるわれていることを否認したり回避したりしようとして，うつ傾向が強まることを示しています。このスキーマは**見捨てられることへの不安**も含むものであり，その不安によってDV被害への対処が抑制され，うつ状態が形成・持続しやすくなるといえます。なお，この研究では，身体的なDVから信念やうつ状態への影響も同時に検討され，そのうえで身体的なDV被害はうつ状態にだけ直接的に影響することが示されています。つまり，身体的なDVと精神的なDVの両方を受けた被害者は，前者によってうつ状態が強まるだけでなく，後者によって他者との関わりに対する信念や対処する能力が傷つけられることで，さらにうつ状態が強まってしまうといえます。

このように，被害者に生じる被害後の影響を考えると，精神的DVの影響は決して小さくありません。身体的なDVは被害者の外傷といった形で目立ちやすいのに対して，精神的DVは第三者だけでなく，被害者本人でさえもその悪影響を軽視しがちです。しかし，精神的なDV被害の経験は，身体的なDV被害の経験とは独立して被害者に悪影響を強いるのです（Arriaga & Schkeryantz, 2015）。

信念に及ぼす影響

DV被害が被害者の**信念**（belief）にもたらす影響は，暴力がどのようなタイミングで繰り返されるのかによっても異なります。すでに身体的なDV被害を受けているアメリカの女性に，初期調査から12週間にわたって，毎日暴力の程度を電話調査し信念の変化を調べた研究では，**暴力被害が生じる周期**の規則性によって，女性の信念や対処が異なっていることが報告されています（Katerndahl et al., 2014）。規則的な周期で暴力被害を受けていた女性は，DVという問題の深刻性を認識し，積極的に対処しようとして，周囲の他者からのサポートやメンタルヘルス機関によるケアを求めていました。一方，ランダムな周期で暴力被害を受けていた女性は，暴力は予測不可能でコントロールできないものと考え，積極的に対処しようとはせず，メンタルヘルス機関によるケアも求めていませんでした。DV被害が被害者にもたらす影響として，学習性無力感があります（第1節参照）。上記の知見は，この学習性無力感が，とくに不定期に暴力をふるわれる場合に生じやすいことを意味しています。

■相互作用要因

DVの生じた責任が暴力をふるった加害者にあるのは当然ですが，それが継続的な対人関係のなかで生じる以上，そこには，二者間の相互作用のあり方（推移）も大きく影響します。ここでは，始めに，共依存という現象としてDV関係の特徴を理解したうえで，どうして親密な関係のなかで暴力がエスカレートしやすいのかを考えます。

共 依 存

共依存とは，対人関係のなかで，アルコールやギャンブルなどに病理学的に依存する者に対して，関係内の別のメンバーが心理的に依存している（あるいは病理学的依存者からコントロールされている）関係のパターンを意味します（VandenBos, 2007）。たとえば，アルコール依存症の夫が妻に依存している場合，その妻も「自分でなければ夫を助けられない，自分こそが夫に必要」と考えて献身的に尽くし続ける，いわば夫に依存しているような関係性です。この言葉は，当初アルコール依存症の家族の援助のあり方を考察するなかで提案されたものですが，しばしばDVの生じている関係性にも適用されます。つまり，相手を暴力によってコントロールする加害者だけでなく，被害者も加害者との関係に依存し，双方が関係を必要としあう（ようにみえる）状態がDV関係の特徴だというのです。

暴力を受けることへの反応

では，どうして被害を受ける側も，関係から離れずに留まろうとするのでしょうか？　ここでは，相互作用という視点からこの問題を考えます。これは，そもそもなぜ親密な関係において暴力がエスカレートしやすいのかという問題とも関わっています。

次に人が親密な関係のなかでどのような態度や行動を示しやすいのかを概説し，それから，そういった態度や行動ゆえにDVがエスカレートしやすくなるプロセスを説明します。

関係を継続させるバイアス

親密な関係の当事者は，相手との関係を安定的に継続させるため，とくに関係の存続が脅かされそうな場面でさまざまな方略を示します（Murray et al., 2015）。たとえば，自分が相手にふさわしくないように感じると，いつも以上に相手の役に立とうとします。つまり，相手にとって自分がいっそう必要になるようにするのです（相互依存の深化方略といいます）。これは，上記の共依存の生じるプロセスでみられる方略だといえるでしょう。

重要なのは，こういった方略が，相手から理不尽な言動を受けた場合にも，行使されてしまうということです。マレーら（Murray et al., 2015）は，その方略を，**コストの正当化**と**被害への寛容性**として整理しています。コストの正当化とは，相手に対して煩わしさを感じる場面に遭遇しても，その煩わしさを相手や関係に対する低評価に結びつけないようにすることです。たとえば，お気に入りのテレビ番組をみていたところで，相手に勝手にチャンネルを変えられ不快に感じても，その不快を相手への気持ち（低い好意）に結びつけないようにすることです。また，被害への寛容性とは，相手から拒絶や危害を受けて敵意や報復心を抱いたとしても，その気持ちを抑えて相手にやり返さないようにすることです。親密な関係の当事者たちは，関係の存続が危うくなりそうな場面で，このような対応方略を用いることで，関係が崩壊に向かわないようにしているのです。

DVの生じていない相互作用のなかでも，コストの正当化や被害への寛容性といった対応方略が行使されると，相手が自分に理不尽な言動をとってきたとしても，受け手はその影響を過小評価したり，さほど不当なことだとは評価したりせず，相手に批判や主張したりしないでしょう。いわば「無害幻想」ともいえる方略を用いて，相手との大切な関係を守ろうとするのです。たとえ，後にDVへと発展しうるような理不尽な言動を受けても，親密な関係の当事者は相手への抵抗を控えることで関係そのものが傷つかないようにするのです。

相手の理不尽な言動への反応

一般に，親密な関係では相互作用の機会が頻繁にあります。そして，相互作用の機会が多くなるほど，意見が食い違ったり，受け手の意に反したりするような言動をどちらか一方がとってしまう可能性は高まります。一方のとった言動が相手にとっては理不尽であった，ということも生じやすくなるのです。そういった場合，相手からの理不尽な言動に対して，その再発を防ぐようなメッセージを受け手が明確に発しなければ，相手は同様の言動を反復させたりエスカレートさせたりしやすくなります。たとえば，相手からのからかいに内心「ひどい」と思ったとしても，そう感じたことを相手に伝えなければ，相手は同様の行動を繰り返しやすくなるでしょう。場合によっては，そのからかいが度を増す（エスカレートする）ことさえあります。

このように，相手からの理不尽な言動に主張や批判をしないことは，DV がエスカレートする可能性を高めます。第1節で述べたように，いくつかの報告や研究では，関係の進展につれて，DV は精神的な暴力から身体的なものへとエスカレートすることがわかっています。つまり，関係の開始直後に暴力がふるわれていなくても，関係が継続するなかで徐々に精神的な暴力がふるわれるようになり，さらにそれが身体的なものへとエスカレートすることがあるのです。このプロセスから考えると，深刻な DV は，そこに至るまでの加害者側による理不尽な言動と，それに対する被害者側の主張・批判の弱さという相互作用の結末と捉えることもできます。このため，逆に，理不尽な行為に対して抵抗を示す，つまり相手の非を批判したり指摘したりするような対処を被害者がとると，相手からの同様の行為が抑制され DV もエスカレートしづらいことがいくつかの研究で示されています（Overall et al., 2009；相馬・浦，2010）。なお，いうまでもなく DV の責任は加害者が負うべきもので，この議論から被害者の責任を問うことはできません。どれだけ相手が無批判でもそれが暴力をふるってよい理由にはならないからです。

これまでの議論を整理しましょう。親密な関係の当事者は，相手から理不尽な態度や行動を向けられたとしても，関係を継続させるためにその不当性を過小評価して，相手の態度や行動への批判を控えようとします。一方で，理不尽な態度や行動に抵抗を示さないことは，その反復やエスカレートにつながり，DV の生起や深刻化リスクを高めます。したがって，親密な関係は，当事者たちがその関係の維持へ強く動機づけられているほど，DVが深刻化するという性質をもっているといえます。暴力が深刻化する以前の相互作用のなかで，DVの火種となる理不尽な言動を食い止めにくいのは，その関係が当事者たちにとって長期的に継続すべき，大切なものだからなのです。

■ 社会環境的要因

これまでDVの生起やエスカレートに当事者の性格，態度や行動がどのように関与しているのかについて説明をしてきました。一方で，私たちは普段，親密な相手以外の他者からもさまざまな影響を受けています。その結果として，DVの生じやすさは，当事者がどのような社会環境にあるのかによっても異なるようです。

不遇集中地域や移民の集中する地域でのDV生起率

無職で困窮し，公的支援を受けていて，母子家庭世帯の多いような，社会経済的に不遇な層の集中する地域（以下，**不遇集中地域**）では，そこに住む若い女性が，他の地域の女性よりも，交際相手からDVを受けやすいことが確認されています（Chang et al., 2014）。ピンチャスキーとライト（Pinchevsky & Wright, 2012）は，当事者の居住する地域の特性とDV生起やエスカレートとの関連をめぐる研究をレビューし，いくつかの地域特性（たとえば，居住者の入れ替わりの少なさ）のなかでも，不遇集中地域がDVリスクを高めることを多くの研究が共通して示していると報告しています。その理由としては，社会経済的な不遇がきっかけとなって関係内での対立が生じやすくなること，**被害者のシニシズム**（**冷笑主義**）が強まり外部にサポートを求めようとしなくなること，暴力を許容するような規範があることが考察されています。

しかし，このような地域でも，移民が集中している場合には逆に，DV生起は少ないことが示されています。一般に，移民の集中する地域は，社会経済的に不遇な人も多く居住する地域であり，上記の知見から考えると，よりDV生起が増えると予測されるにもかかわらずです。ライトとベンソン（Wright & Benson, 2010）は，その理由として地域内の友人の数が関連していることを実証的に示しています。移民が集中している地域では，移民間の**社会的つながり**が強くなりやすく，その社会的なつながりの多さが地域内での親密な関係におけるDVを抑制するというのです。地域に友人が多くいて，多様なサポートを受けられることで，DVやそれにつながりかねない相互作用が早期に発覚しやすくなったり対処が促されたりすることで，移民の集中度はDV生起に影響すると考えることができます。

関係外からのサポートの効果

この知見から示唆されるように，親密な関係の被害者たちが，関係外の他者からもサポートを得られることは，DVの生起確率を低下させます。ライトら（Wright et al., 2015）は，家族からのサポートが暴力被害の経験や深刻度を抑制することを示しています。この効果はどのような地域でもある程度あてはまるようですが，不遇集中地域では，暴力の程度を抑制させる効果がやや弱いようです。このことから，たとえサポーティブな家族がいたとしても，不遇集中地域ではDV被害の深刻度が高まりやすいといえます。

なお，この研究では，友人からのサポートは逆にDV被害を受ける確率を高めることや，その影響が不遇集中地域では弱まることも示されています。これは，DVへの寛容な態度が友人間で同調しやすかったためだと考察されていますが，先述した移民の集中度の効果をめぐる研究知見の結果とは矛盾するもので，一貫した説明が難しいところです。社会的なつながりや地域特性が，どのようにしてDVの生起やエスカレートに与えるのかについては，たとえば，加害化を抑制するプロセスと被害化を抑制するプロセスのように，いくつかの異なるプロセスが提唱されており，今後の検討課題だといえます。

第3節　DVを防ぐために

DVはいまや1つの公衆衛生問題として捉えられています。では，どうすれば社会全体でDVを減らしていくことができるでしょうか。医学分野では，疾病の深刻化を防ぐプロセスには，一次予防から三次予防までの3段階があると考えられています。**一次予防**とは，リスクのある人に対して，未然に事態を悪化させないように働きかけ，その基盤を築こうとするアプローチです。**二次予防**は，今後，深刻な問題が生じると予想される事象に，早期の段階で介入し，事態や深刻化を防ごうとするアプローチです。**三次予防**とは，すでに生じた問題の深刻化を最小限に抑えたり，再発を予防したりして，低下した身体・心理機能を回復させようとするアプローチです。これまでみたように，親密な関係においては，さまざまな要因によりDVがエスカレートしうることを踏まえれば，DVの一次予防は親密な関係をもちうるすべての人が対象だといえます。一方，二次予防はすでにDVが起きている関係の当事者を，三次予防はDVがかなり深刻化した関係の当事者を対象として，それぞれの被加害を最小化したり回復に介入したりするアプローチだといえます。以下では，紙幅の都合から主に一次予防について重点的に説明していきます。

■ 未然に防ぐ

DVの一次予防には，若年者に対する**予防教育**があります。今後，親密な関係を形成していく若年者に対して，早い段階でDVのない安心できる関係（healthy relationship；Wolfe et al., 2003）を築くよう促すものです。すでにいくつかの予防プログラムが作成され，その効果が検証されています。

当事者に向けた予防プログラム

フォシーら（Foshee et al., 2005）は，「Safe dates」というプログラムを作成し，4年間にわたって複数の公立学校で調査を繰り返し，効果を実証しています。このプログラムでは，受講生が受講後に加害者や被害者にならないよう，規範意識や葛藤解決スキル，必要なときに利用できる支援先についての知識を育むための教育がなされました。多面的な分析の結果，プログラム受講には，身体的DVや精神的DVの加害可能性や，精神的DVの被害リスクを低下させる効果が確認されました。また，受講による暴力被加害リスクの低下は，規範意識の変化や利用可能な支援先についての知識を介していることが示唆されています。ほかに，ウォーフら（Wolfe et al., 2003）は独自のプログラムを作成し，平均16カ月にわたって調査を繰り返し，効果を測定しています。その結果，やはりプログラム受講によって身体的DVと精神的DVのいずれの被害・加害の経験率も低下することが示されています。

これら以外にも，若年者へのDVの一次予防プログラムは，さまざまな人種や地域で行われ，それぞれに効果が報告されています。フェルメスら（Fellmeth et al., 2013）は，入手可能な33の効果検証研究に対して，厳密な手続きの下でメタ分析を進め，予防プログラムの効果を包括的に検証しています。その結果，プログラムの受講が，DVに関連した知識の獲得を促す効果は明瞭に確認されましたが，行動やスキルの変化，受講後の暴力被加害については研究間で結果が食い違い，一貫した効果は認められませんでした。今後，DVの一次予防プログラムが受講後のDVの生起確率を低下させる条件を検討する余地があるといえます。

第三者に向けた予防プログラム

これまでに紹介したDVの一次予防プログラムは，受講生を被害や加害の当事者にしないことをめざすものでした。これに対して，第2節で述べたように，DVの生起やエスカレートには，周囲の他者からの影響もはたらきます。そのため，人々のDVリスクを下げるような**よき第三者**を育成するような予防プログラムも，社会全体でのDV抑制には効果的でしょう。パームリードら（Palm Reed et al., 2015）は，この視点から，受講生を「よき第三者」とするためのプログラムを試行的に開発し，その効果を検証しています。そこでは，受講生のDVについての知識や規範意識に働きかけた結果，第三者としての自己効力感が向上することが確認されています。また，日本で実施された予防プログラムでも，受講生の「よき第三者」としての効力感に強い効果が示されています（相馬ほか，2016）。

先のメタ分析の結果（Fellmeth et al., 2013）は，予防プログラムによって受講生を将来の被加害の当事者にならないようにすることの難しさが示されていました。このことを踏まえて，社会全体でのDV予防を見据えると，当事者の周囲にいる「よき第三者」を育成するプログラムもまた重要だといえます。

■ 深刻化を防ぐ

すでにDVが生起していたり，エスカレートしている場合には，何よりも被害者や周囲の関係者の安全確保が求められます。各都道府県にはDV相談支援センターもありますし，警察に相談しても構いません。具体的な相談先に悩むようなら，DV相談ナビダイヤルに電話さえすれば，全国どこからでも自動的に最寄りの相談機関につながります。またメールやチャットを利用したければ，内閣府の開設したサイト「DV相談＋（プラス）」から相談することができます（いずれも2021年8月時点）。相談機関では，専門の相談員があくまでも相談者の意向に沿って対応します。そこには，必ずしも被害者が逃げることを前提にしない，つまり逃げられない，もしくは逃げたくない場合の相談も含まれます。利用可能ないくつかの支援制度から，相談者自ら適切だと思うものを選択し，安全を確保することが重視されます。また，日本では多くはありませんが，加害の再発を防ぐための加害者向けの教育プログラムもあります（NPO 法人 RRP 研究会，2020）。

なお，第三者として友人や知人の DV に接した場合にも，本人の意思を踏まえながら，まずは，これらの相談先を紹介したり情報提供したりすることが有効でしょう。注意すべきは，第三者が積極的に加害者に対して介入することの危険性です。第三者から注意を受けた加害者が暴力をふるわなくなるのは理想的ですが，逆に被害者への暴力が激化したり，被害者に対して第三者との関係を断ち切るように命じたりするようになる危険性があります。また，第三者が直接的に暴力をふるわれた事例もあります。そのため，第三者としての DV への介入については，その影響を慎重に考えたうえで実行されるべきでしょう。重要なことは，被害者にとっては，加害者以外の他者とのつながりが残っていれば，いざとなればその他者を通じて支援を受けやすくなるということです。被害者が必要だと思うときに「いざ頼れる存在」として居続けることも，DV においては 1 つの重要な支え方であるといえます。

演習問題

① DV 防止法の施行は，社会にどのような変化を与えたかを考えてみましょう。

② DV の被害者が，暴力をふるわれながらも関係に留まろうとする理由を考えてみましょう。

③ どうして親密な相手との間で暴力がエスカレートしやすいのかを考えてみましょう。

ブックガイド

▶橋本剛・相馬敏彦・永井智編（2021）．『心理学評論　特集：助け合いの諸相と陥穽』（Vol. 63 No. 3）心理学評論刊行会

対人関係の間にはたらくダイナミクスを，トピックごとに最新の知見を踏まえてレビューした論文集です。本章の内容に関連した議論も多分に含まれます。関心のある論文から読むとよいでしょう。

▶信田さよ子（2002）．『DV と虐待――「家族の暴力」に援助者ができること』医学書院

日本の DV 臨床の第一人者が「当事者性」をキーワードに DV や虐待について解

説した本です。開業カウンセラーならではの豊富な経験を踏まえた考察は示唆に富みます。DV について詳しく知りたいなら，まずは本書がおすすめです。

▶谷口淳一・西村太志・相馬敏彦・金政祐司編著（2020）.『エピソードでわかる社会心理学――恋愛関係・友人・家族関係から学ぶ』［新版］北樹出版

社会心理学の視点から，人間関係にはたらくルールや法則を初学者向きに解説したものです。親密な関係をめぐる話題もたくさん取り上げており，専門知識がなくても心理学的な人間関係の捉え方に触れることができます。

第7章 虐待
癒やされない傷

越智 啓太

第1節 児童虐待

■児童虐待の類型

児童虐待とは，家庭内で子どもを対象にして暴力や恫喝，冷淡な態度などを繰り返して不適切な養育を行うことを指します。主要な虐待の形態としては，身体的虐待，性的虐待，心理的虐待，ネグレクトがあります。

身体的虐待とは，子どもに対して殴る，蹴る，持ち上げて落とす，冷水をかけるなどの直接的な暴力をふるう行為と，子どもに向かって物を投げつける，壁や家具を蹴って威嚇するなどの間接的な暴力行為をすることです。**性的虐待**とは，子どもに対する強制性交，強制わいせつ，ポルノグラフィの被写体とする，アダルトビデオやわいせつ物をみせる，性行為をみせるなどの行為を指します。**心理的虐待**とは，子どもの心を傷つけるようなことをいう（たとえば「おまえが生まれてこなければ幸せだったのに」など），無視する，きょうだいなどで極端に異なった扱いをすることなどを指します。また，近年では両親のDV（ドメスティック・バイオレンス）を目撃させる面前DVも心理的虐待として注目されるようになり，現在では行政が把握している児童虐待事案の多くが面前DVです。**ネグレクト**は，養育の怠慢・放棄のことで，子どもに食事や衣服を与えなかったり，排泄，医療などに関する適切な保護をしなかったり，自宅や車のなか，野外に置いたまま長時間外出したり，監禁したりすることなどを指します。

■ 特殊な形態の虐待

以上のような虐待の類型は，比較的古くから指摘されている典型的なタイプのものですが，近年，さまざまな特殊な，あるいは新しい形態の虐待の存在が指摘されるようになってきました。

まず，**教育虐待**があります。これは，親が子どもに勉強や音楽，スポーツ，芸能活動などについて過度な教育や訓練を押しつけることによって子どもが心理的に大きな負担を感じる心理的虐待のことです。教育効果は早いほうが高いという風潮や一部の難関校をめざす受験戦争の激化などが背景となっていると考えられていますが，どこまでが許容範囲であるのかについての線引きはなかなか困難であると考えられます。

つぎに，親が自分の子どもを故意に病気にしたり，実際には病気でないにもかかわらず病気のように扱うタイプの身体的虐待である**代理によるミュンヒハウゼン症候群**（Munchausen syndrome by proxy）があります。子どもを故意に病気にするタイプのなかには，子どもに自分の尿や便や腐った液体を注射したり，洗剤や薬品を食事に混ぜて食べさせたりする場合もあります。実行犯のほとんどは実母で，子どもを病気にして周囲からの注目を集めようとする場合や，子どもを献身的に看病している自分を感じて自尊心を満足させたり，生きている実感を得るためにこのような行動をしていると考えられています。代理によるミュンヒハウゼン症候群は，気づかずにいると子どもに対する虐待が悪化して，子どもが死亡してしまう危険性も高い重大な虐待です。子どもが死亡してしまった場合，虐待の対象はきょうだいに移行していく場合もあります。

揺さぶり症候群（**揺さぶられっ子症候群**〔shaken baby syndrome〕，**虐待性頭部外傷**〔abusive head trauma〕）は，子どもを強く揺さぶることによって子どもが脳内出血などの症状を示す現象です。硬膜下血腫，脳浮腫，眼底出血が指標となる三大症状だといわれています。一般には身体的虐待に分類されます。子どもは少し強く揺さぶった程度ではこのような症状を示すことは稀であるといわれていたため，救急搬送された子どもがこの症状を示した場合，虐待事件として扱われ，両親が検挙されたり，子どもが緊急保護されるケースもありました。しかし，近年では，実際にはこのなかには過失や事故，病気などのケースも含まれており，たとえ，三大症状がみられても，そのすべてを虐待と捉えることは問題も大きいと考えられるようになっています。実際，虐待したとして検挙された親が裁判の結果，無罪となった事件もあり，鑑別診断手法や捜査手法を見直す必要があるといわれています。

■ 児童虐待の現状と動向

児童虐待の件数については，厚生労働省の「児童相談所での児童虐待相談対応件数」などの統計によって把握できますが，1990年にこの統計が出されるようになって以降，毎年増加しており，2020年度では，20万5029件の虐待が報告されています。このうち，警察が事件として検挙したものは，2133件，2182人で，罪種としては暴行，傷害罪が全体の約80％を占めています。この増加については，実際により多くの虐待が行われるようになったというよりは，いままで行政が把握することができなかった虐待が通報体制の充実や一般の人々の虐待に関する認識の変化によって，把握できるようになってきたからだ，と考えられています。虐待によって死亡した子ども（このケースは警察や行政が把握できるために，暗数は少ないと思われます）が毎年40～60人程度で，ここ十数年ほとんど変化しないことから，少なくとも平成時代以降は，実際の虐待件数はあまり変化していない可能性もあります（それ以前は，現在とは比べものにならないほど多かったと思われますが，それらは加害者も被害者も周囲の人も，その行為を虐待と認識していなかったという面もあります）。ただし，虐待における死亡事例のなかで，死亡以前に児童相談所に虐待通告があったものはわずか30％程度であり，虐待事件の暗数はまだまだ多数存在すると思われます。

虐待の種別で最も多いのは，心理的虐待で全体の56.3％を占めています（2004年の児童虐待防止法の改正によって面前DVが心理的虐待に含まれるようになり急増しました）。次いで，身体的虐待25.4％，ネグレクト17.2％，性的虐待1.1％となっています（図7-1）。このなかでは性的虐待が最も少ないのですが，思春期や成人になってから子ども時代の性的虐待が報告される事例が少なくないこと，被害者調査（一般市民を対象にして被害者になったことがあるかを調査するもの）でも行政が把握しているよりも多くの被害が報告されることなどから，暗数がきわめて多いと思われます。暗数が多い理由としては，加害者が実父，兄弟などであり，発覚すると家庭が崩壊してしまう可能性があるため被害者が誰にも相談できないこと，身近にいる加害者から脅迫を受けていること，母親など本来は守ってくれる存在の人が加害者側の支配を受けていたり，共犯関係

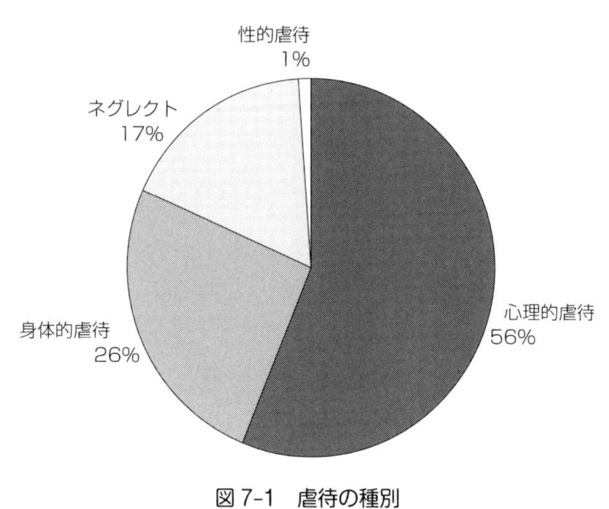

図 7-1　虐待の種別

（出所） 厚生労働省，2020 より作成。

にあること，被害者が幼い場合には，それを虐待であると認識できないことなどがあります（暗数については第 1 章も参照）。

第 2 節　児童虐待の原因

児童虐待の加害者

虐待の加害者は実母が最も多く，次いで実父，実父以外の父親となります。児童相談所相談件数によるものを図 7-2 に，このうち事件化されたものについての警察統計を表 7-1 に示しました。これをみると相談件数では，実母が多いものの，検挙事案では父親，養父，義父，母親の内縁の夫などの男性の割合が多いことがわかります。相談事案よりも検挙事案のほうが一般には重大なケースが多いと考えられることから，男性が加害者になる場合に子どものリスクはより大きくなると考えられます。ただし，この傾向は傷害，暴行でいえることであり，殺人については，実母が最も大きくなっています。これは，出産直後における乳児殺人と，心中によるものです。

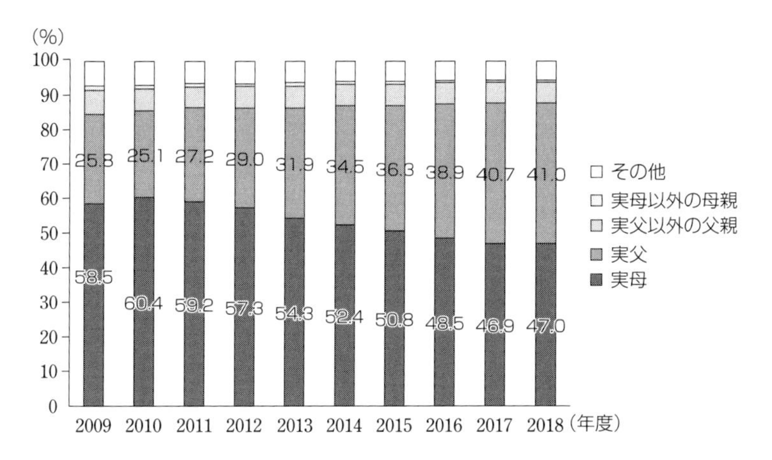

図 7-2　主たる虐待者別構成割合

（出所） 内閣府，2020 より作成。

表 7-1　児童虐待に係る事件・検挙人員

加害者	総数	殺人	傷害	傷害致死	暴行	逮捕監禁	強制性交等	強制わいせつ	児童福祉法	保護責任者遺棄	重過失致死傷	その他
総数	2024	82	881	13	706	4	108	116	6	32	7	82
父親等	1448	18	632	8	504	4	107	112	5	10	4	52
実父	913	11	400	6	383	2	30	43	1	7	4	32
養父・継父	302	2	124	1	67	−	55	42	−	−	−	12
母親の内縁の夫	187	3	97	1	41	2	17	20	−	3	−	4
その他（男性）	46	2	11	−	13	−	5	7	4	−	−	4
母親等	576	64	249	5	202	−	1	4	1	22	3	30
実母	550	64	238	5	188	−	1	4	1	22	3	29
養母・継母	10	−	5	−	5	−	−	−	−	−	−	−
父親の内縁の妻	5	−	1	−	4	−	−	−	−	−	−	−
その他（女性）	11	−	5	−	5	−	−	−	−	−	−	1

（注） 1. 警察庁生活安全局の資料による。
2. 「殺人」「保護責任者遺棄」および「重過失致死傷」は，いずれも，無理心中および出産直後の事案を含む。
3. 「傷害」は，暴力行為等処罰法 1 条の 2 および 1 条の 3 に規定する加重類型を，「暴行」は，同法 1 条および 1 条の 3 に規定する加重類型を，それぞれ含まない。
4. 「強制性交等」は，2017 年法律第 72 号による刑法改正前の強姦を含む。
5. 加害者の「その他」は，祖父母，伯（叔）父母，父母の友人・知人等で保護者と認められる者である。
6. 罪名の「その他」は，未成年者略取，児童買春・児童ポルノ禁止法違反等である。

（出所） 法務省，2020 より作成。

■ 児童虐待をする側の要因

加害者は多くの場合，多くのストレスにさらされていることがわかっています。ストレス源としては，経済的な問題や夫婦関係，勤め先や近隣での人間関係，孤独，平均よりも大きな世帯であること，狭い住居，頻繁な転居，失業，自己の健康状態，アルコールまたは薬物依存などがあります。また，加害者は怒りや不安，うつなどの感情的な問題を抱えていること，行動のセルフコントロール能力が弱いことも指摘されています。

これらのことより，ストレスによって喚起された不安や抑うつが攻撃性に転化し，それがコントロールできずに子どもへの虐待行動に結びつくのだというモデルを想定することができます。

ストレスから生じる攻撃性は家族システムの最も弱い部分に対して生じるため，これが妻や夫に対して向かった場合ドメスティック・バイオレンス（第6章も参照）に，両親に向かった場合，高齢者虐待に，子どもに向かった場合，児童虐待になります。

これらのプロセスが生じる原因としては，もちろん加害者側のパーソナリティやストレス耐性の問題もあるのですが，それ以上に，社会的なサポートシステムの不在やそこへのアクセスの困難性，非正規労働や経済格差，ジェンダー格差などの社会の構造的な要因が重要であると指摘されています。

性的虐待については，性的な好奇心，児童に対する性的な欲求などが関係していると思われますが，やはり，加害者のストレスも重要な要因の1つであることは否定できません。

父親や母親が加害者となる場合，もう一方の親は虐待に気がついていない場合などもありますが，気づいているのに無視している場合や，被害児童同様に加害者に心理的に支配されてしまっている場合，共犯関係の場合などもあります。この共犯関係のなかには他のきょうだいも取り込まれることがあります。とくに幼い子どもにとっては，このような状況に追い込まれると「だれも助けてくれる人がいない」という過酷な状況になってしまいます。

■ 子どもとの相互作用の要因

育児においては，子どもとの感情的な交流が重要ですが，これがうまくいかないと育児ストレスとなったり，子どもに対する愛着が形成されにくくなり，虐待を促進する場合があります。その原因としては，加害者側の育児スキル不足（若年時の出産，家族が育児に協力しないことなど）や育児に対する動機づけが不十分な場合（望まない出産など），加害者自身の愛着形成における問題などが考えられます。また，子どもの側の特性が影響を与えている場合があります。たとえば，すぐ泣いたり，ぐずる，情緒的に不安定など気質のいわゆる「難しく手がかかる」子どもは，両親の育児ストレスを増加させ，被虐待リスクが高くなる可能性があります。

■ 虐待の連鎖

虐待の**世代間連鎖**（transgenerational transmission）とは，虐待をうけて育った親は自分の子どもに対しても虐待をするようになるという現象のことです。一時海外のジャーナリストによってこの現象がひろく宣伝されたために，有名になり，虐待サバイバーの人たちが自分も虐待してしまうのではないかというおそれから，結婚や妊娠を控えるという現象も生じました。その後，実証的な研究が行われましたが，その結果，虐待の連鎖という現象は実際に生じている可能性があるものの，その程度はそれほど大きくはなく，環境や配偶者，ソーシャルサポートなどによって虐待の連鎖を断ち切ることは十分できることが示されました（Cicchetti & Rizley, 1981）。

第3節　児童虐待への対応

■ 児童相談所

児童虐待に関する問題は，さまざまな行政機関で取り扱われていますが，中心になっているのは児童相談所です。**児童相談所**は，児童福祉法に基づいて設置されている機関で，子どもの健やかな成長を支援するためのさまざまな活動を行っています。児童相談所が行っている相談活動は，障害相談（発達，視聴覚，言葉の問題），養護相談（子どもの人権に関するもの，養育困難などの問題），育成相談（不登校，育児，しつけなどの問題），非行相談（家出，犯罪，触法行為などの問題），保健相談（病気，けが，健康管理等の問題）などに分類されていますが，このうち虐待に関する問題は，養護相談にあてはまります。2000年に児童虐待防止法が制定され，その専門対応機関として児童相談所が指定される前は，児童相談所の業務の多くが障害相談だったのですが，現在では虐待対応がその業務の半分近くを占めるようになってきています。

■ 虐待の通報と初期対応

児童福祉法，虐待防止法により，虐待の被害を受けたと思われる児童を発見したときは，児童相談所などの行政機関に通報する義務が全国民に課せられています。また，児童虐待の通報用の専用ダイヤル「189」（いちはやく）が設置されています。

現実には，児童相談所に通告するのは警察（50.5%；2020年度）が最も多く，その多くがDVに付随したものです。次いで，近隣知人（13.5%），家族・親戚（8.2%），学校（6.7%）となっています。

児童相談所が虐待通告を受けた場合には原則48時間以内に子どもの安全を直接確認するという**48時間ルール**が設けられています。児童相談所は緊急受理会議を開き，子どもの安全を確認する方針を決定します。安全確認は，児童福祉司や児童心理司などによって行われます。実際には，家族の協力が得られ，安全確認ができるケースが多いのですが，子どもの安否が確認できない場合には，出頭要請や立入調査が行われます。立入調査には警察官に協力してもらうことが可能です。しかし，それでも家族の協力が得られず，立入りや調査が妨げられる場合には，裁判官に許可状を請求し，強制的に当該児童の住所，居所を捜索することができます。これを臨検・捜索といいます。ただし，現状では臨検・捜索はほとんど行われていません。この点について行政はもっと積極的に強制処分を行うべきだという意見も少なくないですが，現場としては今後も長期間にわたって関わっていく必要がある家族との関係を壊してしまう強制処分には消極的になりがちなのが現状です。

■ 虐待に対する行政対応

児童相談所が虐待に対して行う援助としては，助言や継続指導などが一般的ですが，家庭内に置いておくと子どもの安全が確保できないと思われる場合には，児童相談所長等は，子どもの身柄をあずかる（緊急）一時保護を行うことができます。虐待における一時保護は，保護者の同意がなくても実施することができます。一時保護は，自治体に設けられている一時保護所（児童相談所に

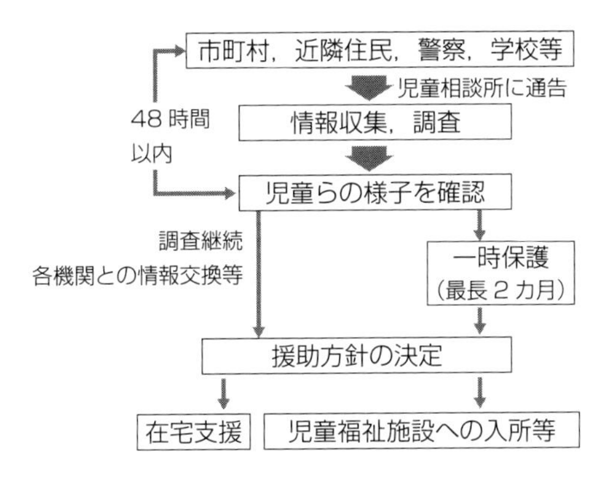

図 7-3　児童相談所の主な虐待対応の流れ

（出所）　産経 WEST，2016 より作成。

併設されている場合も多い）か児童養護施設，里親等に委託して行われます。一時保護所には，アセスメントや生活指導のために入所している児童もいますが，現在は約半数が虐待関連です。虐待を行った保護者に対しては面会や通信の制限，接近禁止命令などを出すことができます。虐待の再発を防ぐためには，保護者が虐待の事実と真摯に向き合い反省し，再出発することが必要なので，児童相談所はカウンセリングなどによって，それを支援します。また，虐待の原因が経済的なものや DV などに関連している場合は関連機関と連携をとりながら解決の道を探ります（図 7-3，7-4）。

これらの方法を試みても虐待が行われるリスクが高い場合には，施設入所や里親委託による長期の**親子分離**が行われます。この分離には親の同意があることが好ましいですが，たとえ，同意がなくとも家庭裁判所の承認や審判（親権喪失，親権停止）による分離が可能です。

■ 虐待への対応の困難さ

しばしば，児童相談所が虐待として認知していたのに，緊急一時保護などの親子分離が行われず，その結果，子どもが死亡したといった事例が報告されます。このような事例が起こると，児童相談所はもっと早く介入すべきだ，職務怠慢だ，などとバッシングされます。一方で実際には虐待といえるような実態がないにもかかわらず，強制的な親子分離が行われてしまえば，「行政が家庭

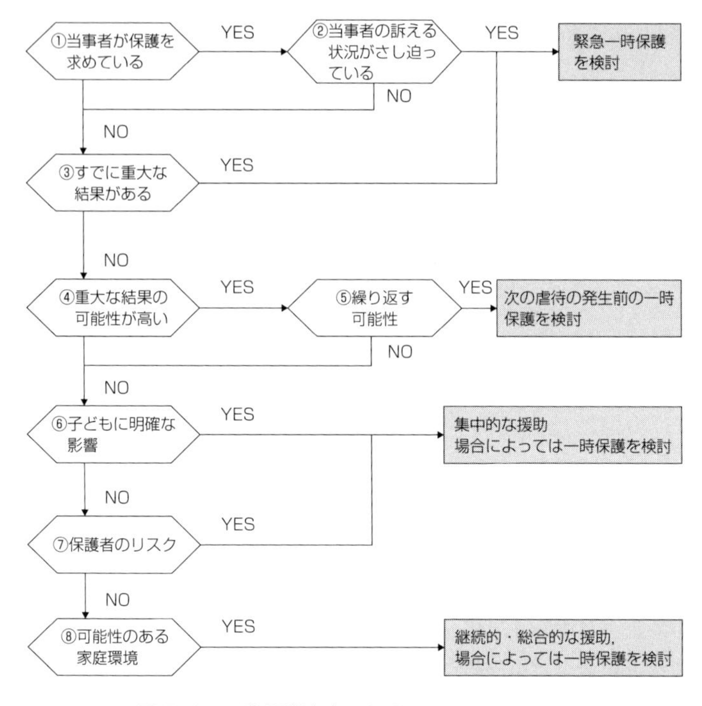

図 7-4　一時保護決定のためのフローチャート

（注）A.　①②③のいずれかで「はい」があるとき→緊急一時保護の必要性を検討
B.　④に該当項目があり，かつ⑤にも該当項目があるとき→次の虐待が発生しないうちに保護する必要性を検討
C.　①〜⑤のいずれにも該当項目がないが⑥⑦のいずれかで「はい」がある場合
→表面化していなくても深刻な虐待が起きている可能性
→あるいは虐待が深刻化する可能性
→虐待のリスクを低減するための集中的援助
その見通しによっては一時保護を検討
A〜Cのいずれにも該当がなく，⑧のみに「はい」がある場合
→家族への継続的・総合的援助が必要
場合によっては，社会的養護のための一時保護の必要性を検討する
（出所）厚生労働省，2013 より作成。

に不当に介入して子どもを奪った」ということになってしまいます。限られた権限しかないなかで，少ない人員で失敗の許されない判断をしなくてはならない児童相談所はきわめて過酷な状況下にあるといえるでしょう。今後，心理学の観点からは，より適切に確実に虐待の有無を判断するための方法を確立することが必要ですし，また，そのための立法や行政面での改善が必要でしょう。そのためには公認心理師のような知識をもった心理職がますます必要になってくるでしょう。

第4節　児童虐待被害者の識別とその治療

■ 虐待の診断と判断

虐待が疑われるケースでは，なんらかの形で虐待の事実を確認することが必要です。しかし，この作業はしばしば困難です。加害者である親が虐待の事実を否定することもありますし，また，同居の親族やきょうだい，そして被害者である子ども自身も虐待の事実を否定することがあります。このような場合，児童福祉司，児童心理司，医師，公認心理師やその他専門家はさまざまな方法を用いて虐待の有無を判断しなくてはなりません。

虐待の判断においては，身体的な問題，心理的・行動的な問題を考慮する必要があります。身体的な問題としては，外傷（痕），やけど（痕），骨折，硬膜下血腫などが手がかりになります。とくに親や子どもの証言とけがの所見が矛盾しているケースなどが重要になります。また，ネグレクトでは，栄養失調，脱水症状，発育不全，不潔などが，性的虐待では妊娠，性病，性器の傷害などが手がかりになります。また，心理的・行動上の問題としては，幼児の場合には，過剰で無差別な対人接近，もしくはその反対の過剰な警戒心，恐怖，乱暴な言動・行動，摂食行動の異常（過食，摂食障害），性化行動（性的虐待が疑われる児童の年齢にふさわしくない過剰な性的な行動）などがあります。児童や青年期では，うつ，不安，非行，動物虐待，自傷，自殺企図，性的な自暴自棄，危険な行為への意図的な接近などがみられたりします。ただし，診断として難しいのは，虐待と判断する決定的な物的な証拠が見つかるとは限らないということです。

■ 心理テストと司法面接

虐待の診断手段の１つとして心理テストが用いられる場合があります。とくに言語発達の不十分な幼児の虐待被害を確認するためには，非言語的な心理テストである**描画法**などが用いられます。性的な虐待をうけた被害児童の識別では，この方法が時に有効な場合があります（性器の誇張表現がみられたり，虐待場面が直接描かれるケースなど）。しかしながら，現状では，虐待被害児童を識別する決定的な描画特徴は見出されていません。あくまで，児童の心理的な状態や家族関係などを理解するための補助的な手段として用いるべきだと思われます。

その一方で，子どもに対しての司法面接など有効性が高い手法が開発されています。これは，子どもに対して十分なラポール（親密な関係性）を形成した後，オープン質問を中心にしてインタビューをしていく，ある程度構造化されたインタビュー手法です。現在，海外の虐待事件の調査や捜査においてはこの手法が次々に導入されており，日本でもその活用が始まっています（第10・11章も参照）。

■ 虐待の偽装と虚偽記憶

離婚裁判における子どもの奪い合いにおいて，しばしば，一方当事者による虐待が持ち出されることがあります。実際に一方当事者が子どもに虐待している場合も少なくないのですが，実際には虐待が行われていないにもかかわらず，子どもに重ねて「いつもママがあなたをたたいていた」「パパがお風呂に一緒に入ったときにあなたの性器を触った」などと吹き込むことによって，子ども自身が実際になかったそのようなできごとの記憶を形成してしまう場合があります。これを**虐待の虚偽記憶**（**フォールスメモリー**）といいます（第11・12章も参照）。この場合，子どもは自発的に虚偽記憶を語るようになってしまいます。一度このような記憶が形成されると，子ども自身はもちろん，専門家でも，それが虚偽記憶なのか，本当の記憶なのかを判断するのは困難となってしまいます。また，子どもは実際には存在しなかった虐待によってさまざまな心理的な問題に苦しむようになる場合があります。これを**虚偽記憶による心的外傷後ストレス障害**（**PTSD**）といいます。

■ 児童虐待による心理的な影響

児童虐待は，心理的に長期間にわたるネガティブな影響を生じるということが知られています。その影響は複雑ですが，一般には身体的虐待は，攻撃性・衝動性の高進，ネグレクトでは過度の愛情希求，あるいは過度の感情抑圧，他者への信頼・共感性の形成不全，性的虐待では，恐怖，不安，うつ，解離症状，性化行動（成長してからの自暴自棄の性的な行動なども含む），心理的虐待では，孤立や人間関係の樹立・維持の困難，怒り，自傷行為などが多いと指摘されています。ただ，その背景にはすべての虐待において生じる，低い自己評価や自尊心の形成不全があります。近年では児童虐待は，心理的な影響のみでなく，脳の形成不全などを引き起こすということも知られています。

■ 児童虐待被害者の治療と家族再統合

虐待された子どもの心理的な治療は，その子どもの年齢や受けてきた虐待の種類，子どもの特徴，家庭の機能などを総合的に判断して行うことが必要です。いずれにせよ，子どもが虐待された経験を乗り越えて身体的にも精神的にも健康な状態に戻るということが目的となります。そのため，公認心理師や臨床心理士は，まず，虐待された子ども，そして家族間の関係性などを十分にアセスメントして，適切な手法を選択していくことが必要です。子どもの年齢が低く，言語的な感情表出が難しい場合には，描画法や箱庭療法などの投影法が用いられることが多く，年齢が比較的高い場合には各種のカウンセリング手法やソーシャルスキルトレーニングなどが用いられます。また，家族のもとに戻す場合には，家族面接や夫婦カウンセリングなどの家族構造の再構成と再統合が必要になってきます。

第5節 高齢者，障害者，動物への虐待

■ 高齢者虐待

高齢者に対して行われる虐待行為を**高齢者虐待**といいます。2006年から高齢者虐待防止法（高齢者虐待の防止，高齢者の養護者に対する支援等に関する法律）が施行されており，これによって取り締まられています。高齢者虐待は，養介護施設職員によるものと養護者によるものに大別されます。ただし，その95%程度が養護者によるものです。児童虐待と同様に，殴る蹴るなどの身体的暴力，性的な対象としたり，故意に性的な羞恥心を煽る性的暴力，暴言や故意に心理的に傷つける発言をする心理的虐待，高齢者の財産や年金等を奪ったり，不当に処分したりする経済的虐待，放置や放任などのネグレクトなどがあります。ネグレクトに関しては介護者が意図的に高齢者を放置し，不潔な状態や食物などがとれない状態に置く積極的ネグレクトと，高齢者が自らの意思で他人の介護を拒否し，その結果，不健康であったり不潔な状態に置かれてしまう消極的ネグレクトあるいは自己ネグレクトがあります。

■障害者虐待

障害者に対して行われる虐待のことを**障害者虐待**といいます。2012年から，障害者虐待防止法（障害者虐待の防止，障害者の養護者に対する支援等に関する法律）が施行されており，これによって取り締まられています。障害者虐待は，障害者福祉施設従事者等による虐待と養護者（施設従事者以外で養護する者を指す）による虐待に大別されます。このうち60～70%が養護者によるものです。子どもや高齢者に対する虐待と同様に，身体的虐待，性的虐待，ネグレクト，心理的虐待，経済的虐待が存在します。身体的虐待は最も多い障害者虐待で，全体の60%程度を占めます。障害者施設などで介護者の命令や指示に従わせたりする目的で行われるほか，介護者のうっぷん晴らしの対象として行われる場合もあります。また，障害の種類では，知的障害が最も多く（50%程度），ついで精神障害，身体障害となります。

障害者虐待の背景には，障害者に対する差別や偏見が存在することも多く，障害者虐待の最も極端なケースとして2016年に発生した相模原障害者施設大量殺傷事件があります。この事件では，障害者に対して強い偏見をもつ犯人が刃物を使用して施設収容者19名を殺害しました。

■動物虐待

ペットや家畜，野生動物などに対して虐待を加えることを**動物虐待**といいます。動物虐待は日本では，動物の愛護及び管理に関する法律（動物愛護管理法）によって取り締まられています。この法律は，1974年に施行されましたが，その後，動物の権利についての社会的な認識が深まるに従って，罰則の強化などの改正を繰り返しており，近年では2019年度に改正がなされました。もちろん，諸外国，とくに先進諸国には同様の法律が存在します。諸外国の動物法と比べると日本の法律は不十分であると考えられています。

動物虐待によって警察に検挙されるケースは，年々増加しており2019年度で126件となっています。虐待された動物は猫が最も多く，ついで犬，ウサギ，馬などとなっていますが，この種の事件では，警察が積極的に動くことは少なく，莫大な暗数が存在します。動物虐待も子どもや高齢者，障害者虐待と同様に，動物に対して物理的な危害を加える身体的虐待，性行為の対象とする性的虐待，不潔な状態での放置や放棄（いわゆる捨て猫，捨て犬など）を行うネグレクトなどがあります。また，インターネットの発達に伴って，動物を虐待している場面を撮影してネット上に公開することもしばしば行われています。

動物虐待に特有でかつ比較的多く行われているネグレクトとして**アニマルホーディング**があります。これは多数の動物を集め，ろくに世話や管理をしないままため込む行為のことです。ため込まれた動物は衛生状態の悪さから感染症や皮膚病などにかかったり，餓死したりすることもあります。また，悪臭や騒音などによって付近の住民に対しても大きな迷惑をかける場合も少なくありません。警察に検挙されるケースは，殺害のほか，アニマルホーディングやブリーダーによるネグレクト，多頭の遺棄などが多くなっています。

演習問題

① 新聞等で報道された児童虐待のケースを調べ，その経過，原因などについて分析してみましょう。また，そのような虐待を防ぐためにはどのような介入が必要であったか考えてみましょう。

② 公認心理師として，虐待された子どもをアセスメントする場合，どのような点に留意し，どのような方法で行うべきか，以下のケースについてできるだけ具体的に考えてみましょう。

(1) 3歳の男児で実の母親からたたかれる，蹴られるなどの日常的な身体的虐待をうけている可能性がある。

(2) 12歳の女児で実の父親から性的な虐待をうけている可能性があるが，どのような性的虐待をうけているかは不明。

③ 新聞等で報道された高齢者虐待，障害者虐待，動物虐待の事件について調査し，その経過，原因，予防策などについて分析してみましょう。

ブックガイド

▶**原田隆之編／堀口康太・田附あえか・原田隆之（2020）．『こどもを虐待から守る科学――アセスメントとケアのエビデンス』金剛出版**

本書は，実証的な裏づけ（エビデンス）がある研究をもとに児童虐待の現状と対応，施設におけるケアについて論じています。

▶**菅野恵（2020）．『福祉心理学を学ぶ――児童虐待防止と心の支援』勁草書房**

虐待の問題全般について事例検討のワークや復習テストなどを使って丁寧に学習できるテキストです。

▶**児童虐待問題研究会編著（2020）．『すぐ役立つ！ 児童相談所のしごと Q&A』**

ぎょうせい

児童虐待対策の中心である児童相談所がどのような業務を行っているかについて詳しくわかりやすく解説されています。

第8章 物質・プロセス依存
わかっていてもやめられない

越智 啓太

第1節 物質・プロセス依存

■ 物質依存とは何か

物質依存とは，なんらかの物質を継続的に摂取することによりそれをとらずにはいられなくなり，その結果として身体的に異常を来したり，その薬物の摂取そのもの，あるいはそれを手に入れようとする行動，離脱症状の不快感から解放されるための行動，物質依存によって生じるさまざまな問題から逃避するための行動によって，人間関係，家族関係，仕事，倫理観，経済的なコントロール，法律やルールの遵守義務などを無視したり後回しにしたりするようになってしまう現象を指します。物質依存の対象となる物質としては，アルコール，麻薬，覚醒剤，シンナーなどがありますが，糖類や鎮静剤なども物質依存を引き起こします。

■ 物質依存と犯罪・非行

物質依存のすべてが犯罪というわけではありませんが，いくつかの物質依存は，その対象となる物質の摂取や保持，売買などが犯罪として取り締まられています。

物質依存は，基本的には自らの身体を意図的に傷つけるものであるため，それを刑事法で取り締まるのはおかしいという考え方もあります（たとえば，自傷や自殺はほとんどの国では犯罪になりません）。しかし，歴史的にみて物質依存が社会に広まることによって，私たちの勤労意欲が著しく損なわれたりするため，政策として取り締まりが行われています。取り締まりの対象になるのは，製造や所持，売買，自己使用などです。また，物質依存の対象となる薬物は暴力団などの反社会集団の収入源の１つとなっており，これも薬物を取り締まる１つの理由とされています（しかし，そもそも，違法化するから収入源になるわけであり，因果関係が逆だという見解もあります）。覚醒剤など依存性の高い薬物を使用していると，その費用を捻出するために，窃盗，強盗，恐喝等の犯罪を行う場合があり，日本では，薬物犯罪の検挙者のおおよそ４分の１が薬物入手のためにほかの犯罪を行っていると報告しています。近年では，大麻などにみられるように，従来違法だった物質の使用を非犯罪化したり非刑罰化したりする国も現れています。

■ プロセス依存とは何か

プロセス依存とは，特定の行為をすることによって得られる興奮，刺激，安定感，安心感を求めるために，その行為に日常行動や思考が支配され，やめられなくなり，学業や仕事，経済的活動などの日常生活や人間関係などに支障を来すことです。プロセス依存は，物質依存と異なり，直接的な身体症状が現れにくいため，その存在が顕在化しない場合も少なくありません。しかし，当事者や周囲の人々にとっては物質依存と同様に大きな問題となります。プロセス依存には，ギャンブル依存やゲーム依存，性依存などがあります。

■ プロセス依存と犯罪・非行

プロセス依存も物質依存と同様，勤労意欲の減退など社会的な問題を引き起こす場合がありますが，物質依存と比べて直接犯罪化されているものは多くありません。ただし，一部のプロセス依存においてはそもそも犯罪行為とされているものに対する依存が生じます。たとえば，万引きへの依存（後述のクレプトマニア），痴漢やのぞきなどの依存です。また，ギャンブル依存やゲーム依存にみられるように，それにつぎ込むための費用を捻出するために犯罪行為に関与したり，後述の強迫的ホーディングのようにその行為によって環境汚染や廃棄物処理法違反などの犯罪が発生する場合があります。

第2節　物質依存の種類

まず，主要な物質依存について簡単に説明してみることにします（表 8-1）。

■ 覚醒剤依存

覚醒剤は，覚醒剤取締法によって取り締まられている中枢興奮薬です。具体的には，フェニルアミノプロパン，フェニルメチルアミノプロパンとその含有物を指します。日本の薬物犯罪のなかでは，最も多く最も深刻な問題となっています。覚醒剤取締法による検挙人員は毎年１万人程度でここ十数年大きな変化はみられませんが，押収量はここ数年大きく増加しており問題となっています。また，再犯率も高いのが特徴です。ほかの薬物に比べ，依存から抜け出す

表 8-1　主な物質依存

依存対象	特徴	例
覚醒剤	近年押収量が増加している。再犯率が高く，依存から抜け出すのがとくに困難。妄想や幻聴を引き起こす。	フェニルアミノプロパン，フェニルメチルアミノプロパン
大麻	麻から抽出した THC を摂取して陶酔感，リラックス，時間間隔の喪失を体験する。検挙人数の大半が若者。	ハシシ（ハシュシュ），マリファナ，フラワー（バッズ），ハシシオイル，THC リキッド
麻薬	爽快な気分，強烈な多幸感，幻聴，幻覚，解放感などを感じるアッパー系（コカイン，MDMA など）と鎮静作用，麻酔作用などを感じるダウナー系（ヘロイン，モルヒネなど）がある。	コカイン，ヘロイン，モルヒネ，LSD，MDMA
危険ドラッグ	禁止薬物としてリストアップされている物質に化学的にきわめて類似した物質。人工的に作られたものもある。	ダウナー系の「ハーブ」，アッパー系の「リキッド」「パウダー」
アルコール	日本では最も一般的な依存物質。深刻な身体的・精神的疾患のほか，暴行や傷害，器物破損，虐待，家庭内暴力につながる。	
鎮痛剤	患者向けに処方される鎮痛剤に依存する。アメリカで社会問題化している。	オピオイド系鎮痛剤
ベンゾジアゼピン	日本では覚醒剤に次ぐ依存薬物。鎮静・抗不安薬効果のダウナー系作用をもつ。医師の処方が依存のきっかけになるケースもある。	睡眠薬，抗不安薬

のがきわめて困難で，検挙された人の半分以上が20年近くの依存を報告しています。覚醒剤は日本以外ではマイナーな違法薬物でしたが，近年，東南アジア諸国に急激に広がっているほか，アメリカ西海岸，オーストラリアなどでも問題になり始めています。

覚醒剤は，日本では，その使用，所持，譲り渡し，譲り受け等すべてが取り締まりの対象となりますが，検挙されるもののほとんどは，使用と所持です。検挙人員のうち半数程度を暴力団構成員等が占めており，暴力団の資金源の1つとなっています。

覚醒剤の摂取方法は，以前は静脈内注射（ポンプ）が主流でしたが，現在では加熱蒸気を吸引する方法（あぶり）が主流になってきています。注射に比べて初期の抵抗感が少ないため，青少年や主婦等への乱用の拡大の原因の1つとなっていると思われます。

覚醒剤中毒は妄想（とくに被害妄想），幻聴等の症状を引き起こし，これがきっかけとなって事件を引き起こす場合があります。被害妄想から刃物などをもって，1人で立てこもるタイプの事件から，大阪・西成区覚醒剤中毒者7人殺傷事件，東京・深川通り魔殺人事件など多くの人を巻き込む事件まで多くの事件が覚醒剤使用と関連して引き起こされています。

■大麻依存

大麻は，大麻取締法によって取り締まられている薬物です。世界で最も乱用されている物質といわれています。麻からの抽出物であるテトラヒドロカンビノール（THC）を摂取することによる陶酔感，リラックス，時間的感覚の喪失等の薬理作用をもとめて乱用されます。摂取方法として最も一般的なのは，喫煙ですが，経口摂取される場合もあります。樹脂として流通しているものをハシシ（ハシュシュ），葉を乾燥させたものをマリファナ，花穂の部分をフラワー（バッズ），溶剤で溶かしたものをハシシオイル，THCリキッドなどと呼びます。近年，薬効成分であるTHCが多く含まれているフラワーやハシシオイルの流通が急激に拡大しているといわれています。

大麻の乱用が世界的に問題にされ始めたのは第二次大戦後ですが，とくに1960年代のアメリカでベトナム戦争を通じてアジア文化に触れた人や，ベトナム反戦運動，ヒッピー文化のなかでとくに若者を中心として広まっていきま

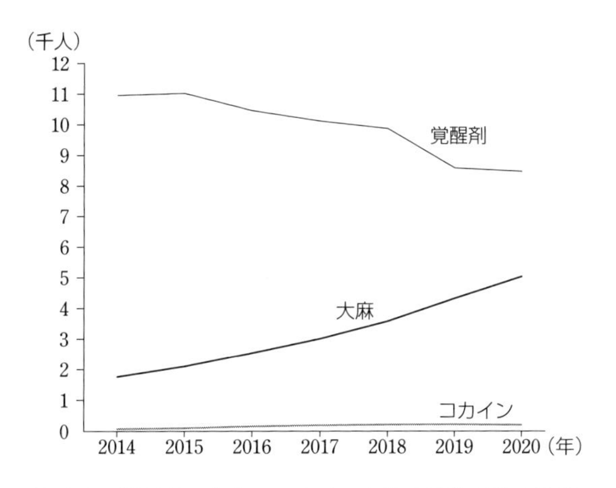

図 8-1　覚醒剤・大麻・コカイン事件の摘発人数の推移

（出所）警察庁，2021 より作成。

した。日本でも検挙人員の多くは 20 ～ 30 代の若者です。毎年 1000 ～ 3000 人が検挙されていますが，ここ数年増加傾向です（図 8-1）。

■ 麻薬依存

麻薬（コカイン，ヘロイン，MDMA 等）は，麻薬及び向精神薬取締法（麻薬類取締法）で取り締まられている化学物質のことで，ヘロイン，コカイン，モルヒネ，LSD，MDMA などを指します。また，これに加えて，あへん法で取り締まられているあへんも含みます。薬効は物質によって異なりますが，摂取直後に爽快な気分，強烈な多幸感，幻聴，幻覚，解放感などを感じるアッパー系（コカイン，MDMA など）と鎮静作用，麻酔作用などを感じるダウナー系（ヘロイン，モルヒネなど）があり，これが依存を引き起こします。摂取方法も，物質によりますが，粉末状の薬物を鼻腔から吸引し鼻腔粘膜から吸収させる方法，経口摂取，舌下摂取，蒸気吸引，静脈注射，筋肉注射などがあります。日本では，MDMA 等の合成麻薬とコカインが押収量のほとんどを占めています。検挙人員は，毎年 300 ～ 400 人です。

■ 危険ドラッグ依存

危険ドラッグとは，覚醒剤や麻薬，大麻などと類似した化学物質のことで，これを摂取することによって，規制薬物と同様な薬理効果が得られる物質のことです。危険ドラッグには，ダウナー系の「ハーブ」，アッパー系の液体「リキッド」とアッパー系の粉末の「パウダー」があります。ただし，実際には複数の物質が混じっていたり，合成されたもので作用機序がわかっていないものもあり，その摂取はきわめて危険です。

日本を含め，国際的に禁止薬物は，個別指定という方法で行われます。これは禁止される薬物（の化学式）をリストアップするという方法です。罪刑法定主義によりこのリストに含まれない薬物の摂取や所持は，違法でない（合法）ということになります。つまり，禁止薬物と化学的にきわめて類似した物質や人工的に分子構造の一部を変更しただけの物質もリストになければ，規制薬物とはならないわけです。そこで，このような薬物を合法ドラッグとかハーブとかいう名称で作製したり，販売する業者が現れました。これに対して，国は新たな規制薬物を麻薬類取締法等の規制対象に指定しました。すると，業者は新たな規制外の物質を合成して販売するようになりました（これをデザイナードラッグといいます）。これは当初は合法ドラッグ，脱法ドラッグといわれていましたが，現在は危険ドラッグという呼び方に統一されました。国と業者のいたちごっこを防ぐために，政府は，包括指定による規制を開始しました。これは，側鎖（化学物質の最も長い部分〔主鎖〕以外の部分）の一部の変更も含めて禁止薬物に指定する方法です。これによって，取り締まることができる薬物が増え，また薬事法を改正して取り締まりを強化した結果，2015年の検挙人員1200人を境にして，危険ドラッグの乱用は減少しました。

■ アルコール依存

アルコール依存は，日本における依存のなかでも最も一般的な依存症です。日本には現在100万人程度のアルコール依存症患者と1000万人程度の危険飲酒者がいると推定されています。アルコール依存は深刻な身体的な疾患，精神的な疾患を引き起こすだけでなく，セルフコントロール能力が低下することによって暴行や傷害，器物破損事件を引き起こしたり，家庭内暴力や児童虐待の原因となったりします。たとえば，鉄道の駅における駅員に対する暴力事件の50～60%は飲酒した加害者によるものです（ほかに20%の飲酒の有無不明事案あり）。

■ 鎮痛剤依存

鎮痛剤依存は，鎮痛剤の物質依存です。現在とくにアメリカで大きな問題になっているのはオピオイド系といわれている鎮痛剤で，その化学構造は，強力な麻薬であるヘロインと似ています。オピオイド系の鎮痛剤は，以前は，がんなどの重篤な痛みの治療のために医療機関で限定的に処方されていましたが，1995年にアメリカ食品衛生医薬品局が半合成オピオイドのオキシコドンを認可すると，製薬会社がその強力な効果と安全性をうたって大々的な販売キャンペーンを行い，その結果として，一般患者向けに鎮痛剤として処方されるようになり，アメリカ国内で広く流通していきました（一方，日本では，基本的に医師のコントロール下でがん患者に用いられており，ほとんど問題にはなっていません）。

ところが，オピオイド系の鎮痛剤は強い依存性があり，多量摂取や長期服用などを引き起こし，最悪の場合には死をもたらします。その結果，1999年から2017年までの間に70万2000人がオピオイド過剰使用で死亡し，現在でもアメリカでは毎日130人以上が死亡していると推定されています。プリンスやトム・ペティなどの著名なミュージシャンがオピオイド系鎮痛剤によって死亡したほか，2017年には著名なプロゴルファーのタイガー・ウッズがオピオイド系鎮痛剤の影響下で車を運転した容疑で検挙されました。現在，アメリカが直面している最も大きな薬物依存の問題はこのオピオイド系鎮痛剤に関わるものです。

■ ベンゾジアゼピン依存

ベンゾジアゼピン系の睡眠薬，抗不安薬は精神科に限らずあらゆる診療科で処方されており，比較的容易に身体的な依存を形成します。そのため，現在，日本では覚醒剤に次ぐ依存薬物になっています。基本的にダウナー系の作用であり，鎮静や催眠，抗不安効果が生じます。医師の処方によってコントロールされていますが，依存が生じると処方を逸脱した服用や違法取引を通じた不法入手や使用が生じます。とくに比較的効き目が強く短時間作用型の薬品は人気があり，ブランド化しています。この種の薬品は患者からしても比較的効き目が実感されやすく，医師も評判が上がるので安易に処方していました。最近になって，依存の問題が注目されたため，厚生労働省は，「連用により薬物依存を生じることがあるので，漫然とした継続投与による長期使用を避けること。

本剤の投与を継続する場合には，治療上の必要性を十分に検討すること」という医薬品安全性情報を出しています。ただし，これらの薬物の依存が生じると，患者は医師に薬物を指定して要求し，医師が別の薬を処方しても，必要とする薬物が入手できるまで別の病院を渡り歩くなどの行動を示す場合があることが知られていて，対処が難しい問題となっています。

第3節　プロセス依存の種類

ここでは主要なプロセス依存について解説してみることにします。

■ ギャンブル依存

ギャンブル依存はプロセス依存の1つで，ギャンブルをすることにとらわれ，それを中断することができなくなったり，日々，ギャンブルについて考え続ける状況のことです。これによって，人間関係や仕事，教育などに大きな支障を来すほか，経済的な破綻を引き起こす場合が少なくありません。

ギャンブル依存というと海外のカジノなどを想像する人が多いかもしれませんが，日本にはパチンコ，パチスロをはじめとする遊技・ゲーム系のギャンブルと競馬，競輪，競艇などの「公営競技」があり，市場規模は27兆円近くもあり（その70％はパチンコ，パチスロが占めています），海外のカジノ産業（たとえば，アメリカのカジノの市場規模は3.5兆円程度）よりもはるかに大きな市場となっています。そのため，ギャンブル依存の生涯有病率は世界トップクラスです（3.6％；アメリカは1.4％）。

■ インターネット関連依存

インターネット関連依存は，プロセス依存の1つでインターネットをすることにとらわれ，一日の大半をインターネットをやりながら過ごし，思考もそれに占拠され，人間関係や仕事，教育等に支障を来す障害のことです。スマホ依存も音声通話について依存が生じることはなく，インターネットの利用について生じるので，インターネット依存の1つです。視力低下や栄養の偏りなどの身体症状，睡眠障害，うつ状態，いらいらしやすいなどの精神症状，昼夜逆転，ひきこもりなどの行動変化も引き起こします。インターネット依存は，おもに

SNSに依存するタイプ，オンラインゲームに依存するタイプ，インターネットポルノに依存するタイプがあります。これらの依存への対処として，両親等がネット接続を強制的に切断すると，家庭内暴力が生じる場合があります。

■クレプトマニア

クレプトマニア（窃盗症）はものを盗もうとする衝動に抵抗することができなくなるプロセス障害です。おもにスーパーやコンビニエンスストア，各種量販店における万引き（第9章も参照）が行われます。盗もうとするものについては，個人的に用いたり，それを転売して儲けたりすることが目的ではなく，窃盗に及ぶときの快感や解放感などを目的に窃盗を行います。そのため，窃取したもののなかには使用されないものや，必要ないもの，必要ないほどの量であることが多く，そのようなものは捨てられることも少なくありません。また，ため込まれる場合もあります。犯人は，多くの場合，その商品を購入するだけの経済的な余裕があります。クレプトマニアは，日本でも海外でも，女性の中高年者で配偶者が居るケースが多いことがわかっています。

■強迫的ホーディング

強迫的ホーディングはため込み症ともいわれ，物をため込むことに対するプロセス障害です。ため込み症状が持続するにしたがって，本人や家族の住居が物であふれ，生活や人間関係に障害が生じます。また，ためこんだ物が衛生的な問題や火災，崩落などを引き起こす場合があります。いわゆる「ゴミ屋敷」として周囲の住民や家主との間にトラブルを引き起こすことも少なくありません。ため込む物は，実際の価値とは関係なく，古着や新聞，雑誌，ゴミや動物（第7章も参照）など多様です。これらは，過剰な買物によって得たもの，拾ってきたもの，ときに盗んできたり他人の敷地から無断でもってきたものなどです。こだわりや行動反復の強い強迫性障害の1つと考えられてきましたが，他の強迫行動との関連はそれほど強くなく独立した症状である可能性があります。ため込んだ物を整理したりきちんと管理できているかどうかでコレクションと異なります。もちろん，コレクションはプロセス依存とはされません。また，物を整理したり，片づけたり，捨てたりする命令や他人がそのような支援を申し出ても，頑強に反抗します。その場合には収集している物は自分にとって必要である，あるいは価値や愛着があると主張します。ため込み症の初発年齢は10～20代ですが，一般に高齢化するに従って顕著になり，とくに単身の高齢者の場合，状況が悪化することがわかっています。

■性依存

性依存（痴漢・のぞき・露出・盗撮等）は，性的行動についての衝動制御がうまくいっていないプロセス障害で，その行為は多様です。特定，不特定の他者と性交渉を繰り返すもの，過剰な自慰行為，痴漢やのぞき，盗撮，子どもに対する性行為，性器等の露出などの形で現れます。これらのなかには，法的に問題がないものもありますが，犯罪になるもの，重罪のものも含まれています。また，性感染症やその拡散，望まない妊娠などを引き起こす場合もあります。

一般に性的対象（子どもや動物など）や性行為の手段（痴漢やのぞきなど）自体が逸脱している場合をパラフィリア障害といいます。対象や行為の逸脱というよりは強烈かつ反復的な行動と行動への渇望，制御不能感覚，性行動についての考えが思考を支配して他の行動や人間関係に影響が出ていること，自分でその状況に苦悩していることなどからなる場合（パラフィリア行為を除外）を強迫的性行動症といいます。

第4節　依存の原因

■依存の導入フェーズ

依存の原因は1つではありません。また，依存の種類や個人の性格，環境によってもその経路は大きく異なります。そのため，依存の発生プロセスを一概に示すことは難しいのですが，ここでは関連する主要な要因についてみてみましょう。

性格特性

クロニンジャー（Cloninger, 1999）は，依存と関連している重要な3つのパーソナリティ特性を挙げています。それは，新しい体験を求めようとする動機づけの個人差である新奇性追求傾向，心配や悲観を回避しようとする動機づけの個人差である損害回避傾向，報酬による強化の影響を受けやすい程度の個人差の報酬依存傾向です。たとえば，大麻の使用理由のなかで最も多いのは，新しい体験への好奇心であることがわかっていますが，これは新奇性追求傾向と関連しています。

機　会

友人や知人が物質依存である場合，その物質が入手しやすいということやその使用法を容易に学習できることなどから依存プロセスに入りやすくなります。いくらインターネットでさまざまな情報が得られるようになったからといっても，直接その使用方法を学ぶことがきっかけとなった場合が薬物使用では一般的です。

ストレス

物質依存でもプロセス依存でも，自分が抱えている困難や生きづらさなどの問題に対して，それを一時的に緩和する，忘れさせてくれる物質やプロセスを選択し，それを摂取したり，行ったりすることによって負の強化が行われて依存が形成されている可能性があります。これを**自己治療仮説**といいます。

■ 依存の維持フェーズ

いったん依存が形成されると，物質依存の場合には，**薬剤耐性**（drug resistance）によって同量の薬剤の継続的な使用によって得られる効果が次第に減少してきてしまいます。そこで，摂取する物質の量を増やしたり，より強力な物質を使用するようになることがあります。たとえば，大麻はニコチンやアルコールに比べても身体的な害や依存性は大きくないと考えられていますが，日本では厳重に取り締まられています。それは，いったん大麻を使うとより強い他のドラッグをも使用するようになってしまうことが多いということが1つの理由です。大麻などの比較的害の少ないドラッグがより強力で依存性のある薬物への入口となってしまう現象を**踏み石理論**（**ゲートウェイ・ドラッグ理論**）といいます。

物質依存には，身体的な離脱反応が生じるようになる身体的な依存と，精神的な渇望が生じて自己がコントロールできなくなる精神的な依存があります。一般に身体的な依存よりも精神的な依存のほうが長期間持続し，強力です。プロセス依存では身体的な依存が生じることはほとんどありませんが，精神的な依存は容易に生じ，私たちの行動を強力に支配してしまいます。

■ 依存の離脱フェーズ

物質依存の場合，薬物の摂取を中断すると非常に不快な症状が発生する場合があります。具体的には不安，焦燥，不眠，せん妄などの精神症状や頭痛，吐き気，発汗などの身体症状です。これを**薬物離脱症候群**（drug withdrawal syndrome）といいます。これらの症状の多くは，物質がもたらす効果の逆向きの方向性をもっています。そのため，アッパー系の物質ではうつ的な精神症状が，ダウナー系の物質では不安などの精神症状が起きやすくなります。これらの離脱症状は，物質を摂取するとすぐに消すことができるため，不快感情を消すために薬物の再摂取を渇望（craving）することになり，薬物離脱はより困難になります。

プロセス依存においても同様の現象が発生することが知られています。

第5節　依存の治療

■ 依存治療の基本的な考え方

物質依存やプロセス依存に対する治療方法として，以前は刑事司法モデル（モラルモデル）といわれる考え方が主流でした。これは，違法な薬物摂取を行ったのは本人の責任であり，それは意志の力によって押さえ込んでいかなければならない。そして，もし，意志の力が弱く薬物を使用してしまったり，再犯してしまった場合には，罰によって懲らしめてより強い意志をもたせるというものです。覚醒剤中毒で検挙された芸能人がよく「自分の意志が弱かったのが原因」などと会見していますし，また評論家も「彼も意志を強くもって薬を断ってもらいたい」などとコメントしていますが，これも刑事司法モデルに基づいた考え方です。しかし，現在では，このような考えには問題点があることがわかっています。

まず，依存は根性や気力などの意志の力で治すことは非常に困難であるということがわかってきました。とくに覚醒剤などの強力な物質依存やギャンブル依存，クレプトマニアなどのプロセス依存は，本人の意志だけでは制御できません。そのため，治療のためには専門家のサポート，とくに依存性の大きなものについては生涯にわたるサポートが必要となります。また，依存は罰によって治療することはできず，懲らしめて治そうとする試みは失敗する可能性が高く，場合によっては逆効果になるということもわかってきました。

■ 依存治療の自助グループ

依存を本人の意志の問題でなく，治療や支援の対象とするアプローチのなかで比較的長い歴史をもっているのが**自助**（セルフヘルプ）**グループ**によるアプローチです。これはアルコール依存や麻薬依存などの問題をもつ当事者同士が集まり，互いの問題を共有し，励ましあいながら依存を断っていくという方法です。このアプローチは，1930年代にアメリカで設立されたアルコール依存症者による自助グループのAA（アルコホーリクス・アノニマス；無名のアルコール依存症者たち）に起源をもっています。日本でも断酒会，日本AAなどの団体が活動をしています。

アメリカ国立アルコール乱用・依存研究所は，1998年に無作為化比較試験によってアルコール依存に対する自助グループ（この研究では，12ステップ法というアメリカでよく使われているプログラムを使用したもの）の効果を調査していますが，12週間の介入後，3カ月後のフォローアップ期間で，断酒日が増加したことが報告されています。

現在ではアルコール依存だけでなく，さまざまな依存についての自助グループが作られています（第14章も参照）。とくに有名なのは薬物依存からの離脱をめざすNPO法人の日本ダルクです。ダルク（Darc）とは，ドラッグ（drug），アディクション（addiction），リハビリテーション（rehabilitation），センター（center）を組み合わせた単語です。

■ リラプス・プリベンション

リラプス・プリベンション（relapse prevention）は，マーラット（G. A. Marlatt）によって開発された依存の治療方法で，最初はアルコール依存の治療のために開発されたものです。その後，プロセス依存を含むさまざまな依存の治療に用いられて，それぞれの手法で効果があるというエビデンスが集積されつつあります。この手法のもとになっているのは，認知行動療法ですが，実際にはさまざまな心理療法的な手法が組み合わされて用いられています。

従来の依存症治療が薬物やプロセスへの依存を断ち切るというところに焦点を当てていたのに対し，リラプス・プリベンションはその名の通りリラプス

（再犯）をプリベンション（防止）することに焦点を当てています。リラプス・プリベンションは，トリガーの同定と対処，渇望へのコーピングという２つの要素から構成されています。

トリガーとは物質使用，プロセス発生のきっかけとなる出来事で，外的な要因と内的な要因に分けられます。外的な要因とは，薬物や酒を勧められることや，自分の好みの女性が電車で自分の前に立つなどのことで，内的な要因とは生活や人間関係のストレスに起因する怒りや不安などのネガティブな感情のことを指します。多くの依存者は，これらのトリガーをきっかけとして，薬物摂取や違法行動（痴漢など）に走ってしまうのです。そこで，自分の依存行動について，トリガーとなるものをできるだけ多くリストアップし，トリガーが引かれそうになる状況をいちはやく気づき，トリガーが引かれないようにするための対処行動をとることによって，薬物摂取や違法行為の発現を阻止しようとするのです。もちろん重要なのは対処方法がきちんととれるかということですが，これは本人のトリガーの特徴に合うような方法を考え，本人にトレーニングしていくのです。たとえば，対人関係によるストレスがトリガーになりやすい人には，ソーシャルスキルトレーニングが，ちょっとしたことで怒りが引き起こされやすい人にはアンガーコントロールが用いられます。

渇望へのコントロール（すなわちコーピング）は，トリガーが引かれてしまった場合に行動の連鎖をストップさせる方法です。たとえば，好みの女性が目の前に立ち，いったん痴漢をするという行動の連鎖がスタートしかけても，その状況を自己認知して行動を中断させるのです。最も単純なのは「ストップ法」で，これは手首に巻いた輪ゴムをはじく，水を飲むなどの行動の連鎖に干渉するような行動をすることによって，行動連鎖をストップさせる方法です。単純ですが，渇望は数分で収まる場合が多いので，その時間をなんとかやり過ごすこの方法は意外と有効です。

■そのほかの依存治療アプローチ

物質依存者もプロセス依存者も，自らの行動に対して自分の都合のよいような理屈づけや合理化を行っていることが知られています。たとえば，子どもに対する性犯罪累犯者はしばしば，「子どもにだって性欲はある」「一種の性教育だ」などと考えています。このような依存症患者のもっている認知のゆがみを取り上げて１つひとつ修正していく方法を**認知療法**といいます。

また，依存の治療には行動分析的なアプローチも有効です。これらの分野の研究では罰は効果的でないことが多く，むしろ，報酬が重要な役割を果たすことが知られています。そこで，一定期間の断酒や断薬，グループミーティングへの参加などに対して，バウチャーなどによって金銭的な報酬を随伴させることによって，オペラント条件づけによる行動変容を試みます。

こうした行動療法が外的な行動に焦点を当てるのに対して内発的な動機づけを重視するのが，**動機づけ面接法**です。この方法では，主にクライエント中心療法のテクニックを使いながら，依存症患者がこうありたいと望んでいる生き方と，現実の人生の間にある矛盾に気づかせ，現状を維持しようとする傾向を乗り越えて，自分自身の力で行動を変容させる（つまり，依存から抜け出す）ことの価値を気づかせるという方法です。

近年では，物質依存からの脱出方法として，**ハームリダクション**というアプローチに関心が集まっています。これまでの依存症治療が基本的には「やめさせるための治療」だったのに対して，「やめさせることを無理強いせず」「その行動に伴う害や危険をできるかぎり少なくすることを目的」とするのがこのアプローチの最大の特徴です。ここでは，断酒ではなく酒量の減少が，危険な薬物の乱用の代わりにより危険の少ない薬物の摂取が目的とされます（たとえばヘロインの代わりにより害の少ないメサドンを使用させるメサドン置換療法）。ハームリダクションは死亡率の減少，犯罪率の減少などについて近年多くのエビデンスを生み出しています。

演習問題

① 物質依存者，プロセス依存者の著作，記事，ブログなどの記録を読んで，自分の感じたこと，疑問に思ったことなどについてまとめてみましょう。

② 物質依存やプロセス依存は自分の意識的コントロールではもはやその状況を制御できない状態になっている場合があります。このような状況下で犯罪を行った場合，彼ら自身に責任はあるのかについて自分の意見をまとめてみましょう。また，現実の司法場面においてどのように扱われているか調べてみましょう。

③ 日本の刑務所や少年院で行われている薬物離脱，性犯罪再犯防止のための取り組みとその効果について調べ，まとめてみましょう。

ブックガイド

▶横田正夫監修／津川律子・信田さよ子編（2021）．『心理学からみたアディクション』朝倉書店

さまざまなアディクション（依存）の特徴とその治療についてエビデンスに基づいて簡潔に最新の情報をまとめています。

▶原田隆之（2021）．『あなたもきっと依存症――「快と不安」の病』文藝春秋

薬物依存はもちろん，ニコチン，ゲーム，性，ギャンブル，糖質依存についてそれぞれの特徴，治療法についてまとめています。

▶松本俊彦（2018）．『薬物依存症』筑摩書房

薬物依存研究の第一人者がその現状，原因，薬理，刑事政策的問題，健康被害などについて一般向けに詳しく解説しています。

▶島宗理（2014）．『使える行動分析学――じぶん実験のすすめ』筑摩書房

行動分析学についての入門書。行動分析学の基本的な考え方がわかりやすく解説されています。

第9章 窃盗・特殊詐欺・サイバー犯罪

身近な犯罪

越智 啓太

本章では，窃盗，特殊詐欺，そしてサイバー犯罪について，その概要を説明します。いずれの犯罪も非常に身近なものであり，周りの誰もが被害者となりうる犯罪です。加害者として治療が必要な人もいるでしょう。これらの犯罪について理解することで，公認心理師として，加害者や被害者と適切に接することができるようになりますし，また，これらの犯罪から身を守るためにどのようにすべきか考え，指導していくのも公認心理師の重要な役割です。

第1節 窃盗

最も多い犯罪としての窃盗

窃盗は，自転車盗，オートバイ盗などの乗り物盗（約35%），万引き，置き引きなどの非侵入窃盗（約55%），空き巣，事務所荒らしなどの侵入窃盗（約10%），に分けられます（図9-1）。乗り物盗の多くは自転車盗でこれが統計上最も多いタイプの犯罪となります。非侵入盗では，万引きが最も多く，この2つで窃盗統計の半分程度を占めます。自転車盗や万引きの犯人のほとんどは職業的な犯罪者ではありません。一方で侵入盗の犯人のなかには職業的な犯罪者が多く含まれます。侵入窃盗は，その手口によって細かくタイプが分けられています。家人が不在の家屋に侵入し，金品を盗むことを**空き巣**，夜間に家人が就寝中の家屋に侵入し，金品を盗むことを**忍込み**，家人が在宅し，昼寝，食事等をしている隙に金品を盗むことを**居空き**，閉店中の店舗に侵入し金品を盗むことを**出店荒らし**，会社や事業所などに侵入し金品を盗むことを**事務所荒らし**，事

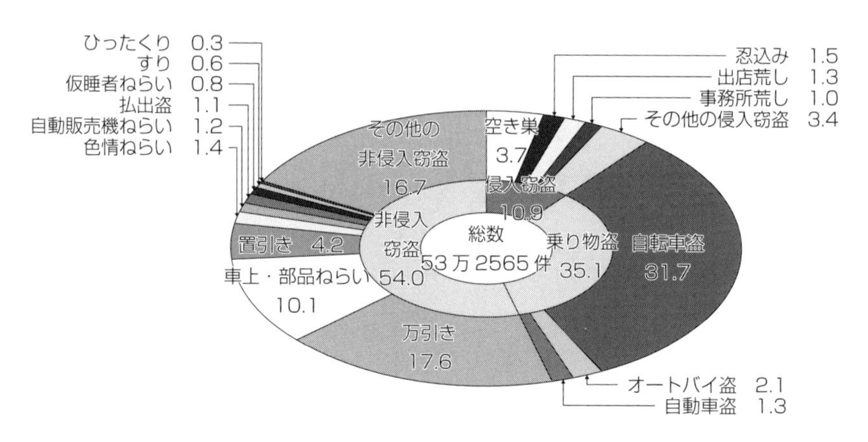

図 9-1　窃盗認知件数の手口別構成比

（出所）　法務省，2020 より作成。

務所に侵入し金庫を破って金品を盗むことを**金庫破り**，学校等に侵入して金品を盗むことを**学校荒らし**，病院，クリニックに侵入し金品を盗むことを**病院荒らし**といいます。このなかで最も多いのは空き巣です。侵入窃盗の約 3 分の 1 を占めます。

窃盗犯罪がすべての犯罪に占める割合が大きいことから，犯罪全体の傾向，たとえば，犯罪数の増減などの統計は窃盗の数に大きく影響されてしまいます。つまり，近年，犯罪は減少傾向にありますが，これはおもに窃盗が減少していることを反映しています。

日本は治安のよい国といわれるように，諸外国と比べて窃盗の件数も非常に低くなっています。たとえば，人口 10 万あたりの窃盗発生件数（2016 年）は，日本では 400 以下なのに対して，ドイツでは 1800，アメリカで 8000 近くであり，日本の治安のよさは群を抜いています。

■ 侵入窃盗犯の行動

空き巣や事務所荒らしの侵入窃盗犯の侵入口で最も多いのは窓で，その比率は居窓の窓と縁側・ベランダ側の掃き出し窓でほとんど変わりません（図 9-2）。40％程度の犯人は，ガラス破りで侵入します。ガラス全体を割るという形ではなく，錠の付近をドライバーなどで突き破ったり，その付近のみに穴を開けて開錠するのが一般的です。残りの 40％程度は無施錠からの侵入です。玄関の

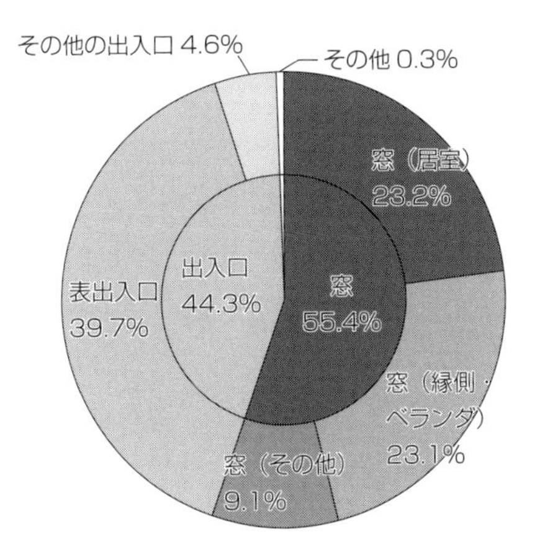

図 9-2　侵入窃盗犯の侵入口

（出所）警視庁，2020 より作成。

ドアは家や事務所のなかでは最も施錠がしっかりとされているので，一戸建てではあまり狙われませんが，中高層住宅ではここからの侵入もある程度はあります。

■ 侵入窃盗犯の動機

侵入窃盗犯の動機のなかで最も多いのは経済的な動機です。窃盗によって生活している一部の職業的な犯罪者もいます。職業的窃盗犯というと怪盗のようなイメージもありますが，実際には比較的少額の被害金額の空き巣などを繰り返しているケースが多いのが現実で，高額の美術品や多額の現金を金庫などから盗み出す犯人や犯人グループは現実にはあまり存在しません。金庫破り事件は全国で年間 2000 件程度で窃盗全体の数からみると非常に少なくなっています。また，その手口はこじ開けが約半数で 15％は金庫ごとの持ち去りであり，映画やドラマでみるようなその場で解錠するプロの窃盗犯はほとんどいません。

侵入窃盗の動機の 2 番目として挙げられるのが，性的な動機による下着などの窃盗で「色情ねらい」といわれています。高村・徳山（2003）は，経済的な動機の窃盗犯と色情ねらいの窃盗犯の行動と属性を比較し，色情ねらいの場合，犯行は夜間に共犯者なしで行われやすく，より突発的で，犯人はより若く，前科がなく，同居者がいて，有職者が多い，また性格はより内向的であることを示しています。

■ 侵入窃盗犯からの防犯

侵入窃盗の被害に遭った場合，被害物や金銭が戻ってくることはほとんどありません。犯人が検挙された場合でも，犯人に経済力があることは少なく，損害賠償を求めることも現実的ではありません。そのために，そもそもこれらの犯罪に遭わないようにすることが重要です。侵入窃盗犯の多くは外部から目につきにくい窓から侵入することが多いので，窓の前が道路などからの死角になっている場合，垣根などによってみえにくい場合，窓の外にワンボックスカーなどが常時駐車していてみえにくい場合などは注意が必要です。また，そもそも無施錠の窓からの侵入が多いので，施錠は最も基本的で効果的な防犯手法となります。

また，街自体の管理の悪さ，つまり落書きや街路に落ちているゴミ，雑草の茂った空き地，不法駐車などの多さや，住民間の関係性の薄さは窃盗をはじめ，子どもに対する性犯罪などの街頭犯罪を増加させることが指摘されているため（**割れ窓理論**；第 4 章も参照），これらを改善していくことが重要でしょう。

■ 万引き：実際には最も多い犯罪

非侵入窃盗犯のなかでは，自転車盗と**万引き**が最も多くなっています。このうち，犯罪白書では，万引きは年間 10 万件程度の認知件数となっていますが，実際には，警察に届けられない暗数（商品の数の不足などがあるが，それが万引きかどうかわからないため届けられないものや，既遂後の弁償，説論などによって許されて通報されないものなど）も非常に多いため，おそらく日本で発生している犯罪としては，万引きが圧倒的に多いと思われます。ほかの罪種の犯罪が減少傾向を示しているなか，万引きの検挙者はほぼ横ばいになっています。

■ 万引き犯人の行動

万引き犯人は普段からの立ち寄り先で万引きすることが多いことがわかっています。そのため，少年はコンビニエンスストア，中高年はスーパーでの犯罪が多くなっています（図 9-3）。犯人は男性のほうが女性よりもやや多い程度です。犯行手口としては，鞄のなかに入れるというものが最も多く，次いでポ

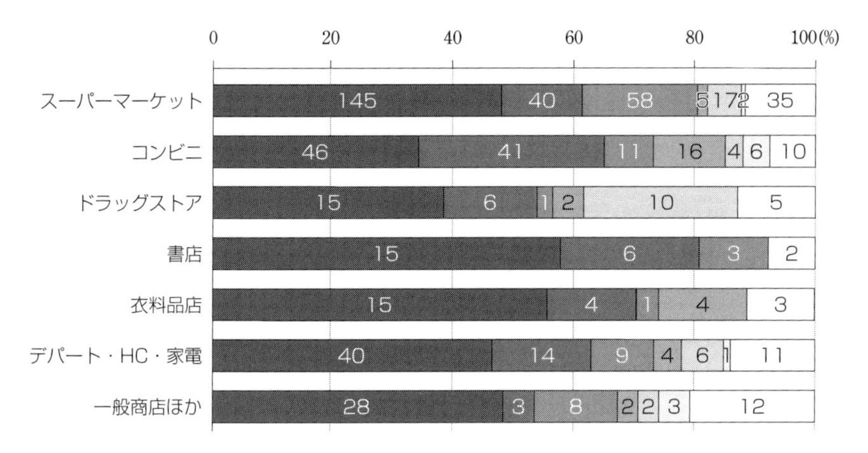

図 9-3　被害品の隠匿場所×犯行店舗の業種

（注）数字は人数。数値は，2012～13年に検挙された660人の万引き犯（小学生）のデータに基づく。
（出所）警視庁，2019より作成。

ケットのなかに入れるというものが一般的です。ほかに精算をしないままレジ横を抜けて商品を持ち出すなどの手口もあります。

盗まれるもので最も多いのは食料品で，この割合は犯人の年齢があがるとともに増大し，高齢者では80%程度が食料品になります。少年の場合にはゲームなどの玩具類がそれに次いで多くなります。少年の場合は「欲しいけどお金がなかった」というケースが多いですが，成人ではこのようなケースは少なく，所持金額で十分に購入可能なものが窃取されています。

■ 万引き犯人の動機

万引の動機にはさまざまなものがあります。

- 欲しい物を窃取する万引き――欲しい物があるものの現金等をもっていない場合にする万引きです。子どもによるゲームやマンガの万引きや少年による化粧品などの万引きなどが代表的です。
- 生活のための万引き――経済的な困窮により，おもに少額の食料品を万引きするものです。このタイプの万引きは，国家の経済的な状況や社会保障制度に依存します。所得水準の低い国や社会的格差が大きい国ではよくみられますが，日本では，戦後などは非常に多かったものの，現在では少なくなっています。

- 節約のための万引き――欲しい物があるがほかにも買いたい物があるので，節約のために万引きするものです。生活のための万引きに対して，実際の生活は困窮していないことが多く，むしろ裕福な場合もあります。彼らは自分が本当に欲しい物，必要な物はきちんと購入する傾向にあります。
- 転売目的万引き――窃取した物を転売（現在はネット転売が多い）して現金化することが目的の万引きです。そのため，転売価格が高い発売直後の人気商品などを万引きします。転売が目的なので同じ商品を大量に窃取するケースもあります。
- 非行による万引き――非行少年が「なにか非行行為をしたい」「肝試し」「退屈しのぎ」「友達にそそのかされて」「命令されて」などの理由で行われる万引きです。友人関係に大きく影響を受けるものです。
- スリルを求めてする万引き――購入する金銭がないわけではないものの万引きするときの高揚感やスリルを味わうために行うものです。このタイプではほしくもない物を万引きしたり，万引きした商品を捨ててしまったり，人にあげてしまったりすることもあります。
- いじめ・虐待のサインとしての万引き――子どもの万引きのなかには，ネグレクトなどの虐待の被害に遭っている子どもが空腹のために食料品を万引きするケースや身体的，性的，心理的な虐待を受けている子どもがその心理的なストレスからする万引き，いじめに遭っている子どもが命令されて無理やりやらされる万引きなどがあります。
- **クレプトマニア**――万引き行動がプロセス依存症になってしまっている場合です，万引きをすることで精神の安定を保っているような病理的な状態です（第8章，本章ブックガイドも参照）。

■ 高齢者による万引き

万引きはかつて少年非行の代表であり，万引きで検挙されるものの多くは少年でした。しかし，近年，少年による万引きは急減し，その代わりに高齢者による万引きが急増しています。少年の万引きと高齢者の万引き件数は2011年に逆転し，現在では，未成年による万引きの約4倍の万引きが65歳以上の高齢者によって行われています。

高齢者による万引きのなかで最も多いのは，経済的には困窮していないし，資産をもっているにもかかわらず，とくに理由なく食料品を万引きするケースです。このようなケースでは検挙しても犯人は自分が万引きをした理由をうまく説明できなかったり，罪悪感に乏しいケースも少なくありません。これらの万引きは孤独感と関連しているといわれており，強いていえば自分と社会とのつながりを意識するための行為であると考えることができるかもしれません。

第2節 特殊詐欺

■ 特殊詐欺の定義と現状

特殊詐欺とは，犯人が電話や郵便等で親族や警察，税務署等の公共機関の職員をかたって対面することなしに被害者を信じ込ませ，現金やキャッシュカードをだまし取ったり，税金の還付が受け取れるなどといってATMを操作させ，犯人の口座に送金させるタイプの詐欺のことを指します。特殊詐欺の被害者の約85％は65歳以上の高齢者でその66％が女性です（警察庁，2021）。

特殊詐欺の発生件数は，統計を取り始めた2004年から2008年まで毎年2万件でしたが，各種の対策が功を奏して，2009年に急激に減少しました（図9-4）。しかし，その後，より巧妙な手口が開発され，おもな被害者となる高齢者層の増加とも相まって再び増加しはじめ，現在では以前の水準に近づいてきています（図9-4）。一方，被害額は，2004年から2008年は，年間300億円程度だったのに対して，2014年には，600億円近くにもなりました。現在は，200億円程度になっています。

■ 特殊詐欺の分類

特殊詐欺にはいくつかの分類があります。最も件数，被害額が多いのは，**オレオレ詐欺**といわれるタイプのもので，これは，親族等をかたり，「鞄を置き忘れた。小切手が入っていた。お金が必要だ」「痴漢で逮捕された。示談金がないと逮捕される」「愛人を妊娠させたので中絶費用が必要だ」などといって，現金をだまし取る（脅し取る）手口です。犯人が最初に「オレオレ」といって，そこで被害者が孫や子どもの名前を出すとその人物になりきって詐欺を働くこ

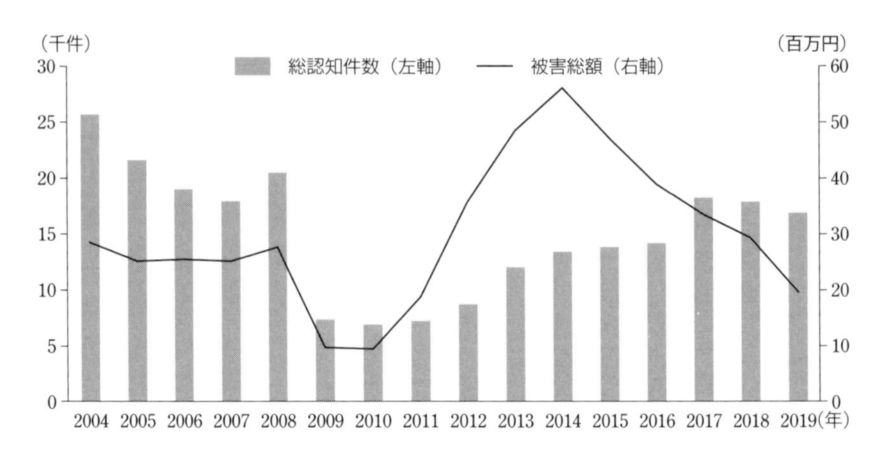

図 9-4　特殊詐欺 認知件数・検挙件数・被害総額の推移

（出所） 法務省，2020 より作成。

とからこの名称になりました。犯人が詐称するのはほとんどが親族で，60～70%が子ども，20%が孫を詐称します。

次に最近，急増しているのが**預貯金詐欺**です。これは，警察官，銀行協会職員等をかたり，「あなたの口座が犯罪に利用されています。キャッシュカードの交換手続きが必要です」といったり，税務署の職員等をかたり，「医療費などの過払い金があります。こちらで手続きをするのでカードを取りに行きます」「カード交換には暗証番号が必要です」などといって，暗証番号を聞き出しキャッシュカード等をだまし取る手口です。この手口は 2020 年頃に現れ，急激に流行しました。犯人は自治体職員（35～40%），警察官（30～35%），金融機関職員（10～20%）をかたります。**架空請求詐欺**は，有料サイト利用料や商品の代金等について，「未払いの料金があります。今日中に払わなければ裁判になります」などとメールや郵便で知らせ，金銭等をだまし取る手口です。ほかに，**融資保証金詐欺**，**金融商品詐欺**，**ギャンブル詐欺**，**交際斡旋詐欺**などがあります（図 9-5）。

■ 特殊詐欺の手口

犯人がはじめに被害者との接触に使用するのは，電話（87%）がほとんどで，次いで，電子メール（9%）となっています。このうち，オレオレ詐欺，還付

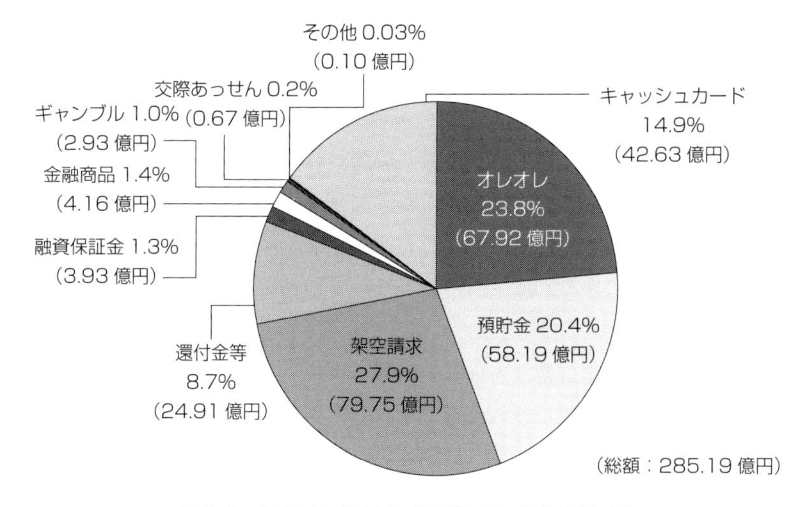

図 9-5　振り込め詐欺の手口別被害額（2020 年）

（出所）警察庁，2021 より作成。

金詐欺ではほぼ100％が電話で，電子メールを使用しているのはもっぱら，架空料金詐欺です（警察庁，2021）。オレオレ詐欺では，犯人ははじめに「電話番号が変わった」などの電話で被害者と接触し，あたりをつけ，その後，鞄をなくしたから至急現金が必要だ，などのトラブル発生電話，金銭準備のための誘導，指示電話などを繰り返し，平均 6 回ほどの架電で金銭を奪います。

特殊詐欺における現金引き渡しの方法は現金手交型，キャッシュカード手交型，キャッシュカード窃取型，現金送付型，振込型，電子マネー型に分けられます。近年急激に増加して最も多い手口になっているのはキャッシュカード手交型とキャッシュカード窃取型です。一方でそのほかの手口は減少する傾向にあります。

キャッシュカードや現金の手交型の場合，受け子といわれる犯罪者グループの一員が直接被害者宅を訪れたり，駅などで待ち合わせして受け取る方法が使われます。また，いったん架空名義や他人名義の口座などに入金させる振込型の場合，出し子といわれる犯罪者グループの一員が引き出すものなどがあります。受け子や出し子は検挙される危険性が高いため，末端のメンバーが使われたり，闇サイトなどで募ったアルバイトが行っていることが多く，たとえ，検挙することができても，上位メンバーまでたどることができない場合が少なくありません。

■特殊詐欺における心理学的なテクニック

特殊詐欺は，その存在や手口がひろく広報され，さまざまな機会を通じて注意が呼びかけられており，いまや知らない人はほとんどいません。それにもかかわらず毎年多くの人が被害に遭ってしまいます。その理由の１つは，この一連の手口が非常に巧妙な心理学的なテクニックを使用していることにあります。

互酬性の原理

相手から優しい言葉を投げかけられたり，さきにサービスを受けたりするとこちらも相手に協力したくなる原理です。たとえば，オレオレ詐欺の犯人ははじめは相手の体を思いやる優しい言葉をかけることが多いですし，ほかのタイプの詐欺でもだます前に相手に対して一方的になんらかの特典を与えるような方法がとられます。これは互酬性の原理を引き出すための方法です。

動揺→指示テクニック

相手を動揺させ不安にさせて，直後にその不安から逃れるための具体的な指示をすると相手はそれに従いやすくなるという原理です。オレオレ詐欺の場合，

「会社をクビになる」→もし，現金を40万円引き出して渡してくれればそれを回避できる。

「痴漢で検挙された」→もし，示談金50万円を引き出して貸してくれれば逮捕されないが，渡してくれなければ逮捕される。

などの方法で動揺→指示を行います。

ドア・イン・ザ・フェイステクニック

相手から50万円奪おうとする場合，まず，「300万円はいった鞄が盗まれた」などのより大きな金額を提示し，その後，「50万円だけ貸してくれればあとはなんとかなる」といったように減額して要求するテクニックです。最初，大きな金額を提示してから減額することによって，50万円がより少ない金額に認知されるようになってしまいます。

音声認知の難しさ

私たちは，家族や友人の声なら識別できると思っていますが，じつは声だけからでは，実際にはなかなか識別できません。実生活において，家族の声を識別できると感じているのは声の情報以外にも，文脈情報（そのとき，その場所に

誰がいそうか，誰が電話をかけてきそうか）などが手がかりになっています。しかし，私たちの多くは声だけで識別が可能だと思ってしまっています。また，高齢者は声の認知能力が低下している場合が少なからずあります。

第3節　サイバー犯罪

■ サイバー犯罪の定義と現状

サイバー犯罪とは，インターネット等の高度情報通信ネットワークを利用した犯罪やコンピュータまたは電磁的記録を対象とした情報の窃取や変造，破壊等の犯罪のことをいいます。

サイバー犯罪は法律上は，①コンピュータまたは電磁的記録を対象とした犯罪，②不正アクセス禁止法違反，③ネットワーク利用犯罪の3つに分類されますが，このうち，③のネットワーク利用犯罪は，数は最も多いですが，詐欺，脅迫，恐喝，わいせつ，児童ポルノ禁止法違反，著作権法違反，誹謗中傷（名誉毀損罪等）などの犯罪をインターネット等を使用して行うだけですので，実際上，前二者がサイバー犯罪といえるでしょう。

サイバー犯罪では，犯罪に使用されるサーバーが外国に設置されていたり，被害者と加害者が異なった国や地域にいることも少なくないため，犯罪場所の確定が容易ではなく，しばしば国際刑事管轄の問題も生じます。

■ サイバー犯罪の種類

サイバー犯罪の具体的な例としては，インターネットバンキングによる不正送金，Eメールやウェブを利用した詐欺行為，個人データ・企業データの盗難と販売，企業や個人のデータ・プログラムの改ざん・破壊，ランサムウェア（ファイルを勝手に暗号化し，復号のために金銭を要求するもの）による恐喝，ダブルエクストーション攻撃（ファイルを勝手に暗号化し，金銭を払わないと情報を公開すると恐喝する行為），クリプトジャッキング（サイバー犯罪者が他人のリソースを利用して仮想通貨をマイニングすること），サイバースパイ活動（サイバー犯罪者が政府や企業の機密データを窃取すること）などがあります。

サイバー犯罪は情報通信テクノロジーの急激な発展に伴って次々に新しい手口が開発されており，また，その対象も多様化しています。そのため，取り締

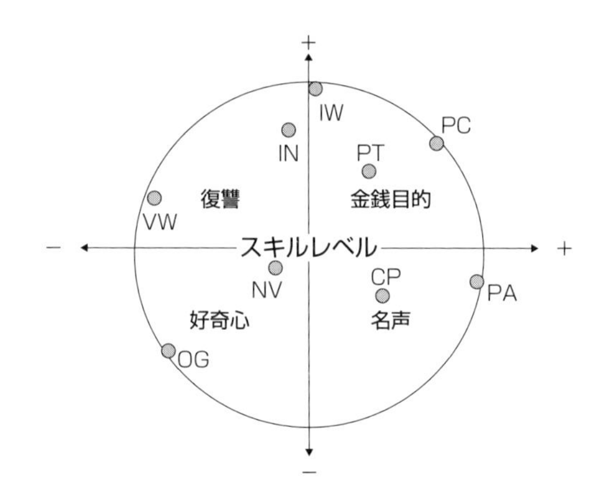

図 9-6　ロジャースのハッカー 9 分類

（注）　各アルファベットは本文の①～⑨に対応している。
（出所）　Rogers, 2006 より作成。

まりの立法化や捜査手法の開発が追いついていません。

■ サイバー犯罪の加害者分類と動機

サイバー犯罪を行う技術力をもった犯罪者のことを（ブラック）**ハッカー**（ブラックハット，クラッカー）といいます。これに対して，情報通信技術やその知識を用いてこれらの犯罪を防止する人のことをホワイトハッカーといいます。

ロジャース（Rogers, 2006）は，（ブラック）ハッカーを 9 種類に分類し，その動機と関連性を円環図として 2 次元上にプロットしています（図 9-6）。円環図は，復讐，金銭目的，名声，好奇心の 4 つの領域に分かれ円の中心から周辺部分に行くに従って，スキルレベルが上昇することを意味しています。

① NV（novice）タイプのハッカーは比較的低いコンピュータースキルしかもっていないが，ハッカーという存在に憧れてその一員となるためにハッキングを行うタイプで，最も大きな動機はスリルを求めて，というものです。ダウンロードした既成のハッキングツールを使用して犯罪を行います。

② CP（cyber-punk）タイプは，ある程度のネットワークスキルとプログラミング技術をもっているタイプで，自分の侵入するシステムについてもある程度の知識をもっています。彼らが行う主要な犯罪は，クレジットカードの不正利

用です。彼らの動機は，注目を浴びること，金銭的な利益を得ることです。

③ IN（internal）は会社の内部犯罪者で，最も数が多く，最も危険なハッカーです。このタイプは自らが解雇されたり，不当な待遇を受けたことが動機となって復讐として会社のシステムなどを攻撃します。このタイプはもともとシステムへのアクセス権をもっていることが多いので，防ぐことは困難です。

④ PT（petty thieves）は金銭目的で，他人から伝授された最小限の情報通信技術（ICT）に関する知識によって，詐欺などを行うもので，いわばサイバー犯罪界のこそ泥です。

⑤ PC（professional criminals）は，PT と同様に金銭目的のハッカーですが，より高度な技術とスキルをもっている訓練されたプロの犯罪者です。彼らは基本的には名声などを求めず，純粋に金銭的な目的のために自らの技術を使用します。

⑥ OG（old guard hackers）は，高いコンピュータースキルをもち，ハッキングのためのツールを開発し，それを熟練度の低いほかのハッカーのために提供するタイプです。彼らには金銭的な動機や復讐の動機はあまりなく，もっぱら好奇心と知的な課題についてのチャレンジ精神によって動機づけられています。

⑦ IW（information warfare）は，国家や組織に雇われた兵士としてのハッカーで，高度な知識をもとに職業としてサイバー戦争を行っているタイプです。動機は金銭的なものもあれば，愛国心や，単なる職務としてなどの場合もあります。

⑧ VW（virus writers）はコンピュータウィルスを作り出すハッカーです。彼らは，知的好奇心やいたずら心，趣味などによってウィルスを作り出し，それを公開することで満足しています。犯罪に関与する場合も罪の意識はあまりありません。

⑨ PA（political activist）はもっぱら政治的な目的のためにハッキングを行うタイプです。彼らの主な目的は政治的な主義の主張やテロであり，これらを実現するために ICT 技術を習得します。彼らは，政府などのシステムに侵入したり，ウェブサイトを書き換えたり，政治的なメッセージを送ったりします。

■ ソーシャルエンジニアリング

サイバー犯罪によって他人のシステムに侵入する場合，はじめにシステムに入る権限を入手しなければなりません。犯人はパスワードに使われやすい文字列の辞書ツールを使用してログインを繰り返すような方法を使って，直接にシステム侵入を試みる場合もありますが，多くの場合，他人のIDとパスワードを窃取し，それをステップにしてより権限の高いアカウントの認証情報を入手しようと試みます。

この方法としては，フィッシングや乗っ取り，通信の盗聴なども行われますが，最も多く使われているのは，非常に単純でローテクな手段である**ソーシャルエンジニアリング**（ソーシャルハッキング）です。これは私たちのちょっとした心理的な弱点を突いて行われるものです。ソーシャルエンジニアリングには以下のようなものがあります。

なりすましは，さまざまな方法で入手した個人情報を使用して，その人物になりすまし，会社等の情報部門に電話連絡をしてID情報やパスワードを盗み出す方法です。「パスワードを忘れた」といって聞き出したり，パスワードをリセットさせる方法が一般的です。**ショルダーハッキング**は，他人がIDやパスワードを入力しているところを肩越しに盗み見る方法です。**トラッシング**は，会社などのくずかごやゴミのなかから，パスワードなどの情報が書かれたものを探し出す方法です。**付箋紙ハッキング**は，多くの人がパスワードを付箋紙に書いてPCのディスプレイに貼っていることからこれをみて，パスワードを盗む方法です。パスワード等の窃取方法について表9-1に挙げてみます。セキュリティホールを狙うような高度な技術を使ったものよりも，単純なソーシャルエンジニアリングが大半を占めているのがわかると思います。

■ サイバー犯罪の被害者

サイバー犯罪は，企業や官公庁をターゲットにする場合には，その職員に対して，標的型攻撃メール（真正なビジネスメールのように見せかけたメールで添付ファイルを開いたり，記載されているURLをクリックすることでマルウェアを仕込むことができる）を送るなどの方法をとります。また，ウェブ上に公開されているプログラムなどをダウンロードして実行することや単に特定のウェブサイトを閲覧することでマルウェアに感染させることも可能です。特殊詐欺にもあてはまることですが，その手口は確証バイアスや正常性バイアスなど，人間の認知特性を逆手にとった巧妙な方法が使われています。

表 9-1　検挙した不正アクセス行為の類型別内訳

区分＼年次	2019	2020
合計（件）	787	585
識別符号窃用型 (注)	785	576
フィッシングサイトにより入手	1	172
利用権者からの聞き出しまたはのぞき見	20	115
利用権者のパスワードの設定・管理の甘さにつけ込んで入手	310	99
他人から入手	182	78
識別符号を知りうる立場にあった元従業員や知人等による犯行	161	67
スパイウェア等のプログラムを使用して入手	5	3
インターネット上に流出・公開されていた識別符号を入手	3	1
その他	103	41
セキュリティ・ホール攻撃型	2	9

（注）アクセス制御されているサーバに，ネットワークを通じて，他人の識別符号を入力して不正に利用する行為。
（出所）警察庁，2020 より作成。

では，どのような人が被害者になりやすいのでしょうか。まず，基本的なセキュリティの知識がない人がターゲットになります。彼らは，OS やブラウザなどのセキュリティパッチを更新していないことが多く，それゆえ，知られているシステムの脆弱性をついた攻撃によって容易にシステムに侵入されてしまいます。また，衝動性といった性格特性も危険性と関連していることがわかっています。深く考えないで添付ファイルを開いたり，危険なウェブサイトを訪れてしまう可能性があるからです。

性差と年齢層による違いもあることがわかっています（図 9-7）。男性は，一般的に危険な行動をとりがちです。たとえばポルノサイトなどの危険なウェブサイトの閲覧などです。しかし，男性はセキュリティパッチの適用やセキュリティソフトの導入などは女性よりも頻繁に行っていることがわかっています。つまり，男性は高リスク高セキュリティ，女性は低リスク低セキュリティという行動をとります。

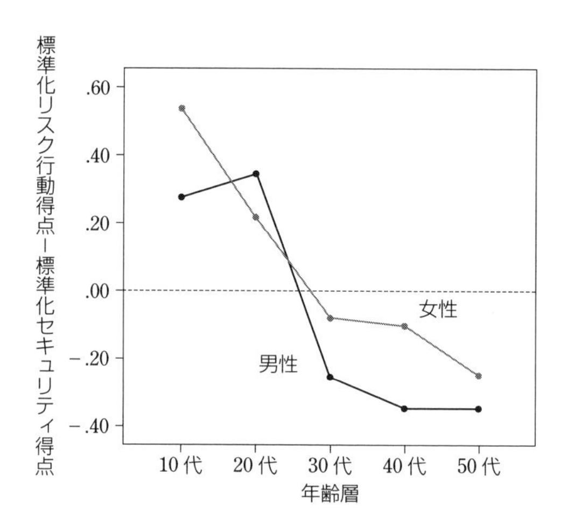

図 9-7　年齢層ごとの情報セキュリティ危険率

（出所）越智，2018 より作成。

年齢層に関していえば，年齢層が高くなるに従ってセキュリティ行動も多くなることがわかっています。若年層はセキュリティについてあまり意識しておらず，それゆえ，危険性の高い行動をとります。また，彼らは PC よりもスマートフォンをより多く使用していますが，スマートフォンは PC に比べて一般にセキュリティ対策が弱いことが多く，その一方で多くの個人情報が集積されているので，より危険であるといえるでしょう。

演習問題

① 侵入窃盗犯人の手口や行動について調べ，自宅をこの犯罪から守るためには，どのようにすればよいのかについて検討してみましょう。

② 特殊詐欺犯人の手口や行動について調べ，高齢の家族をこの犯罪から守るためには，どのようにすればよいのかについて検討してみましょう。

③ サイバー犯罪の手口について調べ，自分や友人がこれらの犯罪の被害に遭わないようにするためには，どのようにすればよいのかについて検討してみましょう。

ブックガイド

▶吉田精次（2020）．『万引きがやめられない――クレプトマニア［窃盗症］の理解

と治療』金剛出版

クレプトマニアについて，その概念や当事者の心理，治療法などさまざまな観点から論じられています。

▶西田公昭／山本あり（漫画）（2016）．『マンガでわかる！　高齢者詐欺対策マニュアル』ディスカヴァー・トゥエンティワン

なぜ，特殊詐欺にだまされてしまうのかについて心理学的な観点から解説されています。対策についてのアイディアも載せられています。

▶氏田博士・福澤寧子・福田健・越智啓太（2019）．『セキュリティの心理学――組織・人間・技術のマネジメント』海文堂出版

工学の専門家と心理学の専門家がそれぞれの立場から情報セキュリティをめぐる問題点について論じています。犯罪心理学的観点からの論考もあります。

第III部

司法の手続きと対応の流れ

第10章 捜査，供述，精神鑑定
事件を科学するノウハウ

石井 隆・大山 朗宏

第1節 犯罪を調べる——犯罪捜査の全体像

■犯罪捜査とは何か

捜査の意義と法的枠組み

捜査とは，捜査機関が犯罪があると認めたとき，犯人と犯罪の証拠を発見，収集，保全する手続きをいいます。捜査は，被疑者が犯人かどうかに加え，犯罪の成立要件（構成要件）および情状に関する事実についても証拠を収集したうえで，捜査機関が事実認定と法的な判断を行い，公訴提起（起訴）するか否かなどの処分をすることを目的とします。捜査は，起訴後にも，裁判での立証に用いる証拠の収集のために行われることがあります。捜査は捜査機関が行う手続きですから，私人の行う証拠の収集・保全等は捜査ではありませんし，各種の行政機関が行う調査（たとえば，国税査察官の国税犯則事件の調査）も，行政上の処分を行うための準備行為であり，捜査ではありません。

捜査を規制するルールとして，**刑事訴訟法**（刑訴法）が重要です。刑訴法は，被疑者の逮捕・勾留，捜索，差押え，検証，鑑定，被疑者・関係者の取調べ等の各種の捜査方法のほか，検察官による公訴の提起等について定めています。

捜査に関する刑訴法上の原則として，以下を挙げることができます。

①任意捜査が原則であり，処分を受ける者の人権に重大な影響を与える強制捜査（捜索，差押え，逮捕，勾留等）は刑訴法の定める要件を満たしたときにのみ行うことができる（後述）。

②捜査活動は，犯罪によって侵害された利益や公共の秩序を速やかに回復するため，迅速かつ能率的でなければならず，また，被疑者その他の名誉を尊重し，証拠の隠滅を防ぐため，秘密裡に行わなければならない（**捜査密行の原則**）。

③刻々と変化する社会のなかで起こる事件に対し，捜査機関が柔軟に裁量を発揮できるようにするため，任意捜査の方法には（強制捜査にわたらない限り）特別の制限がなく，刑訴法に規定がなくても，捜査官の判断と裁量によってさまざまな方法で行うことができる。

④公訴提起（起訴）の権限は，国家機関である検察官が独占し，私人による起訴は認められない（**国家訴追主義**，**起訴独占主義**）。

⑤検察官は，起訴するのに十分な犯罪の嫌疑があっても，裁量により起訴しないことができる（**起訴便宜主義**）。

捜査のアクター

【捜査機関と捜査の流れ】

一般的な捜査機関である**警察官**は，一般司法警察職員と呼ばれ，第一次的な捜査の責任を負います。そのほかにも，特別の事項に限られた第一次的捜査権限を有する特別司法警察職員として，海上保安官，労働基準監督官，麻薬取締官等がいます。これら第一次捜査機関が捜査をしたときには，検察官に事件の送致をしなければなりません。

検察官は，警察等から送致を受けた事件について自ら補充捜査等をしたうえで起訴するか不起訴とするかの処分をするほか，検察官が必要と認めれば自ら捜査を開始することもできます（**検察官の独自捜査**）。検察庁の職員である検察事務官は，検察官を補佐して捜査を行うだけでなく，検察官の指揮を受けて捜査を行う権限があります。

多くの事件は被疑者は逮捕されずに**在宅事件**として捜査が進められますが，被疑者が裁判官の発付する逮捕状により逮捕される**身柄事件**も一定の割合であります。警察が被疑者を逮捕した場合，留置の必要があると判断すれば，48時間以内に検察官に送致しなければならず，また，送致を受けた検察官も，留置の必要があると判断すれば，24時間以内に勾留請求しなければなりません。裁判官が勾留請求を認めれば，まず10日間の勾留が認められ，とくに必要があると認められると，さらに10日間以内の勾留延長が認められます。

捜査の結果，検察官は，被疑者が犯罪を行ったことを十分に立証できるかのほか，被害感情や情状も考慮したうえで，起訴（罰金求刑をする略式手続，公判請求），不起訴（起訴猶予，嫌疑不十分等）の判断をします。

【被疑者・被告人，弁護人】

被疑者とは，罪を犯した疑いを受け，捜査の対象となる者のことをいいます。被疑者は起訴されると，**被告人**と呼ばれます。

被疑者・被告人は，その正当な利益を擁護してもらうために**弁護人**を選任することができます。起訴される前の被疑者は，自ら弁護人を選任するのが原則ですが，2016年までの法改正により，被疑者が勾留された事件で，貧困その他の事由により弁護人を選任することができないときは，国選弁護人の選任を請求できるという制度が導入されました。なお，起訴された被告人についても，原則的には同じですが，一定の重大事件や事案が複雑な事件（必要的弁護事件）では，その必要性に鑑み，貧困等の事情がなくても国選弁護人の選任請求をすることができます。

弁護人は，裁判の段階での支援はもちろん，捜査段階でも被疑者のためにさまざまな活動をすることができます。身柄拘束されている被疑者と立会人なくして接見（面会）し，被疑者等に有利な証拠を収集して捜査機関に提出したり，被害者に被害弁償をして示談をするほか，勾留の裁判等に対して準抗告（釈放を求めて裁判官に意見を提出すること）するなどです。

■ 犯罪捜査の方法

任意捜査と強制捜査

捜査は，**任意捜査**と**強制捜査**に分けることができます。前述の通り，捜査機関は，任意捜査については，特別の規定がなくとも，その判断と裁量で捜査手段をとることができるのに対し，強制捜査は，関係者に不利益を及ぼすおそれがあるため，刑訴法に規定されているものだけが許されています。強制捜査の種類としては，捜索，差押え，逮捕，勾留のほか，検証，鑑定留置（精神鑑定等のために行われる留置），通信傍受などがあり，現行犯逮捕等を除き，裁判官が処分の正当な理由と必要性を事前に審査したうえで発付する令状を得て行う必要があります。

科学的な捜査手法

捜査では客観的証拠をいかに収集できるかが重要ですが，科学技術の発展に伴い，さまざまなものが証拠としての重要性を増しています。

現場で採取された指紋の照合や，遺留物の鑑定のほか，被害者の衣服に付着した微物（繊維片など）を採取し鑑定することもあります。また，現場に遺留された血液や体液などのDNA型を鑑定し，これを被疑者のDNA型と照合するという**DNA型鑑定**も重要性を増しています。

路上で行われた犯罪であっても，防犯カメラに録画されていれば，その映像は事件の証拠として役立ちますし，また，交通事故の当事者となった車のドライブレコーダーの映像により，事故当時の状況が明らかになることもあります。

犯人と被害者との間あるいは共犯者間の電話やメッセージのやり取りなどの通信記録，パソコンやクラウドサービスに保管されたデータの解析も必須となっており，こうしたデジタル記録の収集・解析は**デジタル・フォレンジック**と呼ばれています。

■責任能力の捜査と精神鑑定

刑法では，行為者の意思決定に対する非難として刑罰が科されますが，行為者が精神障害の影響により自らの行為の善悪を判断できないときには，非難することができず，刑罰を科すことはできません（責任主義）。刑法39条は，「心神喪失者の行為は，罰しない」（1項），「心神耗弱者の行為は，その刑を減軽する」（2項）と規定しており，たとえ殺人や放火などの重大犯罪に当たる行為を行ったとしても，**心神喪失者**については責任能力を欠くため犯罪は成立せず，また，**心神耗弱者**については犯罪は成立するものの刑が必ず減軽されます。

心神喪失・心神耗弱の定義は刑法で規定されていませんが，大審院（現在の最高裁判所に相当）の判例（大審院昭和6年12月3日判決〔刑集10巻682頁〕）によれば，①生物学的要件（精神の障害）と②心理学的要件（弁識・判断能力）の双方を考慮して判断されます。すなわち，心神喪失とは，精神の障害により，行為の違法性を弁識する能力（弁識能力）またはその弁識に従って行動を制御する能力（制御能力）のいずれかを欠く状態をいい，また，心神耗弱とは，精神の障害により，弁識能力または制御能力が欠如する程度には達しないが著しく減退した状態をいいます。精神疾患があればただちに**責任能力**がないとはならない点に注意が必要です。

心神喪失・心神耗弱を判断するうえで，前記①の精神の障害の有無・程度については，精神医学の専門的知識がなければ判断が困難であるため，検察官は，捜査の過程で，必要があれば，責任能力を判断する前提として精神科医に対して鑑定嘱託を行い，精神科医による**精神鑑定**が行われます。また，起訴後に裁判所から精神鑑定の嘱託が行われることもあります。

鑑定嘱託を受けた精神科医は，その専門的知見に基づいて精神病の有無や程度，精神病が犯行に及ぼした影響などについて意見を述べますが，責任能力の最終的な判断はあくまで法的判断であり，精神科医の意見を踏まえた裁判所の評価に委ねられています。

■ 犯罪捜査における心理学の活用

プロファイリングによる犯人像の絞り込み

プロファイリングは，犯罪捜査における犯人像の分析技法で，犯罪の特徴などをもとに，心理学や統計データを用いて犯人像を絞り込むものです。

日本の警察では，プロファイリングとして，犯行現場の状況，犯行の手段，被害者等に関する情報や資料を，統計データや心理学的手法等を用いて分析・評価することにより，犯行の連続性の推定，犯人の年齢層，生活様式，職業，前歴，居住地等の推定や次なる犯行の予測を行っています。連続して発生している性犯罪，窃盗，放火，通り魔事件等，犯行状況に関する情報量の多い事件や犯人の行動の特徴がつかみやすい事件において効果が期待されます。

ポリグラフ検査

ポリグラフ検査は，俗に「嘘発見」といわれることがありますが，実際は，記憶検査の一種で，犯人しか知りえない事件内容についての記憶を，生理反応の変化（呼吸波，発汗，心拍数等）をもとに判定する科学的鑑定法です。

日本の警察では，**裁決質問法**やその応用の探索質問法を採用しています。裁決質問法では，同じカテゴリーに属する内容の複数の質問を構成し，1つの質問だけに警察と犯人しか知りえない具体的事実を含め（裁決質問），他の質問は事件とは無関係な内容（非裁決質問）とし，順次，否認している被検査者に対し質問します。被検査者が犯人であれば，裁決質問時には，他の質問時とは異なる生理反応変化が生じることから，その事実を知っていると推定できると考えます（司法研修所，2013）。

ポリグラフ検査については，捜査段階で被疑者を絞り込む手法として使われることもありますが，さまざまな議論があり，裁判において被告人が犯人であることの証拠として一般に使用されるには至っていません。

少年鑑別所による鑑別診断

捜査そのものではありませんが，少年鑑別所が行う**鑑別**があります。鑑別とは，医学，心理学，教育学，社会学などの専門的知識や技術に基づき，鑑別対象者である少年等について，非行等に影響を及ぼした資質上および環境上問題となる事情を明らかにして，その事情の改善に寄与するため適切な指針を示すことをいいます。鑑別には，家庭裁判所の求めに応じて行う**審判鑑別**と，それ以外の関係機関の求めに応じて行う**処遇鑑別**とがあります。

少年鑑別所に収容されている者に対して行う収容審判鑑別では，鑑別面接，心理検査，行動観察，医学的検査および診察の結果にその他の情報を加えて検討し，少年に対する処分として，在宅保護（保護観察等），収容保護（少年院送致等）等の判定を行います。判定の結果は，鑑別対象者の資質の特徴，非行要因，改善更生のための処遇指針等とともに鑑別結果通知書に記載されて家庭裁判所に送付され，審判の資料となります。審判の結果，保護観察や少年院送致の決定がなされた場合，保護観察を行う保護観察所および送致先の少年院に送付され，処遇の参考に供されます。

処遇鑑別は，地方更生保護委員会，保護観察所の長，児童養護施設の長，少年院の長，刑事施設の長等の求めるによる鑑別です。処遇鑑別では，処遇の経過，課題およびその分析，今後の処遇指針等について鑑別結果通知書を作成し，各機関における対象者の処遇の参考に供しています（法務省，2018）。

第2節　犯罪について聞く

■取調べ

取調べは，犯罪に関する情報の収集とその証拠化を目的として捜査機関によって行われる対象者からの聴取です。警察官，海上保安官等第一次捜査機関が行うほか，検察官も行います。

取調べには，被疑者を対象とするものと，被疑者以外の者（被害者，目撃者，参考人等）を対象とするものとがあります。被疑者以外の第三者については，任意で出頭を求めて取調べが行われるのが通常です。

■ 被疑者の取調べ：自白・取調べに関する法的な規制

捜査機関は，身柄が拘束されているか否かを問わず，被疑者を取り調べることができます。

被疑者を取り調べるに当たり，取調官は，被疑者に対し，あらかじめ自己の意思に反して供述する必要がない旨を告げなければなりません（**供述拒否権の告知**；黙秘権に由来します）。

被疑者がした供述を取調官が調書に録取したものを「供述調書」といいます。供述調書が作成され，被疑者に閲覧させ読み聞かせたうえ，誤りがないと申し立てたときは，署名・押印を求めることができます。

被疑者が取調べで自己の犯罪事実の主要な部分を認めた場合，この供述を**自白**といいます。自白については，重要な証拠となる一方で，さまざまな理由で虚偽のものも含まれる危険性があることから，刑訴法は証拠としての自白に特別の制約を設けています。1つ目は，任意性に疑いのある自白の証拠排除です。刑訴法（319条1項）は，「強制，拷問又は脅迫による自白，不当に長く抑留又は拘禁された後の自白その他任意にされたものでない疑のある自白は，これを証拠とすることができない」と定めています。2つ目は，自白の補強法則です。刑訴法（同条2項）は，「被告人は，公判廷における自白であると否とを問わず，その自白が自己に不利益な唯一の証拠である場合には，有罪とされない」と規定し，自白以外の補強証拠がなければ有罪とならないとしています。

■ 被疑者の取調べの録音・録画

被疑者の取調べ状況の録音・録画については，刑事司法関係者の間で長年にわたり議論されてきたところ（**取調べの可視化**の議論），2016年の法改正により，①裁判員裁判対象事件と②検察官独自捜査事件について逮捕・勾留中の被疑者を取り調べる場合，原則として，その状況の全過程を録音・録画する制度が導入されました（2019年から施行）。この改正法の施行前から，検察庁では，前記①と②以外にも，③知的障害等によりコミュニケーション能力に問題がある被疑者等に係る事件，④精神の障害等により責任能力の減退・喪失が疑われる被疑者等に係る事件については，身柄事件の被疑者の取調べの録音・録画を実施する運用が続けられています。

警察においても，裁判員裁判対象事件については刑訴法で取調べの録音・録

コラム　アメリカ映画にみる捜査機関の日米比較

田舎町で事件が発生し，地元のオジさん風の警察官が現場に駆けつけて捜査をしていると，バリっとしたスーツ姿のFBI（アメリカ連邦捜査局）捜査官が颯爽と現れ，「あとは俺たちが仕切る」といって指揮する。アメリカ映画でよくみられるこうしたシーンは，建国の歴史に由来するアメリカの警察制度の複雑さを象徴するものです。

13の植民地の連合としてイギリスから独立したアメリカ建国の歴史があり，連邦政府へ権限委譲が進んだ今でも，各州は大きな権限をもっています。そのため，アメリカの法制度には連邦法と州法の区分があり，州ごとに司法制度も異なり，法執行機関も多様です。

FBIは，連邦政府の司法省に属し，連邦犯罪や国家安全保障に関する脅威について捜査権限をもつほか，州法違反の犯罪についても，州の要請があれば，州際旅行者に対する暴力犯罪および連続殺人等についても捜査します。映画『羊たちの沈黙』は，FBI行動科学課がプロファイリング技術を使って女性連続殺人犯を追う物語ですが，実際にFBIは田舎町で起きた連続殺人事件の捜査権限ももっていたわけです。そのほかにも，規制薬物の取締りを担うDEA（麻薬取締局），銃器，爆発物等に関する犯罪を捜査するATF（アルコール・タバコ・火器及び爆発物取締局）等の連邦捜査機関があり，大統領警護で有名なシークレット・サービスは通貨偽造に関する犯罪捜査も行います。

一方，地方では，市町村，郡，州のレベルごとに警察機構があります。市町村警察は，住民に身近な警察活動を担いますが，大小さまざまで，ニューヨーク市警等は全米屈指の大きな警察です。また，保安官（sheriff）という職もあり，州により異なりますが，警察権のほか，刑務所・裁判所の運営・警備，判決に基づく差押え等の幅広い法執行を担います。

日本の警察制度にも変遷があります。第二次世界大戦前は，国家警察が基本でしたが，戦後，連合国軍総司令部（GHQ）の下で作られた旧警察法（1947年制定）では，市町村の自治体警察が基本で，人口の少ない村落部等では国家地方警察によって運営されました。しかし，警察が細分化され，自治体の経費負担等の問題があり，1954年には新しい警察法が成立し，警察組織を都道府県警察に一元化しつつ，警察庁長官の指揮監督制度，上級幹部職員を国の職員として，一定の範囲で地方の警察運営への国の関与が認められました。

日米の警察制度の違いを知ると，刑事ドラマや映画がより面白くなるうえ，司法・警察制度は国の政治制度に応じ，時代ごとに変化するものとわかり，立体的に理解することができるのではないでしょうか。

画が義務づけられたほか，逮捕・勾留中の被疑者が精神の障害を有する場合には取調べの録音・録画をするよう努めなければならないとする運用が開始されています。

■ 取調べにおける心理学の知見の活用：警察庁作成の「取調べ（基礎編）」

心理学の知見を活用した取調べについては，警察庁刑事局が2012年12月に公表した「取調べ（基礎編）」が参考になります。これは，警察庁の「捜査手法，取調べの高度化プログラム」を踏まえ，科学警察研究所犯罪行動科学部と心理学を専門とする大学教授の助言を受け，取調べにおいて真実の供述を得るための効果的な質問や説得の方法，虚偽供述が生まれるメカニズムとこれを防止するための方策等をはじめとする心理学的な手法等を取り入れて取調べ技術の体系化を図ることをめざして作成されたものです。記憶のメカニズム，想起段階での工夫，**虚偽自白**の原因の分析を踏まえ，心理学の知見を踏まえた取調べの手法を，準備，導入，聴取および確認の各段階に分けて留意点とともに解説しています。

■ 児童虐待事案における司法面接の導入と代表者聴取

児童虐待事案が社会問題となったのに伴い，被害児童からの被害状況の聴取のあり方に関心が高まっています。最高検察庁は，2015年と2018年に全国の検察庁に対して通知を発出し，児童相談所，警察と検察の間の連携を強化し，3機関の担当者で協議のうえで**代表者聴取**の取り組みを検討するよう促しました。これは，聴取を受けることによる児童の精神的な負担を軽減するとともに，被誘導性が高い児童の特性を踏まえ，被害児童や参考人としての児童の供述の信用性の確保という観点から，3機関の代表者1人が聴取を担当し，情報を共有するという取り組みです。

代表者聴取により児童から聴取するに当たり，司法面接的な手法を用いた取調べが行われています。**司法面接**とは，法的な証拠としても使用可能な正確な情報を，被面接者の精神的負担をできるだけ掛けずに聴取することをめざした面接法で，1990年代に欧米等で児童虐待などの調査のために開発されたものです（仲，2019；第7・11章も参照）。検察庁では，司法面接的手法を用いた取調べに習熟するため，検察官を研修に参加させるなどの取り組みを進めています。

第3節　必要な介入と関連する制度

▩ 精神障害のある被疑者・被告人に対する介入

心神喪失等の状態で重大な他害行為を行った者の医療及び観察等に関する法律

精神障害を有する者が法に触れる重大な行為を行ったものの，心神喪失または心神耗弱を理由に刑が減免されることがあります。このような場合の対象者の処遇手続を定めた法律として，「心神喪失等の状態で重大な他害行為を行った者の医療及び観察等に関する法律」(**医療観察法**) があります。

同法は，①殺人，放火，傷害等の重大な他害行為を行ったが，②心神喪失または心神耗弱と認定され，検察官により不起訴処分とされ，または判決で心神喪失により無罪もしくは心神耗弱により執行猶予つきの懲役刑等を科された者を対象とし，③これらの者に継続的な医療・観察を行うことにより，精神障害の病状を改善して同様の他害行為の再発の防止を図り，最終的には社会復帰をさせることを目的としています。

検察官が上記①および②の要件を満たす対象者について，地方裁判所に対し，医療観察法による処遇の要否に関する審判の申立てを行うと，裁判官１名および精神保健審判員（精神科医）１名が構成する合議体で審判が行われます。審判では，対象者を指定された精神科病院に入院させて精神鑑定を行い，この結果を基礎とし，検察官と対象者およびその付添人（弁護士）の意見・資料，社会復帰調整官（保護観察所に所属）による生活環境調査報告書，精神保健参与員（精神保健福祉士等）の意見等を総合して，対象者の処遇を決定します。決定には，入院決定，通院決定，医療観察法による医療を行わない，の３種類があります。

入院決定がされると，対象者は指定入院医療機関に入院することになり，退院には，対象者，対象者の保護者，指定入院医療機関からの申立てに基づく裁判所の決定が必要です。通院決定の場合，対象者は，保護観察所による精神保健観察に付され，指定通院医療機関に通院します。保護観察所は，指定通院医療機関と協議のうえ，処遇の実施計画を策定し，社会復帰調整官が対象者の観察・指導などを行います。精神保健観察の期間は，原則３年ですが，裁判所の許可により２年を超えない範囲で延長することが可能です（野村・樋口，2015）。

精神保健及び精神障害者福祉に関する法律による措置入院等

精神障害者が触法行為を行ったものの，医療観察法が対象とする重大な犯罪ではないなどの理由で同法が適用されない場合に，「精神保健及び精神障害者福祉に関する法律」（**精神保健福祉法**）による**措置入院**等の制度が用いられることがあります。同法は，判断能力の障害が生じうる精神障害者については，本人の同意に基づかずに強制的な精神医療を行う必要がありうるところ，患者の基本的自由を制限することから精神医療に関する手続きを定めた特別の法律です。

同法は，任意入院，措置入院，緊急措置入院，医療保護入院，応急入院の5つの入院形態を定めていますが，患者の意思に基づく任意入院が精神障害者の入院の原則とされます。刑事事件と関係が深い措置入院は，「入院させなければ精神障害のために自身を傷つけまたは他人を害するおそれがある」（自傷他害のおそれ）精神障害者を，都道府県知事の権限で，国立・都道府県立精神科病院などに入院させる制度です。

刑罰法規に触れる行為を行った場合に他人を害するおそれがあるとして，警察官，検察官，保護観察所の長，矯正施設の長等からされた通報等に基づき，知事が調査を行い，2人以上の精神保健指定医（精神保健福祉法に関する職務を行うために必要な知識および技能を有する者として指定された医師）が診察して必要であると判断した場合に措置入院となります。措置入院の期間には制限がありませんが，患者の措置症状が消退したと指定医が判断した場合には，知事は患者をただちに退院させなければなりません。

入院の必要があるが，患者本人から入院の同意が得られず，しかも自傷他害のおそれが認められない場合，家族等の同意を得て行われるのが医療保護入院です。入院の判断は原則として指定医が行います。医療保護入院の期間にも制限はありません（野村・樋口，2015）。

■ 再犯防止に向けた取り組みと精神障害者，高齢者等である被疑者・被告人への支援

再犯防止については，犯罪対策閣僚会議が2012年7月に策定した「再犯防止に向けた総合対策」が重要です。この対策では，①対象者の特性に応じた措置・支援の強化，②社会における「居場所」（住居）と「出番」（仕事）の創出，

③再犯の実態や対策の効果等の調査・分析等を行うなどとしました。その後，2016年には再犯防止推進法が成立し，罪を犯した者等の社会復帰を促進して再犯を防止することの重要性が明記され，国・地方公共団体は再犯の防止等に関する施策を策定し実施する責務を有すると規定したことを契機に，その取り組みは強化されています。とくに，再犯防止総合対策では，前記①（対象者の特性）として6つの類型があり，少年・若年および初入者，女性，薬物依存の問題を抱える者，性犯罪者，暴力団関係者等再犯リスクの高い者と並んで，高齢者・障害者が挙げられ，このような流れのなかで，刑事司法関係機関，厚生労働省等において，精神障害者，高齢者等で犯罪を行った者に対する再犯防止に向けたさまざまな取り組みが進められています。

たとえば，矯正施設および保護観察所が行っている「特別調整」（第14章も参照）をはじめとする，「出口支援」と呼ばれる受刑者等に対する出所時のさまざまな支援が行われています（第1章も参照）。

検察庁でも，精神障害者または高齢者で罪を犯した者等の再犯防止のための取り組みを強化しています。たとえば，起訴猶予処分が見込まれる被疑者や，執行猶予つきの判決の言い渡しが見込まれる被告人等が，精神障害や高齢等の理由で，治療が必要であったり，収入や住居がなく釈放後の生活状況が不安定であることもあります。そうした場合は，短期間で再犯に陥るのを防ぐため，釈放後の帰住予定地を管轄する福祉事務所や社会福祉協議会，保健所等の福祉関係機関と連携し，対象者が生活保護等の所要の手続きを行うのを支援したり，必要な治療を施すことのできる医療機関の紹介を受けて医療保護入院等につなげる措置を講じるなどの**入口支援**と呼ばれる取り組みを行っています（法務省，2018）。

第4節　精神鑑定の流れ

本章で解説してきた精神鑑定や措置診察についてそれぞれの具体的な流れについて整理します。

■ 刑事責任能力鑑定

刑事責任能力の鑑定では犯行時における精神障害の内容・程度と，その症状と健常な精神機能をも含めてどのように犯行に影響を及ぼしたか（**機序**）が鑑定事項として求められます。

起訴前に行われる精神鑑定としては，**簡易鑑定**と鑑定留置を伴う**正式鑑定**（本鑑定）があります。起訴後の鑑定留置を伴う正式鑑定には裁判所の嘱託による**公判鑑定**と裁判員裁判対象事件での公判整理手続き中に行われる裁判員法50条に基づく**公判前鑑定**があります。裁判員裁判事件では責任能力が争点となるか否かを確実に検証するため，公判前鑑定の実施件数は年々増加しています。

簡易鑑定

被疑者の責任能力に疑いがある場合，簡易な手続きで行われる鑑定を簡易鑑定といいます。これは検察官からの依頼で検察庁や病院で行われます。簡易鑑定は主に問診と必要ならば心理テストを用いて2～4時間程度で行われ，捜査情報を資料として鑑定書が作成されます。鑑定留置の手続きは通常は行われません。簡易鑑定の結果，不起訴や起訴猶予になれば検察官は措置入院が必要か判断する措置診察や医療観察法上の鑑定を申し立てます。

正式鑑定（起訴前本鑑定，公判前鑑定，公判鑑定）

正式鑑定は鑑定留置の手続きが取られたあとに，2～3カ月間程度で行われます。多くは拘置所で行われますが，精神症状の観察や検査のために一定期間精神科病院などに入院させることもあります。鑑定期間中は捜査機関による取調べは行われません。鑑定は鑑定人が依頼を受諾してから資料を精査し，本人の面接を行い，家族への面接を行い，心理検査と医学的検査を行い，情報を整理し，精神医学的に診断し，事件を説明し，鑑定書を作成し，裁判に出廷し鑑定内容を説明するという流れを辿ります。**起訴前本鑑定**では精神鑑定の結果，責任能力に問題があるとされると検察官の判断で不起訴処分となることがあります。

鑑定における心理検査は主に知能検査と性格・人格検査を組み合わせて行われることが多く，一般の臨床でも用いられている検査が使用されます。知能検査ではWAIS成人知能検査や田中－ビネー知能検査，性格検査では質問紙法としてミネソタ多面人格目録やY-G（矢田部－ギルフォード）性格検査，投影法としてロールシャッハテスト，P-Fスタディなどが用いられます。知覚・認知検査で用いられるのはベンダーゲシュタルト検査，ベントン視覚記銘検査などです。これらの知能検査，性格検査，知覚・認知検査からそれぞれ1～2つずつ適切に選び検査バッテリーを組んで行われます。鑑定書に関わる心理検査の結果は客観的なデータが集められ，所見記述は客観的かつ倫理的になされたものである必要があります。

刑事責任能力鑑定での心理検査の大きな役割として**詐病**（責任能力の軽減を意図して知的障害や精神障害と偽ること）の検出ということがあります。心理検査においては真の知的精神的障害について数量化された指標があるため真偽の比較鑑別が容易になり，客観的に詐病を見抜くことができます。

医学的検査としては神経学的診察，血液検査，脳画像検査（CTやMRI），脳波など一般的な検査が行われます。このなかで器質性や症候性の精神障害（脳を含めた身体疾患を原因とする精神障害）を鑑別することが重要です。

精神科診断については，一般の精神科臨床と同様にICD-10（2018年ICD-11へ改訂）やDSM-5などの国際的な診断基準に基づいた診断を行うことが標準的です。

各種精神疾患での鑑定

主な精神障害について以下のような症状や病態が責任能力鑑定を必要とされる例として挙げられます。

(1) 統合失調症――被害妄想や命令性の幻聴の影響での行動，亜昏迷状態や緊張病症状での著しい思考障害や興奮症状。

(2) うつ病――うつ状態での拡大自殺（無理心中）における罪業妄想や貧困妄想の存在。

(3) アルコール関連障害――アルコール依存症やアルコール性認知症，アルコール精神病の存在。酩酊状態の判別（単純酩酊，複雑酩酊，病的酩酊）。

(4) 認知症・器質性精神障害――認知力の低下による判断能力，行動制御能力の程度，妄想や意識障害の存在。

(5) 知的障害――理解力や判断力，行動制御能力の程度。

(6) 薬物関連障害――覚醒剤精神病と統合失調症の鑑別。

▩ 医療観察法鑑定

医療観察法による鑑定は裁判所からの鑑定入院命令により鑑定入院施設に入院したうえで行われます。鑑定は精神保健判定医名簿のなかから処遇事件ごとに裁判所が指名する**精神保健判定医**により行われます。精神保健判定医は精神保健指定医として5年以上の実務経験および直近2年以内の措置診察経験が必要と規定されています。入院期間は2カ月でさらに1カ月以内の延長が認められます。医療観察法鑑定では刑事事件での責任能力鑑定と違って鑑定事項は**医療観察法による医療の必要性**であり，対象者の治療反応性や予後予測であるため鑑定作業は治療をしながら行われます。医療の必要性について**疾病性**（対象者が精神障害者であり対象行為を行った際と同じ障害であるか），**治療反応性**（病状の改善可能性の有無），**社会復帰要因**（治療を受けなかった場合に同様の行為を行う可能性や治療継続や社会復帰を促進または阻害する要素）の3つの軸で評価します。

標準的な精神科診療で行われる治療を通して上記の3つの軸に関する項目を評価することにより，通院処遇か入院処遇のいずれが適切かなどについて鑑定されます。原則的に鑑定医と主治医は別になります。鑑定は病院の多職種（医師，看護師，臨床心理技術者，作業療法士，精神保健福祉士など）の鑑定チームによって進められます。鑑定チームは社会復帰要因については特に**共通評価項目**によるリスクアセスメントを繰り返し行いながら，検討していきます。共通評価項目とは海外でリスクアセスメントのために広く用いられているHCR-20（historical factors, clinical factors, risk management factorsの頭文字）などのツールを参考にして編成された17の評価項目です（表10-1）。これらの鑑定作業の結果により作成された鑑定書を基礎として審判期日に合議体による対象者への質問等が行われ，合議体による協議により対象者の処遇が決定されます。

医療観察法の精神鑑定における臨床心理技術者の役割としては，鑑定チームとしての評価作業以外に対象者の病状や事件の性質に合わせて鑑定に必要な心理検査項目を検討したり，標準的な心理療法を行うことなどが挙げられます。

■措置診察

措置診察は精神保健福祉法に基づき都道府県知事（政令指定都市の市長）の要請で行われ，措置入院が必要か否かを判断する精神鑑定です。措置診察は精神科病院で精神保健指定医2名（同時にまたは近い時間に1名ずつ）によって行われます。2名の医師がそれぞれ措置入院該当と判断した場合に措置入院となります。措置入院の期間に制限はありませんが，入院6カ月目までは3カ月ごとに，それ以降は6カ月ごとに県知事に病状報告書を提出しなければなりません。また指定医の診察の結果，措置症状（精神障害による自傷他害のおそれ）が消失

表10-1　共通評価項目

精神医学的要素	1．精神症状
	2．非精神病性症状
	3．自殺企図
個人心理的要素	4．内省・洞察
	5．生活能力
	6．衝動コントロール
対人関係的要素	7．共感性
	8．非社会性
	9．対人暴力
環境的要素	10．個人的支援
	11．コミュニティ要因
	12．ストレス
	13．物質乱用
	14．現実的計画
治療的要素	15．治療準備性
	16．治療効果
	17．治療・ケアの継続性

（出所）五十嵐・岡田，2019より作成。

した場合にはただちに退院（措置解除）させる必要があり，その時点での病状により医療保護入院や任意入院への変更，もしくは通院治療などとなります。

演習問題

① 犯罪捜査の概要について，捜査の目的や手続きの流れ，関係する機関・者，捜査の手法，捜査に関する原則等に言及しつつ，説明してみましょう。

② 被疑者の取調べを適正なものとするため，どのような法的規制や制度，運用がなされているか説明してみましょう。

③ 捜査・少年審判において心理学がどのように活用されているか説明してみましょう。

④ 被疑者・被告人に精神疾患がある場合，刑事責任を問ううえでどのような点が問題とされ，どのような手続きがとられるか説明してみましょう。

ブックガイド

▶法務省「犯罪白書」（毎年12月頃発刊）

犯罪に関する政府機関等による統計を取りまとめ，毎年の犯罪情勢および刑事司法手続の運用状況を明らかにするものです。刑事司法手続の各段階ごとに制度の概要や統計を記載するほか，毎年，刑事司法の関心の高い事項について特集が組まれます。犯罪と実務の状況を理解するための必読書。

▶三井誠・酒巻匡（2020）．『入門　刑事手続法』［第８版］有斐閣

刑事訴訟法と刑事手続の概要を初学者に対してわかりやすく説明した概説書。著者は刑事訴訟法の著名な研究者であり，記述には信頼が置けるとともに，最新の実務の動向も盛り込まれています。

▶川出敏裕・金光旭（2018）．『刑事政策』［第２版］成文堂

刑事政策と犯罪学の定番の教科書。犯罪情勢，犯罪原因論，犯罪対策，犯罪被害者支援など，刑事政策の全体像をバランスよく，かつコンパクトに解説しています。

▶加藤進昌・岩波明編（2010）．『精神鑑定と司法精神医療』批評社

医療観察法を中心に，精神鑑定や司法精神医療が抱える問題点について精神科医，法律家，ジャーナリストそれぞれの立場からの提言が述べられています。

▶壁屋康洋（2012）．『触法精神障害者への心理的アプローチ』星和書店

医療観察法医療における臨床心理技術者の関わりについて，心理評価や治療的介入の理論的考察と実践までの詳細な解説書です。

第11章 サポートが必要な被害者や被疑者への聴取

適切な情報を聴き出すために

上宮 愛

第1節 供述弱者の証言

■ 供述弱者とは

供述弱者とは，どのような人たちを指すのでしょうか。イギリスの被害者・目撃者への面接ガイドラインである「最良の証拠を得るために」（Achieving best evidence in criminal proceeding；Ministry of Justice, 2011；以下 ABE）は，「脆弱性の高い証人」（vulnerable witness），「脅えている（畏怖している）証人」（intimidated witness）を対象として作成されました。脆弱性の高い証人には，18歳以下の子ども，精神的な障害をもつ証人，知能や社会的な側面において障害のある証人，そして，身体的な障害がある証人などが含まれます。

一方，脅えている（畏怖している）証人は，恐怖や苦痛により証言の質が低下する可能性のある人々と定義されています。とくに，性犯罪，特定の凶器が使用された犯罪，ドメスティック・バイオレンス，人種差別的な動機に基づく犯罪，宗教・信仰などの理由により動機づけられた犯罪，同性愛者への偏見に基づく犯罪などの被害者はこのカテゴリに属することになります。

イギリスでは，これらの証人の証言をサポートすることを目的とした**特別措置**（special measures）が設けられ，特別措置（日本の制度については第15章参照）には，以下のような方法が含まれます。

- 法廷で証言する際に証人と被告人を遮蔽
- 別室からのビデオリンクによる法廷証言

- 傍聴人やマスメディアを排除した非公開の法廷での証言
- 捜査段階での聴取を録画しそれを主尋問に替える録画面接
- 聴取や尋問においてコミュニケーションをサポートする仲介人（registered intermediary）の立ち会い

国連の児童の権利に関する条約第12条の条文[1]では，子どもは，その子ども自身に影響を及ぼすすべての事柄について自由に自己の意見を表明する権利があるとし，自己に影響を及ぼす可能性がある司法・行政上の手続きにおいて，直接，または，代理人や適切な団体を通じてその意見を述べる機会を与えられる権利があるとされています。言い換えれば，特別措置は，供述弱者から正確に情報を得るという目的に加えて，供述弱者がその年齢や障害に制限されず，自分自身の意見を表明する権利を擁護するための措置であるということができます。

本章では，とくに，子どもや障害をもつ被害者への聴取の問題を取り上げます。また，一部，サポートが必要な被疑者への取調べの問題についても概観します。

■ 子どもの証言の信用性

子どもの証言の信用性が問われた多くの事件では，子どもの記憶は変容しやすく，暗示や誘導による影響を受けやすいことが指摘されてきました（Ceci & Bruck, 1993, 1995）。実際に，初期の聴取が適切に実施されなかったことにより，子どもの証言が変遷し，その証言の信用性が認められなかった事案や，時には，実際には存在しなかった被害を訴えることとなったような事案がいくつも報告されています（仲，2016；バトラーほか，2004など）。

子どもの証言の信用性が問題になった事例

子どもの証言の信用性が問題となった事例の1つに，1983年にアメリカで起きた**マクマーチン事件**があります。この事例では，マクマーチン一家が経営する幼稚園で，卒園生を含めた369名の子どもが，幼稚園に勤務する保育士を性的虐待の罪で訴えました。訴えられた保育士は逮捕され，一度は有罪となって服役します。しかしその後の捜査では，事件を裏づける証拠はほとんど発見されず，後に訴えの多くは取り下げられ，1989年にはこの保育士の無罪が確定します。そのほかにも，イギリスのクリーブランド事件や，ニュージーランドのクライストチャーチで起こった事件など，子どもが実際にはなかった出来事（被害）について報告するような類似した事件が多く存在します（Ceci & Bruck, 1995）。

一方，実際に虐待の被害に遭っていたにもかかわらず，子どもによる証言が信用できないという理由で，長い期間にわたり放置されていた事例もあります。たとえば，1980年代にアメリカのサウスカロライナ州の名門校であったポーター・ゴード（Poter-Gaud）校の事例では，1人の生徒が教師より性的虐待の被害を受けたことを訴え出ました。しかし，この生徒の告発は信じてもらえませんでした。この生徒は大人になってから警察に相談し，裁判の過程でその教師が性的虐待を行ったことを認めたことにより，生徒の証言は何年も後になってから認められることになったのです（Goodman, 2006）。

求められる適切な聴取

子どもの証言を疑うことと，信じることのバランスは非常に難しい問題です。欧米諸国では，一定の年齢以下の子どもは，証言能力に欠けることを理由に，法廷で証言することが認められなかった時期もありました（Haugaard, 1988; Myers, 1993）。しかし，英国では1988年に「宣誓していない子どもによる補強証拠のない証言に基づいて，人を有罪にしてはならない」という法律が廃止され，年齢に関わらず，子どもが法廷で証言することが認められるようになりました（Milne & Bull, 1999）。子どもの証言が法廷で認められるようになってきた経緯には，性的虐待などの裁判での問題の影響があります。性的虐待，性犯罪では，物証，医学的証拠，目撃証言がほとんど存在せず，犯罪を立証するためには，被害児の証言に依存するほかないような事例も多いといわれています（Frasier & Makoroff, 2006）。これらの裁判では，被害児の証言なしに被告人の罪を追及することが非常に難しいわけです（Haugaard, 1988）。

先に例に挙げた事例から学ぶべきことは，子どもはたしかに，暗示，誘導の影響を受けやすい存在であるということです。これは，子どもを対象とした多くの目撃証言研究が示してきた知見です（Gordon et al., 2001）。しかし，子どもであっても，適切な方法で聴取することによって，信用に足る証言をすることは可能です。問題の所在は，子どもの証言を採用するか否かという点ではなく，大人に比べて，その認知能力や，コミュニケーション能力が発達の途上にある子どもたちをいかにサポートし，その証言の信用性を担保する手法で聴取を行うのかという点にあります。

■ 障害をもつ人々の証言の信用性

虐待と障害の間には強い関連性があるといわれています（Sullivan & Knutson, 2000）。障害児は定型発達児に比べて，3.4 倍の頻度で虐待を受けていることが明らかとなっています（身体的虐待 3.8 倍，性的虐待 3.1 倍，心理的虐待 3.8 倍）。そして，障害をもつ人々の証言は，認知発達的な問題や言語能力の問題などにより，情報量が少なく，詳細さに欠ける場合があります（Maras & Bowler, 2014；Milne & Bull, 1999）。また，被害の開示が定型発達児・者に比べて遅れることも指摘されています（Hershkowitz et al., 2007）。このような特徴から，障害をもつ人々は，加害者から「安全なターゲット」として認識されやすく（Williams, 1995），繰り返し，脅しや暴力を用いた事件の被害に遭いやすいともいわれています（Hershkowitz et al., 2007）。

障害をもつ人々が司法プロセスで直面する困難

障害をもつ人々が経験する司法プロセスは，定型発達児・者に比べて，大いに困難なものとなります。警察官，検察官など，司法手続に関わる専門家は，障害のある人々への聴取を「難しい」と感じていることも指摘されています（Arons et al., 2004）。そして，運よく裁判（法廷）までこぎつけられたとしても，裁判官や陪審員は，障害のある人々の証言の信用性を定型発達者に比べて低く評価する場合もあります（Nathanson & Platt, 2005）。これらの事情により，障害のある人々への聴取はさまざまな課題があると同時に，司法の領域だけでなく社会全体で取り組んでいくべき，非常に重要な問題です。聴取の際に被害事実が開示されない，もしくは，当事者の証言を適切に引き出すことができないような事態が増えれば，障害者が繰り返し虐待や事件に巻き込まれたままの状態が，長く続く可能性が高まるということになりかねないからです（Lamb et al., 2018）。

第2節 司法面接

■ 司法面接とは

供述弱者への被害事実の聴取では，**司法面接**（forensic interview）と呼ばれる面接技法が用いられます。国内では，「被害確認面接・事実確認面接」（児童相談所など），「代表者聴取・客観的聴取技法」（司法関係者など），そして，「共同面接」など，職種や立場そして，その目的によって異なる名称で呼ばれることもあります（第10章も参照）。国内での司法面接の導入は，主に子どもを対象とした事案で進められてきました。そして，その取り組みが効果的であると評価されたことによって，法務省は2021年より，障害をもつ性犯罪被害者に対しても試行的に適用する方針を発表しました（2021年3月17日 朝日新聞デジタル）。

司法面接の目的は，大きく分けて3つあります。1つ目は，司法プロセスにおいて，複数の専門機関が介入することによって生じる精神的な二次被害を最小限にとどめること。2つ目に，聴取過程を録音・録画し，その正確な記録を残すこと。そして，3つ目に，証人の記憶を誘導，汚染せず，証人の言葉で正確な情報をより多く引き出すことです。

国内での取り組み

国内での司法面接の取り組みには，2015年10月の厚生労働省，警察庁，最高検察庁の3機関による通達が大きく影響しています（第10章も参照）。この通達以前にも，とくに，性的虐待の事案で，司法面接の手続きに沿った「被害確認面接」と呼ばれる面接が児童相談所の業務のなかで実施されていました。これらの面接は，児童相談所が単体で面接を行います。そのため，面接の結果，司法的な介入が必要であると判断された場合には，児童相談所から警察へ連絡がいき，再度また警察のほうで聴取を行う必要がありました。このような場合，子どもは，何度も被害内容についての聴取を受けることになります。しかし，この2015年の通達を機に，警察，検察，児童相談所の3機関が連携し，共同で被害児童への聴取を実施することが推奨されるようになりました。これにより，子どもへの聴取回数が減り，子どもの精神的な負担軽減が実現しています（キャンサースキャン，2019）。これらの3機関で連携して行う面接は，「共同面接」もしくは，「代表者聴取」（司法関係者の間ではこのように呼ばれることがある）と呼ばれています。2020年には，国内で年間1600件の司法面接（代表者聴取）が実施され，その多くの事案では，被害者から1回で聴取を終えることができるようになりました（図11-1；法務省，2020）。

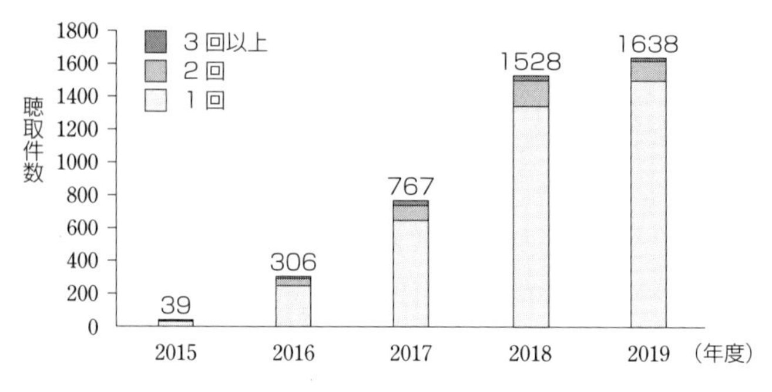

図 11-1　国内の司法面接実施件数の推移

（出所）法務省，2020 より作成。

■ 二次被害の問題と多機関連携

被害者・目撃者の聴取では，事件や事故に関わるその出来事自体が引き起こすトラウマの問題だけでなく，捜査，裁判などの司法手続の過程で生じる二次的なトラウマの問題があります。子どもが聴取対象となることが多い性的虐待を例に挙げると，性被害によって生じるストレスは，「虐待の出来事そのもの」「虐待と関連する出来事」（家族の機能不全，両親の離婚など），そして，「虐待の開示に関わる出来事」の 3 つの要因によってもたらされるといわれています（Spaccarelli, 1994）。司法手続によって引き起こされるトラウマは，「虐待の開示に関わる出来事」によって引き起こされるストレスに該当するといえるでしょう。この「虐待の開示に関わる出来事」によって引き起こされるストレスに関連する要因には，配慮のない聴取，聴取の繰り返し，保護を目的とした自宅からの移動措置（一時保護など），ネガティブな裁判の結果（加害者の無罪など），法廷での証言などが含まれるといわれています。なかでも，捜査過程での聴取の繰り返しや法廷での複数回にわたる証言が，子どもに与える精神的な影響は非常に大きいといわれています（Goodman et al., 1992；Quas et al., 2005）。

加害となりうる聴取

ヘンリー（Henry, 1997）は，性的虐待の裁判を経験したことのあるアメリカの 9 ～ 19 歳の子ども 90 名の公的な記録を分析し，聴取回数が多い子どもほど，トラウマ得点（不安，抑うつ，怒り，心的外傷後ストレス，乖離，性的な問題など性的虐待による子どもの症状を測定する尺度得点）が高くなることを示しました。

キュアスら（Quas et al., 2005）は，性的虐待の被害児童（4 ～ 5，6 ～ 11，12 ～

16歳）を対象に，法廷で最初の証言を行った時期から，その12年後までを追跡調査し，子どもの抑うつ，身体的愁訴，非行行動，攻撃性の状態を調べました。その結果，幼少期に裁判で繰り返し証言を行った人ほど，心理的な問題が続いていることが示されました。このように，トラウマ体験について繰り返し子どもに思い出させ，その内容についての報告を求めることは，子どものその後の人生に深刻なダメージを与える可能性があります。これらの，司法プロセスのなかで引き起こされる二次的なトラウマを，**裁判により引き起こされる外傷的敏感症状**（litigation-induced trauma sensitisation：LITS）や，**司法手続による二次被害**（secondary victimization by the justice system）と呼びます（Elmi et al., 2018；Fulcher, 2004；仲，2016）。

二次被害を最小限にするための事実確認の工夫

司法手続を経るような事件・事故の多くでは，「事実の確認」の手続きを抜きにして対応に当たることは難しいといえるでしょう。事件を解決するためには，必ずといっていいほど，当事者に事情を聴く必要があります。重要なのは，被害事実に関する聴取を行うこと自体が問題なのではなく，聴取を「何度も繰り返す」ことによって，そのトラウマ体験を繰り返し想起させるという点にあるということです（Elmi et al., 2018）。

司法手続による二次的なトラウマ被害を最小限に留める工夫の1つとして，司法面接では面接を録音・録画します。もしも，面接に立ち会えなかった人がいたとしたら，その人は録画をみることで，繰り返し子どもに聴取する必要がなくなります。欧米諸国では，この録画された面接映像は，法廷での主尋問の代わりに使用することができます（もちろん，被告人の防御権の保障に鑑みれば反対尋問は受ける必要があります）。録画・録音は，二次被害を最小限に留めることができるだけではなく，聴取内容を客観的に，正確に第三者（裁判官，裁判員，鑑定人など）に伝達することができるという利点もあります。とくに供述分析の観点からいえば，正確な鑑定は，被面接者の自発的な発話とその正確な逐語録に基づいて行われる必要があります。証人がどのような言葉を使って答えたのか，そして，面接者が実際にどのような言い回しで質問したのか，録音・録画があれば，正確にその聴取過程を評価することが可能になるのです。

多機関連携

司法面接では，多機関連携（multi-disciplinary team approach）と呼ばれる方法が採用されます。警察，検察，児童相談所，時には医療関係者，公認心理師をはじめとするメンタルヘルスの専門家など，複数の職種が司法面接の場に立ち合い，それぞれの職種が必要とする情報を一度に収集するという目的があります。たとえば，警察は捜査，検察は裁判，児童相談所は子どもの保護とその後の処遇，医療は治療計画，公認心理師はメンタル・ケアなど，それぞれの職種がその役割を果たすために，必要な情報は異なります。これまでは，各職種がそれぞれが必要とする情報をそれぞれのタイミングで，被害者にきいていました。しかし，この方法では，必然的に面接回数も増え，被害者からすれば毎回異なる職種に対して，同じような話を繰り返し話さなければなりません。これは，二次被害を引き起こす可能性があると同時に，聴取を繰り返す過程で供述が変容するリスクもあります。司法面接では，それぞれの職種が聴取すべき情報について意見を出しあい，面接の計画を立てるための三者協議と呼ばれる事前協議が行われます。そして，面接の際には，1人の面接者がすべての職種を代表して，各職種が聴取したい情報について，誘導のない方法で子どもに尋ねます。

情報共有としての機能

多機関連携は，聴取回数を減らすだけでなく，複数の専門家間で情報共有を行うという意味でも非常に効果があります。国内でも，司法面接が本格的に導入される以前は，児童相談所が主に対応する児童虐待の事案であっても，警察や検察による捜査の過程で得られた情報は捜査情報としか扱われず，児童相談所に共有されることはあまりありませんでした。しかし，合同で面接を行い，その場で一緒に面接をモニターすることで，結果的にすべての情報が共有される状況が作られます（図 11-2）。また，他の職種にとって重要な情報が，別の職種にとっても実は有益である場合もあります。司法面接は，ただ単なる面接「技法」という点に留まらず，さまざまな専門家が協働するための起点となる役割を果たしています。

■ カウンセリングとの違い

司法面接は，発達心理学，認知心理学などの研究知見に基づき開発されてきた経緯があります。そして，司法面接は「事実確認に特化した」面接技法であり，治療や介入を目的とした面接とは，その目的が大きく異なります（仲，

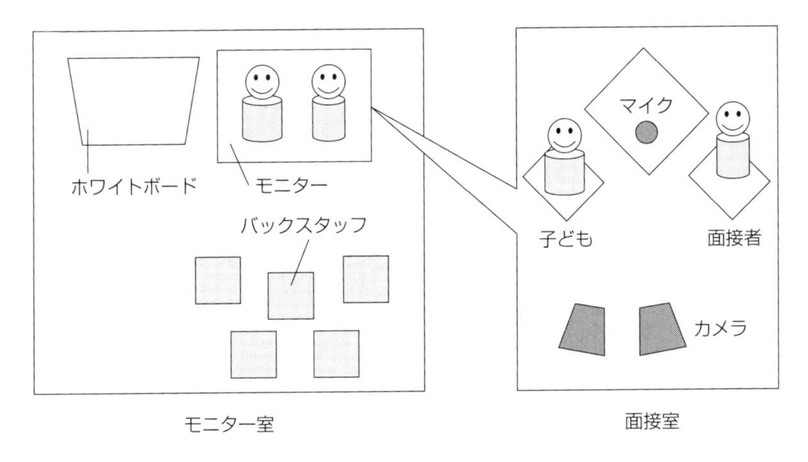

図 11-2 面接室・モニター室のイメージ

（出所） 仲，2016 より作成。

2016)。司法面接を実施するうえでまず重要となるのは，事実確認と心理ケアとはその過程を区別して実施することが求められるという点です。仲（2016）は，心理ケアは「相手の気持を受容し，共感し，回復を支援しようという未来に向けた活動」であるのに対して，事実確認は「事件の時点に立ち戻り，その時の様子をありありと詳しく思い出して報告してもらうという，過去を掘り起こす活動」であるとしています。また，心理ケアは過去の体験を意味づけし，未来に向かえるようにある程度記憶を変容させる（捉え方を変える）作業であるのに対して，事実確認は，過去に戻り，主観を入れず正確に情報を引き出すことが求められます。つまり，司法面接と心のケアは注意を向ける方向やそのアプローチが異なり，これらを同時に行うことは困難であるといえます（表 11-1)。しかしながら，とくに犯罪被害者にとっては，事実確認とケアは，両方がなくてはならない要素です。これらを両立させるためには，事実確認を行う専門家と，ケアを行う専門家とは分けて，両者の間での連携が求められます。

ケアを行う専門家は，被害者から初期供述を得る前に，その記憶を汚染してしまう可能性があるような心理ケアを行うことは，長期的なプロセスをみた際に，証人の利益にはならないことを理解しておく必要があります。つまり，ケアにあたる専門家も，事実確認を行ううえで重要となるようなポイントに関わる知識をもっておかなければなりません。そして，カウンセリングが必要な場

表 11-1　司法面接とカウンセリングの違い

項目	司法面接	カウンセリング（ケア）
目的	事実確認，調査，捜査	心の回復
時間	できるだけ初期に	被面接者の心の準備ができたときに
面接室	温かいが，簡素な部屋。おもちゃなどのディストラクター（注意をそらすもの）は置かない	温かく，心がなごむ部屋。おもちゃなども可。
面接者	司法面接の訓練を受けた人。心理司，福祉司，警察官，検察官等	カウンセラー，臨床心理士等
面接に必要な背景知識	認知心理学，発達心理学（記憶，言語，知覚の発達），福祉，法	臨床心理学，福祉
面接者と被面接者の関係性	温かいが，中立的に，たんたんと	親密で，時に濃厚，受容的
面接者の声，姿勢	温かいが，中立的に，たんたんと，傾聴の姿勢は取るがことさらに大きく姿勢を変えることなく行う	トーンを合わせる，大きく前のめりになることも
面接者の表情	温かいが，中立的に，たんたんと	親密，受容的，共感的，感情を表出することも
面接者のうなずき	自然に	大きくうなずくこともある
面接の方法	手続きが決まっている	自由度が高い
質問や言葉かけ	情報を与えない，誘導しない，オープン質問を主体に，プロトコルで定められた質問を用いる	情報提供や誘導も可，子どもの言葉を代弁したり，話しかけたり，好ましい方向に誘導することも
扱う情報	事実が重要	主観的な体験が重要
ファンタジー	扱わない。事実のみに焦点化	ファンタジーも受け入れる。「ふり」や「つもり」を取り入れることも
ドール，フィギュア，おもちゃ，箱庭など	使用しない	使用することもある
イメージ	イメージではなく，事実が重要	イメージも重要
面接回数	原則として 1 回	数回～多数回
記録方法	面接はすべて録音・録画する	面接終了後，筆記するのでも可
記録	録音・録画の媒体と書き起こし資料	所見，筆記記録

（出典）仲，2016 より作成。

合には，原則としてまずは司法面接を行い，その後にカウンセリングを開始するのが望ましいといえます（仲，2016）。

第3節　司法面接の聴き取り方

■ NICHD プロトコル

国内で活用されている司法面接のプロトコルの1つに，**NICHD**（米国国立子どもの保健発達研究所；National Institute of Child Health and Human Development）**プロトコル**があります（仲，2016）。このプロトコルは，認知心理学，発達心理学の基礎研究にも基づき，開発されました。記憶研究などで，正確な情報を多く引き出すといわれている「自由報告」という質問手法を中心的に用い，証人の記憶を汚染することなく，体験した出来事についての情報を証人自身の言葉で引き出すことを目的としています。

NICHD プロトコルの特徴は，その効果を示すエビデンスが豊富にあるという点です。世界中で，このプロトコルの効果を示す研究論文が公刊されています。これらの研究は，単に実験室のなかでその効果を検証したというものにとどまらず，欧米諸国などでは，実際の性的虐待の事案で警察官が NICHD プロトコルを用いて聴取を行った録画映像を，その国の研究者が分析し，その効果を検証した研究が多く含まれます。つまり，この NICHD プロトコルは，実践においてもその効果がしっかりと示されている，生態学的妥当性の高い聴取技法であるということができます。

NICHD プロトコルは，4，5歳児などとくに年齢が低い子ども（Lamb et al., 2003），知的障害のある子ども（Brown et al., 2012），そして，自閉スペクトラム症児（Almeida et al., 2019）を対象とした場合でも，一定の効果があることが先行研究により示されており，さまざまなタイプの供述弱者に適応できる「ベスト・プラクティス」と呼ばれる面接技法なのです。

■ 自由報告

司法面接には，NICHD プロトコルをはじめ，さまざまなプロトコルがあります。しかし，どのプロトコルにも，必ずといってもいいほど**自由報告**と呼ばれる段階が含まれます。自由報告では，**オープン質問**と呼ばれる質問を用います。オープン質問は，誘導が少なく，被面接者（話し手）の自発的な発話を引き出すといわれている質問方法です（仲，2012b）。オープン質問には，以下のようなものがあります。①誘いかけ（「〜について話してください」），②手がかり質問（「さっき〜といっていましたが，その〜について話してください」），③時間分割質問（「Aの時点〔例：お風呂に入って〕から，Bの時点〔例：寝る〕までの間について話してください」など。AとBには子どもが使った言葉を入れる），④促し（「それから」「その後どうなりましたか」）の4つのタイプの質問です。また，いつ，どこで，誰が，何を，どうしたなど5W1Hについて尋ねる質問は，⑤WH質問（例：「服は何色でしたか？」）と呼ばれます。

一方，司法面接では，**クローズ質問**と呼ばれる，誘導性の高い質問は最小限にとどめることが推奨されています。クローズ質問には，⑥Yes/No質問（例：「その人物はショートカットでしたか？」），⑦選択質問（例：「色は赤ですか？青ですか？」）などがあります。さらに，被面接者が報告していないにもかかわらず，面接者のほうから「叩かれましたか？」など，特定の内容を示唆するような質問は，⑧暗示質問と呼ばれ，使用が禁じられた誘導質問として分類されます。NICHDプロトコルでは，①〜④のオープン質問を用いて面接することをめざします。オープン質問は，クローズ質問に比べて，より多くの情報を引き出すことが，研究により示されています（表11-2）。たとえば，ラムら（Lamb et al., 1996）の研究では，1つのオープン質問が平均5.0個の情報を引き出すのに対して，クローズ質問から得られる情報の量は，平均2.0個にとどまることがわかります。さらに，どのくらい被面接者が話したかという指標となる，単語数をみれば，1つのオープン質問から平均15.8ワードの発話を引き出せるのに対して，クローズ質問では平均4.9ワード分の長さの回答にとどまります。また，クローズ質問は，質問のなかに情報が埋め込まれており（例：「その車は赤色ですか，黒色ですか」などの「赤」「黒」という情報），これらの情報が子どもの記憶を汚染してしまう可能性があるため，誘導性が高いと考えられています（第12章参照）。

第4節 捜査面接

■脆弱な被疑者

被害者，目撃者と同様，被疑者のなかにも供述弱者が存在します。たとえば，精神疾患をもつ被疑者，知的・発達障害をもつ被疑者，被疑少年などをその一

表 11-2　質問タイプごとの子どもの報告における情報量と発話単語数

	オープン質問		WH 質問		クローズド質問		誘導質問	
	情報量	単語数	情報量	単語数	情報量	単語数	情報量	単語数
Lamb et al. (1996) イスラエル 22 例，5～11 歳	5.0	15.8	1.7	5.6	2.0	4.9	5.1	2.0
Lamb et al. (1996) アメリカ 24 例，4～12 歳	9.0	20.0	2.0	5.0	1.8	3.5	1.5	5.0
Sternberg et al. (1996) アメリカ 45 例，4～12 歳	8.5	22.1	1.8	6.1	1.9	5.4	1.6	5.1
Sternberg et al. (2001) イギリス 119 例，4～13 歳	7.8	−	2.7	−	2.8	−	4.7	−
Cederborg et al. (2000) スウェーデン 72 例，4～13 歳	3.6	−	1.9	−	2.1	−	3.4	−

（出所）　Lamb et al., 2008 より作成。

部として挙げることができます。被疑少年や，障害をもつ被疑者は，被暗示性（暗示へのかかりやすさ）や迎合性が高く（Gudjonsson, 2003），**脆弱性の高い被疑者**（vulnerable suspects）と呼ばれることがあります。また，定型発達者であっても，取調べというストレスのある状況下に置かれれば脆弱性を示す場合もあります（渡邉，2017）。脆弱性とは，「特定の状況下で，容疑者が不正確な情報，信頼できない情報（または無効な情報），誤解を招くような情報を提供する傾向がある心理的特徴または精神状態」のことを指します（Gudjonsson, 2003, p. 316）。そして，近年の統計では，精神疾患をもつ容疑者が身柄を拘束される割合が高いことが指摘されています（Hofvander et al., 2017）。たとえば，オランダの容疑者サンプルでは，149 名の調査対象者のうち，約 60％がメンタルヘルスのスクリーニングで問題があると評価され，オランダの一般サンプルと比較して，精神病質，抑うつ，不安，ストレス，そして，尋問における被暗示性のレベルが有意に高いことが示されました（Geijsen et al., 2018）。また，知的障害のある被疑者は，長期間の勾留を経験しやすいこと，虐待やネグレクトを受けた履歴があること，機能不全のある家族歴があること，マイノリティグループに属すること，社会的不安定さがあること，孤独感をもちやすいこと，アルコールや物質の依存歴があること，精神衛生上の問題の履歴，適切な支援サービスを受けにくいことなど，身体的・心理的・社会的な幅広い要因によって不利な状況に置かれていることが多いといわれています（Søndenaa et al., 2019）。また，被疑少年は，同年代の子どもたちに比べてコミュニケーションに大きな問題を抱えている可能性が高く，診断されていない発達性言語障害を抱えている子どもも少なくありません（Sowerbutts et al., 2021）。これらの被疑者に対しては，適切に，そして，公平に司法による判断を受けるためのサポートが必要となります。

■ 尋問から捜査面接へ：考え方の変化

渡邉（2017）は司法手続のなかでは，①被疑者から真の自白を得ること，そして，②無実の人物から虚偽の自白を引き出さないことを重要な課題として挙げ，とくに，虚偽の自白は，無実の人の人権を損ねる行為になるため注意が必要であると述べています。人は，自分がやっていない犯罪について自白することがあるのでしょうか。過去に多くの事件で，被疑者とされた人々が捜査の過程での圧力や誘導によって，実際には行っていない犯罪を行ったと供述し，裁判となった事例が多く存在します。これらの，実際には行っていない犯行についての供述を**虚偽自白**と呼びます（第 10・13 章参照）。虚偽自白の問題は，被疑者の脆弱性と取り調べの過程で用いられる技法の両方の影響を受けるといえます。

イギリスでは，虚偽自白によるいくつかの事例がきっかけとなり，1980 年代頃には，容疑者に対する取調べのすべてを録音することを義務づける法律が制定されました。そして，取調べの考え方も，**尋問**（interrogation）から，**捜査面接**（investigative interview）へと変化していきます。尋問とは，「罪を犯したにもかかわらず否認する被疑者に，本当のことを話してもらうことを目的として，自供するか否かに関する被疑者の意思決定に働きかける」（渡邉，2017，p. 475）方法を指します。一方，捜査面接とは，「被疑者の言い分を被疑者自身の言葉で述べてもらうことを目的として行われる，誘導せずに，被疑者の記憶にある情報をできるだけ引き出そうとする」（渡邉，2017，p. 475）方法を指します。後者を，情報収集型アプローチ（information gathering interview style）とも呼びます。

国内でも，事件の種別にもよりますが，取調べの過程についての録音・録画が進められており（第 10 章参照），さらに，聴取方法についても，捜査面接の流れを汲む**認知面接**や **PEACE モデル**をベースとして国内で開発された取調べ技法が用いられるようになってきています（渡邉，2017）。

■ PEACE モデル

世界的な流れとしては，被疑者に対しても，誘導しない情報収集型アプローチが採用されるようになってきているといえます。そのなかでも，イギリスで開発された PEACE モデルはその代表的なものであり，多くの国がこのモデルを参考に取調べ技術の開発や技法についてのトレーニングを警察官に対して行っています。PEACE は，計画と準備（planning and preparation），取調べの開始と説明（engage and explain），供述（account），取調べの終結（closure），取調べの評価（evaluation）の頭文字をとったものです。

実際の流れにそってみていくと，まずは，犯罪の証拠に関する情報や，被疑者に関する情報を事前に収集し，取調べのなかでどのような事柄について質問するのか計画を立てます（P：計画と準備；仲，2012）。取調べの冒頭部分では，この聴取の目的，黙秘権，法的な助言を受ける権利などの情報を伝え，被疑者と話しやすい関係性を築くという段階が設けられています（E：取調べの開始と説明）。被疑者と関係性を築くというと少し違和感があるかもしれません。しかし，PEACE では，被疑者と対立するのではなく，ラポールを構築する（話しやすい関係性を築く）ことを推奨しています（Bull, 2019）。日本の研究でも，重大事件の被疑者に対する取調べの結果とラポールの間に強い関連があることを示しています（Wachi et al., 2014）。

ラポール構築，関係性重視のスタイルは，警察が知らない情報について被疑者から提供されることにおいて，プラスの効果があることが示されています。そして，何より重要な点は，PEACE モデルでは，被害者への聴取のところでもみてきた自由報告やオープン質問を使って，被疑者の言い分を，その人の言葉でなるべくたくさん収集します（A：供述）。オープン質問を用いるということは，被疑者を誘導せずに聴取するということです。そして，被疑者が一通り話し終えた後で，「チャレンジ」（challenge）という段階が設けられています。この段階では，被疑者がこれまで自由に話してきた内容について，より具体的に説明を求めたり，話の矛盾点について尋ねます。つまり，供述（account）の後半部分では，被疑者に対してある程度「追及」するということができるわけです。自由報告は，誘導の問題だけではなく，被疑者の「嘘」を暴くうえでも効果的であるといわれています。嘘をつくためには，動揺を隠す，嘘の内容を考える，辻褄が合うように情報を整理して理解するなど，同時にいくつもの作業をしなければなりません。そして，オープン質問で質問されると，話し手はたくさん話さなければならなくなり，嘘をつこうとしている被疑者では話のなかに多くの矛盾点が出てきてしまう場合があります。自由報告を用いた面接で嘘をつくのは，「はい」「いいえ」で答える形式のクローズド質問を多用した面接で嘘をつくよりも，非常に難しいといわれています（Leal et al., 2008）。

そして，取調べの終結（closure）では，面接者（捜査官）が取調べを通して理解した内容を被疑者に伝え，付け加えたり修正したいところがないかを尋ね，訂正する機会を与えます。取調べの評価（evaluation）では，取調べの方法や内容について，面接後に，面接を行った捜査官は，スーパーバイザーより助言・指導を受けます。

このように，被害者，被疑者どちらの聴取においても，自由報告による聴取方法が有効であり，司法場面での事実認定には，これらの技法が用いられることが前提となるといえます。

■ 捜査のための聴取から公判のための聴取へ

本章では，正確な事実の認定を必要とする司法場面において，とくに「供述弱者」に対して配慮すべき内容を中心として取り上げました。対して，捜査の後の公判場面では，より広く「証言」といわれるものを吟味するために，より一般的な人々も含めた，証言の信用性判断や記憶メカニズムについても知る必要があります。

次章では，人間の記憶特性について解説し，それが司法場面でどのような問題につながるのかを議論します。

注

1 「児童の権利に関する条約（第12条）

①締約国は，自己の意見を形成する能力のある児童がその児童に影響を及ぼすすべての事項について自由に自己の意見を表明する権利を確保する。この場合において，児童の意見は，その児童の年齢及び成熟度に従って相応に考慮されるものとする。

②このため，児童は，特に，自己に影響を及ぼすあらゆる司法上及び行政上の手続において，国内法の手続規則に合致する方法により直接に又は代理人若しくは適当な団体を通じて聴取される機会を与えられる。」

演習問題

① 司法面接の目的を大きく分けて3つ挙げてみましょう。

② 自由報告で用いるオープン質問を4つ答えてみましょう。

③ 多機関で連携して聴取にあたることは，どのような点でメリットがあるのか説明してみましょう。

ブックガイド

▶**仲真紀子（2016）.『子どもへの司法面接――考え方・進め方とトレーニング』有斐閣**

司法面接の基礎やそのトレーニングの仕方がわかりやすくまとめられている，日本ではじめての（海外の著書の翻訳などではなく）司法面接の本です。

▶**田中晶子・安田裕子・上宮愛編著（2021）.『児童虐待における司法面接と子ども支援――ともに歩むネットワーク構築をめざして』北大路書房**

司法面接に関する国内の実践モデルについて知ることができます。また，公認心理師の仕事の中心にある「ケア」の観点から司法面接について捉え直した本です。

▶**越智啓太・桐生正幸編著（2017）.『テキスト　司法・犯罪心理学』北大路書房**

この本のなかの，第24章2節「取調べを取り巻く課題」（渡邉和美）の箇所は，取調べについて体系立てて説明されていて，非常にわかりやすくまとまっています。

第12章 目撃証言

正しく情報を聞き出すには

福島 由衣

テレビドラマや映画で「1カ月前にあなたの勤務先に現れた人物を覚えていますか？」などと刑事が人に尋ねる場面をみたことはないでしょうか？　このような場面で刑事が質問した相手，すなわち目撃者に期待されるのは，尋ねられた人物のことを覚えていて，その人物についてできる限り多くの情報を提供することです。言い換えれば，過去の出来事に関する記憶を，目撃者がどれだけ思い出せるかが問題となっている場面ともいえます。

本章で扱うのは，このような目撃者の記憶です。目撃者の記憶には正確性が求められます。目撃者が記憶に基づいて提供する情報は，捜査の方向を決定づける可能性があるだけでなく，特定の人物を犯人だと名指し，その後の人生に大きな影響を与えるものだからです。事実，目撃証言は事件解決の手がかりとなってきた一方で，多くの冤罪にも寄与してきました。ギャレット（Garrett, 2011）の報告によれば，DNA鑑定よって雪冤（せつえん）された（無実であることを明らかにすること）アメリカの元受刑者250名のうち190名（76%）が，目撃者に誤って犯人であると識別されていました。

これまでの記憶研究では，人の記憶とは脆く，容易にゆがむものだということが明らかにされています。そのため，正確な記憶を得るためには注意すべきことがあります。本章ではまず，なぜ記憶がゆがむのかを知るために，記憶の性質について概説します。そしてその後で，どのような要因によってゆがむのか，人から正確な記憶を引き出すにはどうすれば良いかみていきましょう。

第1節　記憶の性質

■記憶の過程

私たちはテスト勉強で「関ヶ原の戦いが起きたのは1600年」などと暗記したら，テスト時に思い出すという作業をします。そしてテストで書けなかったりすると，「きちんと覚えられなかった！」といったりします。では，なぜ「きちんと覚えられなかった」のでしょうか。記憶の機能に照らし合わせると，この失敗には少なくとも3つのパターンが考えられます。1つ目は，たとえば，暗記に集中できなかったりして，覚える段階で失敗した可能性です。外から情報を取り込む記憶の機能のことを，記憶研究では**符号化**または**記銘**といいます。符号化に失敗していると，そもそも情報が入ってきていないので，後で思い出そうと思っても思い出せないわけです。2つ目は，一度暗記したけれど忘れてしまい，テストまで記憶を維持するのに失敗した可能性です。記憶を維持することは，**保持**または**貯蔵**といいます。3つ目は，テスト直前までしっかり覚えていたけれど，解答を記述しようと思った時に思い出せなかった可能性です。思い出す機能のことを**検索**，または**想起**といいます。つまり，私たちが「きちんと覚えられなかった」と思う場合は，符号化・保持・検索のいずれかで失敗したのだといえます。反対に，暗記したことをテストで正確に思い出すためには，この3つの過程に成功しなければばならないともいえるでしょう。

この過程を目撃者記憶に当てはめてみましょう。目撃者が事件・人物を目撃したときは符号化段階，目撃してから警察に通報したり，みたことを他者に話すまでの時間は保持段階，目撃内容を警察官などの関係者に話すことは検索段階といえます。そして，それぞれの段階で目撃者がさらされる環境や情報は，その記憶を後で正確に想起できるかどうかに影響を及ぼす可能性があります。これについては第2節以降で詳しくみていきます。

■記憶の分類

事件を目撃したらすぐに通報して，みたことを警察官に話したりしますが，そのためにはある程度の間，記憶を保持できなければなりません。ある程度長い間覚えておくことができる記憶は**長期記憶**と呼ばれ，これは**宣言的記憶**と**非宣**

言的記憶に大分されます。宣言的記憶とは言葉で言い表すことができる記憶のことで，非宣言的記憶というのは言葉で言い表せない記憶のことです。さらに，宣言的記憶は**意味記憶**と**エピソード記憶**の2種類に分類されます。

意味記憶とは，いわゆる知識のことです。先ほどの「関ヶ原の戦いが起きたのは1600年」という歴史に関する知識は意味記憶です。ほかにも，「円周率は3.14」「イギリスの首都はロンドン」などといった教科書で学ぶ知識，「郵便ポストは赤」「山手線のカラーは緑」など，日常のなかで身につける知識も意味記憶に含まれます。

エピソード記憶というのは，「いつ」「どこで」に関する情報を含む，「時空位的に定位された事象記憶」と定義されています（太田，1988）。代表例としては，「子どもの頃，家族で海に遊びに行った」などという「思い出」がまず挙げられます。本章冒頭の「1カ月前にあなたの勤務先に現れた人物を覚えていますか？」という質問を覚えているでしょうか？　この質問は「いつ」（1カ月前），「どこで」（勤務先）という情報を含んでいますから，目撃者はエピソード記憶を思い出しつつ答えることになるでしょう。

では次に，言葉で言い表せない非宣言的記憶についてみていきましょう。スクワイア（Squire, 2004）は非宣言的記憶の種類として，手続き記憶，プライミング，古典的動機づけ，非連合学習の4つを挙げていますが，ここでは**手続き記憶**についてのみ説明します。これに含まれるのは，スポーツのような，いわゆる「体で覚える技術」です。たとえば，「スキーではどうやって止まればいいの？」と聞かれたら，「板をハの字に広げるといいよ」と言葉で伝えることは可能です。しかし，「どのタイミングで，どれくらい板を広げれば良いのか」までは言い表せません。それでもスキーができる人は，言葉では説明できなくても，適切なタイミングで，適切に板を広げて止まることができます。このことから，私たちは言葉では言い表せない記憶をもっていて，それはふだん私たちの意識に上ってこないことも多いですが，私たちの行動を支えているといえます。

■スキーマ

長期記憶のなかには，一生忘れないようなものもありますが，一般的に記憶とは，次第に薄れ，抜け落ちていくものです。しかし，私たちは過去の特定の出来事を思い出すときに，それが穴だらけであるように感じることはあまりないように思います。それは，記憶が再構成されやすい性質をもっているからかもしれません（Koriat et al., 2000）。ここでいう再構成というのは，記憶の内容の一部が省略されたり，入れ替えられたり，あるいは，なんらかの外的な情報や知識によって，欠けた部分が補われたりして変化することを指します。このような記憶の性質を考えると，過去の記憶が穴だらけに感じられないのは，この抜け落ちた部分が他の情報で穴埋めされているからかもしれません。この穴埋めを行うものの一つに，**スキーマ**が挙げられます。

スキーマとはバートレット（Bartlett, 1932）によって提唱された概念で，「過去経験や外部環境に関する長期記憶中の構造化された知識の集合であり，出来事，行為，事物などの一般的知識を表現する」（川崎，2013），「過去経験から抽出された構造を持った知識（knowledge）の集合のこと」（高橋・北神，2011）などと定義されています。

「図書館」というスキーマを例に考えてみましょう。このスキーマには図書，本棚，受付，机などの複数の要素が含まれています。そして私たちは，これらの物は図書館という場所にたいてい存在しているものと考えます。このような「図書館にありそうな物」は，図書館というスキーマに一致する物といえます。では，鳥はどうでしょうか？　図書館のなかを鳥が飛び回っている様子は一般的とはいえませんから，この場合，鳥は図書館というスキーマには一致しないといえます。

目撃者記憶の研究では，人のもつスキーマが目撃した出来事と一致した場合，正確な記憶の想起を促すことが示唆されています。タッキーとブリューワー（Tuckey & Brewer, 2003）の研究では，調査参加者に「銀行強盗」に含まれる要素を書き出すよう求め，人はどのような銀行強盗のスキーマ（武器をもっている，目出し帽をかぶっているなど）をもっているのかを特定しました。その後で，銀行強盗を模したビデオを別の参加者にみせ，みたものについて報告を求めました。その結果，銀行強盗のスキーマに一致する情報は，スキーマに一致しない情報（銀行の床はカーペット，帽子〔hat〕をかぶっているなど）に比べて，数日から数週間経っても正確に想起されることが示されました。

ただし，スキーマが促すのは，正確な記憶だけではありません。ブリューワーとトレイェンス（Brewer & Treyens, 1981）は，実験参加者を大学院生の研究室に通して少し待たせたあと，彼らを別の部屋に連れて行き，研究室にあった物をできるだけ多く思い出すように求めました。その結果，実験参加者は，研究室にあった物（本棚，机など）だけでなく，実際には部屋に置かれていませんでしたが，研究室にありそうな物（本，書類棚など）まで誤って思い出しました。ここで重要なのは，人はみたものだけを思い出しているのではなく，記憶から抜け落ちてしまった部分を誤った情報で穴埋めし，事実とは異なる記憶を想起することもあるということです。スキーマは正確な記憶の想起だけでなく，誤った記憶の想起を促すこともあるのです。

第2節　記憶のゆがみ

再構成される記憶の性質に起因する，いわゆる「思い違い」は日常的に起こりうるものです。むしろ，記憶にこのような性質があるからこそ，私たちは穴だらけの記憶を思い出さずに済んでいるといえるかもしれません。しかし，個人的な思い出について少しくらい思い違いをしていても問題にはなりませんが，事件に関する記憶の思い違いは重大な結果を招く要因になりえます。本節では，不正確な目撃証言を生じさせる記憶のゆがみと，これをもたらす要因についてみていきましょう。

■ 凶器注目効果

事件の目撃時，犯人が刃物や銃などの凶器をもっていた場合，もっていなかった場合に比べて，凶器以外の周辺情報，たとえば犯人の服装や顔についての記憶が抑制されることがあります。このような現象のことを，**凶器注目効果**といいます（Pickel et al., 2003）。たとえば，オロークら（O'Rourke et al., 1989）は，凶器の銃が実験参加者にみえていた条件とみえていなかった条件で，犯人をビデオ・ラインナップ（複数の人物を1人ずつ動画で撮影したもの）から正確に識別できるかどうかの割合を比較しました。その結果，凶器がみえていなかった条件（55%）のほうが，みえていた条件（37%）よりも正答率が高いことが示されました。同様の効果は犯人の顔の識別課題だけでなく，犯人の服装や容貌の描写，発話内容に関する記憶の正確性に対しても生じることがわかっています（Hope & Wright, 2007 ; Pickel et al., 2003）。さらに，この効果は実験室実験，シミュレーション実験，実際の事件のいずれにおいても生じることが確認されています（Fawcett et al., 2013）。

この現象はなぜ起こるのでしょうか？　メカニズムを説明する理論は複数提唱されていますが（越智，2000），ここでは主要な2つの理論，情動的覚醒説（Maass & Köhnken, 1989）と凶器の新奇性説（Pickel, 1999）を紹介します。情動的覚醒説によれば，凶器注目効果は次のように説明されます。まず，凶器の存在は私たちに恐怖などの強い**情動**やストレスを生じさせ，私たちが十分に注意できる有効視野を狭めます（大上ほか，2001）。そのようななかでは，身を守るために凶器に関する情報の処理が優先されるため，犯人の顔や服装など，周辺部の情報処理は疎かになってしまいます。その結果，凶器については後でよく思い出せても，犯人の顔や服装については思い出せないということが起きるのです。

一方，凶器の新奇性説は，文脈における凶器の新奇性が目撃者の注意を引きつけるために，凶器以外の記憶が抑制されるのだと説明しています。たとえば，大学の教室に包丁が置かれていることはまずありませんから，大学の教室という文脈において包丁は新奇性が高いものになります。このため，教室で目の前の人が突然包丁を取り出したら，目撃者の目は包丁に引き寄せられると考えられます。

どの理論が最もこの効果を説明するのかという議論は現在も続いていますが，凶器の存在が周辺情報の符号化を妨害するために記憶が抑制されるという考え方は，この2つの理論に共通しているといえます。

■ 情動の影響

情動の喚起が符号化を妨害するという考え方は，凶器注目効果の説明以外にも利用されていますので，ここでは情動喚起が記憶に影響を及ぼすことを示す他の研究をみていきます。

ところで，記憶研究ではよく，実験室で得られた知見を日常場面や現実の事件にも持ち込んで良いのかという**生態学的妥当性**に対する疑義が生じます。記憶研究における生態学的妥当性とは，「その研究で明らかにされた事実や法則が，記憶の本来の機能が生きて働いている『日常世界』での記憶の実相を捉えているか」どうかです（森，1992）。情動を扱う実験室実験で生態学的妥当性を担保しようとすれば，事件に遭遇したときと同等の驚愕や恐怖が，実験参加者に自然な状況で生じるような手続きにしなければなりません。しかし，手続き上，再現はほぼ不可能でしょうし，倫理的な問題も生じえます。

このような手続き的，倫理的な問題を解決し，日常世界で生じる現象の本質を可能な限り実験に落とし込んだ手法に，シミュレーション実験があります。たとえば，ヴァレンタインとメサウト（Valentine & Mesout, 2009）はロンドン・ダンジョン（いわゆるお化け屋敷）で実験を実施し，脅かし役の俳優の識別課題などを行っています。また，モーガンら（Morgan et al., 2004）は，アメリカ軍による軍事訓練の一部を利用して，身体的暴力を含む尋問場面を再現しました。この尋問は捕虜として捕らえられた場合を想定しており，参加者は自分を激しく尋問した尋問者の識別課題を行いました。いずれの研究においても，強い不安やストレスが喚起された条件ほど，人物の描写や，人物識別課題の正確性が損なわれることが示されています。これらの研究で喚起された情動は，実験室実験で生じるものよりも強度かつ，生態学的妥当性が高いものといえるでしょう。したがって，同程度かそれ以上の情動喚起が予想される実際の事件の被害者や目撃者にも，やはり同様の効果が生じる可能性が指摘されます。

■ 事後情報効果

ある出来事を経験した後に，実際の出来事には含まれていなかった情報を与えられると，オリジナルの記憶の正確性が損なわれることがあります。この現象は**事後情報効果**，または**誤情報効果**と呼ばれています。ここでは，この現象を最初に報告したロフタスら（Loftus et al., 1978）の研究を紹介します。

彼らの研究では，交差点を曲がった車（ダットサン）が人身事故を起こす一連のスライドを実験参加者にみせました。スライドは2種類あり，事故を起こした車が「一時停止標識」あるいは「前方優先道路標識」いずれかの道路標識がある交差点で止まっているスライドが含まれていました。スライドをみたあと，参加者は半分に分けられ，みたスライドに一致する，あるいは一致しない事後情報を含む質問のどちらかに回答しました。たとえば，「一時停止標識」のスライドをみた参加者は「赤いダットサンが一時停止標識で止まっているときに，他の車は通りましたか？」（一致条件），あるいは「赤いダットサンが前方優先道路標識で止まっているときに，他の車は通りましたか？」（不一致条件）のいずれかの質問に回答しました。回答には，自分がみたスライド写真を選ぶ方法が取られました。その結果，不一致条件の参加者が実際にみたスライドを正確に選べた割合は，一致条件よりも低かったことがわかりました（75%対41%）。

ただし，これだけではオリジナルの記憶が変容したから誤ったスライドを選んだとは言い切れません。というのも，「一時停止標識をみたと思ったけど，質問には前方優先道路標識って書いてあったから前方優先道路標識のスライドを選んだ」という参加者がいたかもしれないからです。そこで，ロフタスらの研究の追加実験では，この可能性を排除するために手続きを変更して実験を実施しましたが，そこでも同様の結果が得られています。したがって，出来事の後に誤った情報を目撃者に与えると，記憶がその誤った情報と一致するように変容してしまうおそれがあるといえるでしょう。

■ 記憶の同調

目撃者がさらされる誤った事後情報は，同じ事件を目撃した共同目撃者から与えられる情報に含まれていることもあります。そして，共同目撃者と話しあった結果，目撃した出来事についての記憶が変容することが実証研究によって示されています。この現象は**記憶の同調**と呼ばれています（Wright et al., 2000）。たとえば，ギャバートら（Gabbert et al., 2003）は，2名1組の実験参加者に犯罪を模したビデオを視聴させ，その後で参加者を，話し合いをする条件と話し合いをしない条件に分けました。話し合いをする条件の参加者は，2人で話し合いをしたあと，みた内容について個別に想起する作業を行いました。参加者がみたビデオは，同じ出来事を映したものではありましたが，それぞれ異なるアングルから撮影されたものであったため，映っているアイテムには違いがありました。つまり，2人1組の参加者はお互いに同じビデオをみたと思い込んでいますが，実は異なる映像をみていたのです。その結果，話し合いをした条件の参加者の71%が，自分が視聴したビデオには映っていなかったアイテムを想起しました。つまり，実際には経験していない出来事の要素が，話し合いのなかで他者から与えられた情報によって記憶に存在するようになったといえるでしょう。

記憶の同調の程度は，他者の属性によって異なるようです。ホープら（Hope

et al., 2008）の研究では，共同目撃者である他者との関係性が近い場合のほうが（初対面の他人よりも友人や恋人），同調の程度が大きいことが示されています。これは，私たちが顔見知りだったり，魅力的に思う相手からの情報の正確性についてはあまり精査することなく，比較的信用しやすいからではないかと考えられています（Reingen & Kernan, 1993）。

■虚 記 憶

ここまで，なんらかの要因によってある出来事に関する記憶の一部が損なわれたり，変容したりする現象について紹介してきました。しかし，これまでの記憶研究では，出来事の一部について記憶が変容するだけでなく，経験したことがない出来事そのものを「思い出す」ことさえあることがわかっています。このような，実際には経験していない出来事であるにもかかわらず，誤って想起される記憶のことを**虚記憶**，または**偽りの記憶**といいます（Roediger & McDermott, 1995）。

虚記憶に関する研究は，1990 年代から 2000 年代にかけて大きな論争の元となった騒動と関連しています。騒動というのは，問題がある心理療法を受けた人たちが，子どもの頃に虐待された記憶を「思い出した」と主張し，この記憶が根拠となって起こされた刑事裁判のことです（Loftus & Ketcham, 1994）。ここで論争となったのは，「長期間忘れていたけど，ある日突然思い出された記憶は事実なのか」ということでした。そのような記憶は，誤った心理療法で与えられた誘導や暗示によるものだと主張する懐疑派は，体験していない出来事であっても人工的に記憶を作り出すことは可能であることを示しています。

たとえば，ロフタスとピックレル（Loftus & Pickrell, 1995）は実験参加者が経験したことがない，ショッピング・モールで迷子になった記憶を「植えつけること」に成功しています（虚記憶を人工的に想起させることを「記憶の移植」と呼ぶこともあります）。彼女らの研究では，まず参加者にブックレットを配布し，迷子になった偽の出来事を含む 4 つの過去の出来事について，思い出せることを記述してもらいました。参加者が子どもの頃，ショッピング・モールで迷子になった事実がないことは，事前に確認済みです。つまり，参加者本人が経験していない出来事を経験したものとして提示し，これを誤情報として与えたわけです。その後，2 回面接を実施し，その都度出来事について想起するよう求めたところ，2回目の面接を終える頃には，参加者の25％が迷子になった記憶を「思い出した」ことが示されました。このほかの研究では，子どもの頃，プールでライフガードに助けられた記憶や，他の子どもにけがを負わされた記憶，動物に襲われた記憶，気球に乗った記憶などを植えつけることにも成功しています（Heaps & Nash, 2001；Porter et al., 1999；Wade et al., 2002）。

いずれの実験においても，実際には経験していない出来事について参加者に思い出すよう実験者が強要することはなく，面接と面接の間に，出来事について考えたり，想像したりして思い出す努力をしてほしいと告げる程度の働きかけしか行われていません。それにもかかわらず，虚記憶は具体的で詳細に富んでいます。たとえば，気球に乗った記憶を植えつけられたギャリーとウェイド（Garry & Wade, 2005）の実験参加者は，気球に乗っている間，とても怖かったことや，顔に風が強く吹きつけていたこと，下で見守っているお母さんが不安そうにみえたことなどを報告しています。

では，なぜこのような虚記憶が生じるのでしょうか？　発生機序を説明する理論的枠組みはいくつも提案されていますが，これまでの研究結果を包括的に説明可能な理論はまだありません（堀田・多鹿，2007）。ここでは，代表的な説明モデルの1つである**ソース・モニタリング**の理論的枠組みのなか（Johnson et al., 1993）で考えてみようと思います。ソース・モニタリングとは，記憶や知識，信念の起源（ソース）を判断する一連の認知的プロセスのことです。この枠組みのなかで，虚記憶は与えられた情報のソースを取り違えたり，ソースの想起に失敗した結果生じたのだと解釈されています。「あなたは子どもの頃，気球に乗った」という誤情報を与えられた場合で考えてみましょう。この情報が与えられた人は，自分が気球に乗っている光景をこの情報から想像しただけなのか，それとも実際に乗ったのか区別しなければなりません。気球に乗ったという誤情報は記憶者に外から与えられるものですが，想像されるその光景は記憶者の内側で生じるものですから，それぞれソースが異なります。しかし，もし，気球に乗ったのは自分が想像しただけの出来事ではなく，実際に経験した出来事だとソースを取り違えた場合，虚記憶が生じると説明できます。

第3節　聴取者による社会的影響

目撃者がみたことを警察官に話をしたり，写真から犯人を識別したりする手続きは，記憶の検索や意思決定といった認知的プロセスに基づくものですが，このプロセスは社会的文脈から完全に独立しているわけではありません。そこには必ず警察官や検察官などの聴取者が存在し，こうした聴取者は目撃者の認知プロセスに影響を与えると考えられます。というのも，多くの場合，目撃者を聴取したり，識別手続きを行う聴取者は，事件の詳細はもちろん，被疑者がどの写真の人物であるか「知っている」といわれているからです（Loftus & Ketcham, 1991）。したがって，聴取者がもつ何かしらの情報，あるいは期待が質問方法や振る舞いに反映され，意図的・無意図的に目撃者を誘導してしまう可能性が指摘されるのです。本節では，こうした，警察官や検察官などの聴取者が目撃者に与える**社会的影響**についてみていきます。

■ 質問による誘導

他者からの情報は記憶の正確性を損なうだけでなく，特定の方向に目撃者を誘導してしまう可能性もあります。ここでは，聴取者の質問方法が目撃者記憶に与える影響をみていきましょう。

ロフタスとパルマー（Loftus & Palmer, 1974）は，実験参加者に自動車の衝突事故の映像を提示したあと，車が事故を起こしたときの速度を推定させました。このとき，「車が激突した（smashed）／衝突した（collided）／ぶつかった（bumped）／あたった（hit）／接触した（contacted）ときの速度はどれくらいでしたか？」と参加者ごとに動詞表現を変化させて質問したところ，動詞が示唆する衝突の強度が強いほど，速度が速く推定されました。この現象は**語法効果**と呼ばれ，質問の語法によって目撃者の応答は誘導可能であることを示しています。

ただ，これだけでは質問によって参加者の記憶が変容したから使われた動詞表現に合う速度の車を「思い出した」のか，それとも質問の動詞表現から速度を推測しただけなのか断ずることはできません。そこでロフタスらは，追加実験において「（映像のなかに）割れたガラスをみましたか？」という質問を用意しました。実際の映像に割れたガラスは映っていませんでしたが，この質問に対して「みた」と反応した参加者は，強い動詞表現を用いて質問された条件のほうが多いという結果でした。つまり，語法効果によって速度に対する記憶が変容したために，参加者の記憶に割れたガラスが現れたのだといえるでしょう。

■確 信 度

確信度とは，自分が目撃した人物や出来事についての記憶が，どの程度正確であると思うかに対する自信の程度のことです。みなさんは，法廷で「私がみたのはたぶんあの人だと思います」と証言する人と「私がみたのはあの人以外ありえません！」と証言する人では，どちらの証言のほうが正確そうだと思いますか？　おそらく，自信のなさそうな前者より，後者だと思う人のほうが多いのではないでしょうか。つまり，私たちは，自信たっぷりにみえる目撃者の証言は正確に，自信のない目撃者の証言は不正確だと知覚しやすいのです（Brewer & Burke, 2002）。

では，確信度が高い目撃者は低い目撃者よりも正確なのでしょうか？　確信度と正確性の関係のことを，**確信度－正確性相関**といい，目撃記憶の正確性を予測する指標として確信度が利用可能かどうかについては，長い間論争となっています（レビューとして，伊東・矢野，2005）。

実験室実験では，実験者が目撃状況を設定しているため，目撃者の正確性について客観的な評価が可能です。しかし，現実の事件において，裁判官や裁判員は，自らはみていない出来事について語る目撃者の正確性を客観的に評価することはできず，その供述から判断するほかありません。そこで判断指標の1つとして使われやすいのが確信度といえます。ただ，確信度が正確性を判断する際の指標として不適切だった場合，適切な証拠評価がなされずに，誤った目撃証言が証拠採用されるおそれがあります。

近年では，確信度－正確性相関を支持する報告が相次ぎましたが（Wixted et al., 2018 など），それは聴取者からの影響を受けないことが保証されている条件下でのみ成立する話だとして，現実の事件に持ち込むことに対しては懐疑的な研究者も多いというのが現状です（Berkowitz et al., 2020 など）。つまり，目撃者の確信度は聴取者が誘導可能なのだから，不正確な目撃者にも強い確信をもたせることは可能だということです。では，聴取者はどのように目撃者の確信度を誘導できるのでしょうか？　次項ではこれについてみていきます。

■ラインナップ

複数の人物写真を並べて目撃者に提示する写真帳のことを**ラインナップ**といいます（実際に人を並べてみせることもあります）。目撃者に期待されるのは，自分が目撃した人物をそのなかから正確に選び出すこと，あるいは，「このなかにいない」ということです。しかし，もしラインナップのなかに真犯人がいなければ，いずれかの人物を選択した時点で誤識別となります。

この識別手続きを実施する聴取者が，目撃者に与える影響の1つに，**識別後フィードバック効果**があります。ウェルズとブラッドフィールド（Wells & Bradfield, 1998）は，実験参加者に事件の犯人が映っている映像をみせた後，ラインナップからみた人物の写真を選ぶよう教示しました。そして，参加者が写真を選んだ直後，「いいですね，被疑者を選びましたね」と，識別判断を肯定するフィードバックを返しました。すると，「本当は，__番が犯人なんですよ」と識別を否定されたり，フィードバックを返されなかった条件の参加者に比べて，自身の識別に対する高い確信度が報告されました。また，確信度だけでなく，目撃時の見え方の程度や裁判での証言意思についても影響を与えることが示されました。なお，ラインナップには，映像に映っていた真犯人の写真は含まれていなかったので，正確性の伴わない確信度だけがフィードバックによって上昇したのです。

この現象を生じさせるフィードバックは，識別を直接的に肯定するものだけではありません。他の実験参加者と同じ判断であることを示唆するものや（「この実験には現在87名が参加しています。このうち84名の方があなたと同じ判断でした」〔Semmler et al., 2004〕），参加者の能力を褒めるもの（「あなたはいい証人ですね」〔Dysart et al., 2012〕）でも同様の効果が生じています。目撃者の識別判断に対して一言フィードバックを与えるだけで生じるこの効果ですが，遅延の影響を受けにくいなど，非常に頑健な効果があるようです（レビューとして，福島・厳島，2018）。

前項で，確信度の高さは正確性の指標とみなされやすいと述べたのを覚えているでしょうか？　この事実をふまえると，フィードバックによって正確性を伴わない確信が上昇した目撃者の証言を裁判官や裁判員が聞いた場合，正確性の推定を誤る可能性が指摘できます。

■誘　導

誘導というと，聴取者が特定の写真の人物を指しながら「あなたがみた人はこの人ですよね？」と目撃者に迫ったりするイメージがあるかもしれません。しかし，これまでの研究によれば，そこまで直接的に迫らなくても，目撃者に聴取者が考えている被疑者を選ばせることができそうです。聴取者が事件や犯人についての情報をもっているだけでも，この知識が行動に反映され，結果として目撃者の判断を誘導することが示されています。

フィリップスら（Phillips et al., 1999）の研究では，識別手続きを実施する聴取者が，ラインナップのどの人物が被疑者か知っていると，その人物の識別率が高くなることが示されています。また，ギャリオックとブリマコム（Garrioch & Brimacombe, 2001）の研究では，聴取者が被疑者だと考えている人物を実験参加者が識別した場合，どの人物が被疑者か知らない聴取者が識別手続きを実施したときよりも，参加者は識別に対する高い確信度を報告しました。なお，いずれの研究においても，聴取者はどの人物が被疑者だと考えているか参加者に直接的に伝えることは禁じられていました。さらに，聴取者が被疑者だと思い込まされていた人物は，実験参加者が実際にみた人物ではありませんでした。つまり，被疑者についての情報を聴取者がもっているだけで，識別は誘導される可能性があるだけでなく，その識別が誤っていても高い確信度が報告される可能性もあるのです。

では，聴取者が被疑者についての情報をもっている場合，その知識はどのような行動として現れ，目撃者に影響を与えるのでしょうか？　クラークら（Clark et al., 2009）は目撃者の識別判断に対して暗示的に働く発言を２種類挙げています。１つ目は，ラインナップを提示した後で，しばらく反応をみせない目撃者に対してかけられる，「ゆっくりでいいですよ」「それぞれの写真をよくみてください」という発言です。表向きは目撃者を助けるものに聞こえますが，語用論的には言葉通りの意味と求められている意味が異なっているといえます。つまり，目撃者は「ゆっくりでいいですよ」という言葉を「時間をかけて判断してもよい」という意味で受け取るのではなく，諦めることなくいずれかを選ぶ，あるいは写真のなかに犯人はいないという判断を求められていると解釈する可能性があるというのです。2つ目は，目撃した人物とラインナップに含まれている人物との類似性に言及する発言です。たとえば，「ラインナップのなかに犯人と似ている人はいますか？」と尋ね，目撃者が肯定的な反応（「そうですね」「たぶん」など）を返してきた場合に，その人物が犯人かどうか尋ねる方法がこれに当たります。いずれも，聴取者は特定の人物を直接的に示しているわけではありませんが，いずれかの人物を選ぼうという動機づけを目撃者に与える可能性があるとクラークらは指摘しています。

また，誘導となる行動には非言語的なものもあります。上述したギャリオックとブリマコム（Garrioch & Brimacombe, 2001）の研究では，聴取者がどのような行動を取ったかを分析しています。彼女らの研究では，聴取者が参加者に言語的なフィードバックを与えることを禁じていましたが，代わりに非言語的なサインを送っていたと指摘しています。たとえば，参加者が写真をみている間，アイコンタクトを維持したり，識別判断について記録しているときに微笑む，などです。これらの非言語的行動は，被疑者についての情報をもっている聴取者の多くにみられましたが，情報をもたない聴取者にはあまりみられませんでした。

第4節　目撃者から正しく情報を聞き出すためには

ここまで，目撃者記憶がどのような要因によってゆがむのかみてきました。では，これらの影響をできるだけ受けずに，正確な証言を目撃者から得るにはどうしたら良いでしょうか？　ここでは，聴取者からの影響を防ぐ方法と，正確な証言を引き出すために有効とされている方法を紹介します。なお，目撃者を含め，事件の当事者から情報を得ようと思ったとき，一般的に望ましいとされる具体的な聴取方法については第11章が詳しいので，そちらも参照してください。

■ 二重盲検法

前節でみたように，聴取者は被疑者の情報をもっているだけで影響を与える可能性があります。では，誘導しないように聴取者を訓練すればよいと思われるかもしれませんが，それでも難しそうです。デパウロ（DePaulo, 1992）によれば，表情などの非言語的行動は情動と強い結びつきがあり，情動が生じると同時かつ自動的に生じるそうです。つまり，大きな表情の変化や身振りは意識的に隠せたとしても，完全に統制することは難しいのです。

そこで推奨されている方法の１つが**二重盲検法**です。この方法を用いた聴取手続きでは，被疑者についての仮説や予断をもたない第三者が目撃者の聴取や識別手続きを実施します（Kovera & Evelo, 2020）。なお，ここでいう二重盲検法とは，手続きを行う聴取者のみが事件の詳細や被疑者について知らない状態で行う手続きのことです。一般的な心理学実験では，実験者と実験参加者の両方が実験の目的や意図を知らない手続きを二重盲検法といいますが，これとは区別する必要があります。

チャーマンとキロス（Charman & Quiroz, 2016）は，ラインナップに被疑者が含まれていることを知っている聴取者（非ブラインド条件）と知らない聴取者（ブラインド条件）に識別手続きを実施させ，実験参加者の識別判断を分析しました。その結果，犯人がいないラインナップからいずれかの人物を犯人であると選択する割合が，ブラインド条件では非ブラインド条件よりも低いことが示されました。また，ブラインド条件では，識別の前後に聴取者が笑みを浮かべる割合が有意に少なく，非言語的な行動の生起頻度にも差があることが示されています。同様の結果は他の研究者によっても示されており，二重盲検法は聴取者からの言語的・非言語的影響を防ぐのに有効な手段といえます（Zimmerman et al., 2017 など）。

■「わからない」という選択肢の明示

最後に，正確な目撃者記憶を引き出すのに有用とされている聴取方法についてみていきます。それは，目撃者に質問をする際に，「わからない」と回答してもよいと明示することです。わざわざ明示しなくても，目撃者が質問されたことについてわからなければ，自発的に「わからない」といえばいいだけのことではないか，と思われるかもしれません。しかし，目撃者は「わからない」と答えることが選択肢の１つであることを明示されないと，「わからない」と回答しない傾向にあることがわかっています（Weber & Perfect, 2012）。

スコボリアとフィシコ（Scoboria & Fisico, 2013）の研究では，実験参加者が視聴したビデオの内容について質問を行いました。その際，必要に応じて「わからない」と回答することを推奨する条件，推奨しない条件，そして「わからない」に関する教示がない統制条件の3つに参加者を分けました。その結果，「わからない」という回答は，それが推奨された条件で最も多く，非推奨とされた条件と統制条件の間に差はみられませんでした。つまり，「わからない」という回答は，聴取者から推奨されない限り望まれていないのだ，と目撃者は思い込んでいる可能性があるのです。さらに，この3つの条件で回答の正答数と誤答数について比較してみたところ，正答数に差はみられないものの，推奨条件での誤答数が最も少ないことが示されました。同様の結果は，識別課題を使った研究でも得られています。ウェーバーとパーフェクト（Weber & Perfect, 2012）の研究では，人物写真を1枚提示し，この人物が目撃した人物かどうか尋ねる識別課題を実施しました。識別判断として，「わからない」を選択肢の1つとして明示された条件は，「わからない」という選択肢を明示されなかった条件に比べて，提示された写真の人物を正確に犯人であると選択する割合が高かっただけでなく，誤って犯人であると誤識別する割合が低いことも示されました。これらの研究からは，「わからない」という選択肢を明示すると，証言・識別の誤りを減らせることがわかります。

では，なぜ「わからない」を選択肢として明示すると，誤りが減るのでしょうか？　先述の識別課題を行ったウェーバーとパーフェクト（Weber & Perfect, 2012）によれば，「わからない」という選択肢を提示すると，目撃者に自らの記憶状態の評価を促すことができるといいます。つまり，目撃者に「自分の記憶状態では『わからない』と回答するべきか，それとも提示された人物を犯人として選ぶべきか」という自己評価を促すのです。その結果として，記憶が曖昧な目撃者の識別は回避され，記憶状態の良い目撃者のみが識別判断を行ったために，「わからない」という選択肢を明示された条件のほうが正確であったのだと説明されています。

このほかにも，目撃者から正確な記憶を引き出す方法の検討は進められています。これらの研究成果は，記憶に対する理解を深めてくれるだけでなく，現実にある問題の評価・解決にも直結します。そのため，心理学者はこれらの知見をどうしたら司法の現場で活かしてもらえるか，ということも考えていくべきでしょう。

演習問題

① 情動喚起が記憶に与える影響について説明してみましょう。

② 目撃者に社会的影響を与えるものには，聴取者以外に何が考えられるでしょうか。

③ 目撃者の記憶を汚染することなく，正確な情報を引き出すためにはどんなことに気をつけるべきか説明してみましょう。

ブックガイド

▶日本認知心理学会監修／太田信夫・厳島行雄編（2011）．『現代の認知心理学 2 記憶と日常』北大路書房

記憶についての基礎理論から応用研究まで幅広く紹介されています。記憶についてより詳しく知りたい人向けの本です。

▶ Thompson-Cannino, J. Cotton, R., & Torneo, E. (2009). *Picking cotton: Our memoir of injustice and redemption*. Macmillan.（指宿信・岩川直子訳 2013.『とらわれた二人――無実の囚人と誤った目撃証人の物語』岩波書店）

無実の罪で投獄された冤罪被害者とそのきっかけを作った誤った目撃証人，当事者 2 人による貴重な記録です。

▶ Simon, D. (2012). *In doubt: The psychology of the criminal justice process*. Harvard University Press.（福島由衣・荒川歩編訳　2019.『その証言，本当ですか？――刑事司法手続きの心理学』勁草書房）

刑事司法手続に関わる当事者に生じうる認知バイアスとそれによる過誤を防ぐための対策について，網羅的に学べる 1 冊です。

第13章 裁　判

罪をさばく

藤田 政博

第1節 刑事裁判の概要と裁判のしくみ

■ 刑事裁判の概要：司法統計年報から

2019年版の司法統計年報の刑事事件編によると，1年間で行われた**刑事裁判**のうち「訴訟事件」の数（正確には既済人数なので被告人の数）は28万444人でした。「訴訟事件」とは，各裁判所で扱った第一審，控訴，上告，再審事件をひとまとめにしたものです。

訴訟事件のうち，最高裁判所の既済人員数は2092人，高等裁判所が5828人，地方裁判所が6万7221人，簡易裁判所が20万5303人（そのうち略式手続は19万9784人）となっています。

刑事裁判の数はだいたい28万くらい，そのうち20万くらいは簡易裁判所の略式手続で，略式手続には交通事犯が多く含まれています。地方裁判所にかかる重い罪は6.7万くらい，というイメージです。地方裁判所で第一審が裁かれた6万7220人（ここに含まれていない1名は再審事件）のうち，裁判員裁判で裁かれた人は1001人でした。

以上の件数の刑事裁判を滞りなく行っているのが，裁判所の刑事部です。

■ 裁判所の組織：簡裁から最高裁まで

裁判所の構成

日本の**裁判所**は，図13-1のように，簡易裁判所，地方裁判所，高等裁判所，

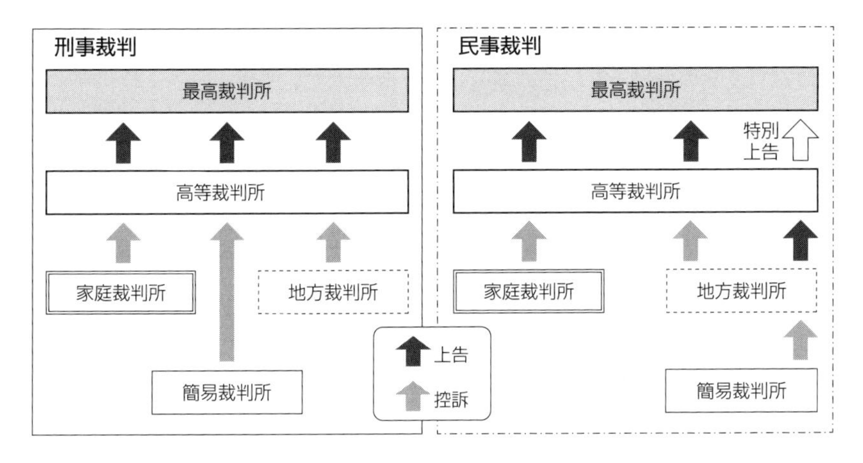

図 13-1　裁判所三審制

最高裁判所の 4 種類があり，いずれも国が直接運営しています。簡易裁判所は全国に 438 カ所，地方裁判所は全国に 50 カ所，高等裁判所は 8 カ所，最高裁判所は 1 カ所あります。地方裁判所には 203 カ所，高等裁判所には 6 カ所の支部と知的財産高等裁判所があり，広く全国をカバーしています。

これとは別に**家庭裁判所**があります。家庭裁判所は地方裁判所と同じ所に設けられており加えて 77 カ所の出張所があります。家事事件と少年事件を扱います。心理学等を駆使して職務に当たる**家庭裁判所調査官**が所属しています。

簡易裁判所は，係争額 140 万円未満の民事訴訟と，罰金以下の罰に当たる罪や窃盗・横領などの比較的軽微な刑事事件を扱います。地方裁判所は簡易裁判所で扱わない大きな事件を扱います。裁判員裁判は重大事件を扱いますので，地方裁判所で行われます。

なお，最高裁判所以外の裁判所をまとめて「下級裁判所」と呼びます。

日本の裁判は**三審制**で行われます。原則として，簡易裁判所で第一審が始まった民事裁判は地方裁判所に控訴，高等裁判所に上告できます。地方裁判所で第一審が始まった裁判と簡易裁判所で始まった刑事裁判は高等裁判所に控訴，最高裁判所に上告できます。なお，家庭裁判所で行われる審判についての不服申立ては抗告という形で行われます。

裁判所の組織

裁判所では，裁判官と裁判所書記官，裁判所事務官等が勤務して裁判の運営に当たっています。書記官は法廷で記録を取るだけでなく，裁判の関係者との連絡や判決文の発送など法廷の運営に深く関わっています。所長は裁判官が務めます。

高等裁判所・地方裁判所には通常「部」とその下に「係」が置かれています。「係」には３人または１人の裁判官が所属します。裁判所が事件を受け付けると，事件は係に配点されます。法律上，複数の裁判官で扱う事件は合議係へ，そうでない事件は複雑さその他の事情によって合議または単独係に配点されます。裁判官は独立して判断することが憲法上保障されているので，裁判官の個々の判断内容に関して所長等の管理職が意見することはありません。

最高裁判所の裁判官は15名です。５人で１つの小法廷を構成し，３つの小法廷が置かれています。基本的に裁判は小法廷で行われますが，重大な問題については15名の裁判官で構成される大法廷で判断されます。また，最高裁判所には最高裁判所事務総局が置かれ，裁判所の運営に大きな影響を与えるほか，最高裁判所で扱う事件について先例や学説や海外の事情等を調査する調査官が置かれています。

■ 刑事裁判の流れ：捜査，起訴から再審まで

刑事訴訟法は刑事裁判についての法律ですが，裁判だけを扱っているのではありません。裁判の前の，事件の捜査の段階から扱っています。そこで，ここでは刑事事件の捜査の開始からを紹介します。

事件の認知

はじめに，捜査機関が事件の存在に気づくところから始まります。これを**事件の認知**と呼んでいます。認知のきっかけや捜査官自身が気づくことのほか，市民の通報や法律上定められた機関からの告発などがあります。市民の通報は大きな役割を果たします。

捜査機関が事件を認知し，捜査すべき事件であると判断すると捜査を開始します。通報などが捜査の端緒となります。捜査官は任意捜査と強制捜査（第10章も参照）を用いて証拠を収集します。

捜査の結果については捜査官が書面にします。これを**調書**といいます。現場検証を行った結果の調書は検証調書，事情を聞いた結果の調書は供述調書（供述録取書）です。供述のなかで被疑者が犯罪をしたことを認める話をしていれ

ば自白調書とも呼ばれます。

送検と起訴

警察による捜査が終わると，警察は調書と証拠を検察に送ります。被疑者が逮捕・勾留されていれば被疑者も送られます。これが**送検**です。

被疑者を裁判にかけるかどうかを決める権限をもっているのは検察官だけです（**起訴独占主義**）。検察は，受け取った証拠をみて，犯罪の嫌疑と証拠が十分あるかを法律的な観点から判断します。証拠か嫌疑のいずれかが足りなければ不起訴になります。

なお，証拠と犯罪の嫌疑が十分あっても，検察官の判断で起訴しない（不起訴または起訴猶予）こともできます（**起訴便宜主義**）。起訴独占主義と起訴便宜主義の双方があることは，検察の大きな権力の源泉であると同時に，被疑者の改善更生にとって裁判をしないほうが良い場合に裁判を避けることができます。

裁判するうえでさらに証拠が必要だと検察官が考えれば，追加で捜査を行います。

そして，証拠も犯罪の嫌疑も十分で，被疑者の改善更生，被害者の感情，社会秩序の維持などを考慮し裁判をすることが必要と検察官が判断すると，「起訴状」を裁判所に送ります。裁判所が起訴状を受理すると，裁判が開始されます。ただちに第1回公判期日が指定されることもあれば，その前に公判前整理手続が始まる場合もあります。

公判前整理手続

公判前整理手続は，刑事裁判が始まる前に検察側・弁護側が裁判で何を主張するか，その際にどんな証拠を提出するかについて話しあう手続です。裁判官が主宰して非公開で行われます。ここで裁判の内容の重要部分が決まる大事な手続きです。裁判員制度とは別個に導入された手続きですが，裁判員裁判の前には必ず行われます。

公　判

第1回公判期日からが私たちのイメージする刑事裁判です。裁判員裁判であれば，第1回公判期日の開始前に裁判員の選任手続が行われます。

公判が始まると，裁判長が開廷を宣言して，被告人が間違いなく本人であるかの確認の質問があります。その後，検察官が起訴状を朗読し，どのような事件について裁判するのかを明らかにします。被告人はその内容について認めるかどうかを答えます。

それが終わると，検察官からみた事件の様相についての詳しい説明があります（冒頭陳述）。弁護側からも冒頭陳述をすることができます。冒頭陳述が終わると，証拠調べが始まります。検察側・弁護側が主張する事件の様相のいずれが正しいのか，証拠を元に判断されます。

証拠調べ

証拠調べは，裁判官や裁判員が証拠を見聞きして信用性などを判断することです。まず物証の取調べが行われます。ものや写真，映像などが法廷で示されます。次いで，目撃者などの人証（にんしょう）の取調べが証人尋問という形で行われます。

犯罪の事実に関する証拠調べが終わると，有罪だった場合に刑を決める際の参考になる証拠についての取調べがあります。犯行にやむを得ない事情があったことを知っている人や，執行猶予の場合に被告人を引き受けてくれる人の証言などです。

被害者参加人がいる場合，質問したり意見を述べたりできます。

論告／求刑／最終弁論／被告人質問

証拠調べが終わると，検察官は自らの主張のまとめと主張が証拠によって立証されたこと（論告），検察官が考える適切な刑罰についての意見を述べます（求刑）。弁護側も弁護側の主張のまとめ（最終弁論）と，必要に応じて刑罰についての意見（弁護側求刑）を述べます。求刑は，被害者参加人も可能です。

以上がすべて終わると，裁判長が被告人に質問し，被告人は意見を述べます。

結審・判決

証拠調べ，被告人質問まで終わると，あとは判決を言い渡すだけの状態になります。これを**結審**と呼びます。裁判員裁判では市民と裁判官が評議し，裁判官裁判では裁判官同士が合議し，裁判官が判決文を起案します。内容を話し合いで確認・修正して完成させます。それに対して裁判官が１人で担当する事件はすべて１人の裁判官が行います。その後，公開の法廷で判決が言い渡されます。

第2節　裁判における犯罪についての考え方

■ 犯罪論体系：構成要件・違法・責任

犯罪論について

まずは，犯罪論の体系をみていきましょう。

さて，**犯罪論**とは，刑法において何が犯罪かを議論する分野です。犯罪論には総論と各論があります。総論は犯罪とは何かを考える考え方や手順についての学問分野です。総論はすべての犯罪の議論に当てはまります。各論は何を犯罪とするか個別の犯罪ごとに議論する分野です。

犯罪とは「構成要件に該当し違法で有責な行為」と定義されます。この定義に，犯罪をどのような手順で考えるべきかと，その際の重要な要素が示されています。図13-2で表す判断手順は次の通りです。以下，この順番で考えていきます。

構成要件とは

構成要件とは，「これをしたら犯罪になる」という犯罪行為の構成要素が示されたものです。たとえば，刑法199条には「人を殺した者は」とありますが，「人を殺す」ことが殺人罪の構成要件になります。なお，刑法では人が行ったある行為が犯罪として法律上認められることを，行為を主語として「ある行為が犯罪を構成する」といいます。日常的な語彙の感覚では「人が犯罪者となる」となるかと思いますが，刑法学の議論では人から行為を切り離して抽象的

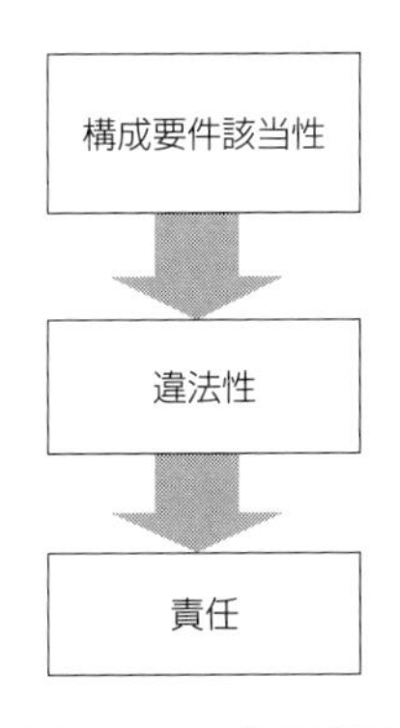

図13-2　刑法における犯罪成否の判断手順

に考えます。

日本では，法律で犯罪と決められた行為以外は犯罪になりません。したがって，何が犯罪行為かを法律で定めることは，同時に何が犯罪行為ではないかを法律で定めることとなり，人々の行動の自由を確保するうえでとても大事なことです。

構成要件に当たる行為は，通常，それだけで犯罪になります。構成要件のなかには，犯罪行為だけではなく，発生した結果，および結果と行為の因果関係も含まれています。さらに，構成要件に該当する行為を行えば責任もあるものと推定されます。

したがって構成要件に当たる行為をすると，犯人は原則として罪に問われることになるのです。

違 法 性

ただし，形式的には構成要件に当たる行為でも，違法ではないといえる行為があります。たとえば，人を殺してしまった場合でも，それが正当防衛であれば法に反した行為とはいえないでしょう。

その場合，**違法性**がなくなります。違法性がなくなることを「違法性が阻却される」といいます。違法性がない場合，犯罪が成立せず無罪となります。

正当防衛以外で違法性が阻却される例として，医師の手術があります。手術は形式的には人の身体を傷つける行為であり，傷害罪に該当します。しかし，それが治療という医師の正当な業務の行為として行われる限り，違法なものではないと考えられ，違法性が阻却されます。

違法性が阻却されない場合，次の責任の判断に移ります。

責　任

構成要件に該当して違法性が阻却されない行為については，次に**責任**がなくなるような事情（責任阻却事由）があるかないかを判断します。刑法は**責任主義**を採用しています。

責任主義とは，犯罪は責任があるものだけに成立する，という考え方です。責任は英語では responsibility といいます。この文字通りの意味は「レスポンスができること」，つまり「応答可能性」です。他の欧州語も同様の意義をもつものが多く，行為者が応答すべきことが責任概念で重要な意味をもちます。したがって，応答可能性がないときには，犯罪をしたとして非難されるべきではないことになります。

たとえば，犯罪となる行為をしたとしても，誰かに脅されたり薬物の影響があったり，本当にやむを得ない事情があったりして，自分ではその行動以外の行動が選択できなかったとしましょう。そのような場合，その行為に対してその人自身が他からの非難に対して応答すべき立場にあるとはいえないでしょう。そのような場合，その行為に関して「その人が悪い」というのは妥当でないことになります。

したがって，責任の中身は「他行為可能性」+「道徳的非難」とされます。責任がないとされた場合，刑法上は無罪になります。

刑罰とは，受ける人に害悪（harm）と道徳的非難を与えることです。刑務所に収容することは，自由が奪われる害悪という側面があります。また，死刑は生命を奪うという害悪を与えるものです。それにくわえて，刑罰は受ける者に対して「あなたは悪い」という非難を同時に与えます。道徳上の非難は，刑法の責任を考えるうえで重要な要素です。

そして，責任を負うためには責任能力（第10章も参照）が必要とされます。責任能力がない場合は，責任がないとして無罪になります。

■個人主義

刑法の原則として，**個人主義**があります。この個人主義とは，ある犯罪行為の責任はその行為を行った本人だけが負うべきであってその家族や親戚など関係者は負うべきではないという考え方です。

歴史を振り返ると，誰かが重大な犯罪を行ったときに家族や近くに住む人たちも処罰される連座制が行われました。また，現在でも，世間を騒がせるような大事件が起きると，世間の反応として家族や勤務先などに非難が向けられることがあります。このような事象は，世間では責任が個人主義的に捉えられていないことを示す事例です。

そのようなことを考えると，法律上，行為を行った者以外の人が非難されることはなく罰を受けることがないことを原則とすることにはとても大きな意味があります。

ただし，公職選挙法等，一部の法律では連座制が採用されています。これは例外であり，原則は個人主義なのです。

■ 刑事裁判における証明基準

犯罪に関する裁判を行うには，裁判の方法や手順について法律で定めておくことが必要です。それについて定めた法律が**刑事訴訟法**です。

刑事訴訟法では，刑事裁判では「合理的な疑いを超えた」証明がない限り有罪とならないとされています。英語でいうと beyond reasonable doubt です。「reasonable」という言葉は，理性（reason）をもった人の思考を表します。陪審員や裁判員など，法律家以外の人でもかまいません。きちんとした理性をもって証拠を考え合わせた結果，犯罪行為が証明されていない，と指摘できる点があれば，「合理的な疑い」を超えたことにはならないということです。

1つでも疑いをさしはさむことができれば証明ができなかったことになるので，この基準はかなり高い基準です。ただし，非常に細かい疑いやおかしな理屈でもさしはさむことができればよいというわけではありません。

それでも，証明がうまくいかなかっただけで本当は犯罪があった場合もあるかもしれない，と思われるかもしれません。実は，日本語での無罪判決にあたる判断は，英語圏では「not guilty」（有罪にあらず）といわれます。日本語の「無罪」は「無実」と似た響きがありますが，無罪判決が意味するのは「有罪にあらず」です。無罪には，無実の場合と，本当は犯罪があったのだが検察側が犯罪の証明に失敗した場合の両方が含まれます。

第3節　裁判から社会へ

■ 刑罰の種類

裁判が終わり，有罪が宣告された被告人には刑罰が執行されることになります。**刑罰**とは国家権力が国民に加える害悪で非難を伴うもののことです。刑罰の種類は，刑法9条に記載されています。死刑，懲役，禁錮，罰金，拘留，科料と付加刑として没収があります。

死刑・懲役・禁錮

死刑はその名の通り，対象者の生命を奪う刑罰です。日本では絞首して行われます（刑法11条)。死刑の存廃や執行方法の是非については，憲法36条が禁ずる「残虐な刑罰」に該当するかどうかという観点などから議論が行われています。

懲役刑は，対象者を刑事施設に収容して自由を奪い，刑務作業を行わせるという刑罰です。数人で生活する部屋あるいは１人で生活する部屋（房）で寝起きし，決められた時刻になったら食事が配給されたり，刑務所内の作業場に移動して作業して帰ってきます。運動や入浴の時間もあります。そのような生活を送りながら，被害者に対する贖罪の気持ちや勤労の習慣を培ったり，社会復帰に向けて必要な勉強をしたりします。作業内容や処遇の決定・実施には心理職が深く関わっています。原則として懲役の期間は判決で決められますが，出所できる時期は決まっておらず長期にわたる無期懲役や，少年に対する不定期刑という例外もあります。

禁錮刑は，懲役刑と同じく施設に収容され自由を奪われる刑罰ですが，刑務作業が刑罰の内容に含まれていません。ただし，被収容者が自ら望んだ場合作業をすることができます。これを請願作業といいます。

罰金・拘留・科料

罰金は，刑罰として１万円以上のお金を奪われるというものです（刑法15条）。分納は認められていません。罰金が払えない場合は労役場留置として身体拘束を受けます。なお，日常用語でいう罰金には，法律的には罰金でないものも含まれます。たとえば，行政罰としての過料や，交通反則金制度の反則金などです。これらは罰金と違って前科になりません。

拘留は１日以上30日未満の間，刑事施設に拘禁される刑罰です。なお，逮捕されたあと，裁判が終了する前の期間に拘禁されるのは**勾留**で字が違います。勾留は被疑者・被告人の逃亡防止や証拠隠滅防止のためのもので刑罰ではありません。

科料は1000円以上１万円未満の金銭を奪われる刑罰です。身近なところでは軽犯罪法違反の刑罰が拘留や科料です。

没　収

没収は，その名の通り，有罪が認定されて罰が言い渡されるときに物を奪われる刑罰です。犯罪に使用されたものや犯罪で得た利益が対象です。**付加刑**というのは，懲役や罰金など，他の刑罰が言い渡されたときに追加で言い渡される刑罰のことです。

■ 裁判員裁判

裁判員裁判とは，一般市民が裁判官とともに刑事裁判に出席し，被告人の有罪・無罪，有罪の場合には刑罰まで決める方式の裁判のことです。この裁判を行う制度を裁判員制度といい，「裁判員の参加する刑事裁判に関する法律」に基づいて行われます。裁判員裁判は地方裁判所の刑事裁判の第一審のみで行われ，控訴審や上告審では行われません。

裁判員制度は平成の司法制度改革で導入されました。司法制度改革審議会は，2001 年の意見書（本章ブックガイドも参照）で，「司法の国民的基盤」の強化の必要性を指摘し，そのために司法に国民が直接参加する制度を作るべきと唱えました。それを受けて裁判員制度が 2004 年に導入され，5 年の準備期間を経て 2009 年から裁判員裁判が開始されました。国民が「統治客体意識」を脱し「統治主体意識」をもつようになることが導入の趣旨です。そして，市民が参加する意義を実感するには市民感覚を裁判で考慮することも必要になります。なお，日本ではかつて 1928 ～ 1943 年の間，陪審制度による裁判が行われました。陪審制度は第二次世界大戦中に停止され現在に至っていますが，裁判員制度はそれとは別に導入されました。

審理の対象

裁判員制度では刑事の重大事件のみを審理します。条文で死刑や無期懲役・無期禁錮刑が科されうると書いてある犯罪や，故意で人を殺した犯罪です。殺人，放火，強盗殺人，強制性交致死などが対象に入ります。少し意外なところでは，営利目的の覚醒剤の売買も無期懲役になりえますので裁判員裁判の対象になります。刑事事件で判決が言い渡された事件のなかで裁判員裁判の占める割合は約 2.1％です。すなわち，司法統計年報によると，2019 年の刑事の通常第一審事件で，地方裁判所で有罪または無罪を言い渡された既済事件の併合後の被告人数は 4 万 7548 人で，そのうち裁判員裁判対象者は 1000 人ちょうどです（裁判所サイト「刑事訴訟事件の種類及び終局区分別既済人員—地方裁判所」）。

裁判体の構成

裁判員制度では，市民から抽選と選任手続を経て選ばれた裁判員が 6 人と，裁判官が 3 人の計 9 人で裁判します。簡易な形では裁判員 4 人，裁判官 1 人でも可能です。結論は多数決で決まりますが，少なくとも裁判官 1 人および裁判員 1 人以上は賛成しなくてはなりません。おおよそ，半日から 1 日で裁判員の選任が終わり，4回から6回程度の期日で裁判が行われます。そして，自白事件では平均して9.5時間，否認事件では16時間程度の評議を経て判決が言い渡されます（裁判所サイト「裁判員裁判の実施状況について〔制度施行～令和2年5月末・速報〕」）。その間，裁判官と裁判員は評議します。

裁判員制度導入の影響

裁判員に心理的・時間的負担がかかることに批判もあり，また導入当初に比べて関心の薄れや市民の出頭率の低下（67%ほど）の指摘もありますが，裁判員制度は身近な場所で起きた犯罪を通じて社会のあり方を考える貴重な機会を市民にもたらしています。裁判所の調査では，裁判員として裁判に参加して「非常に良い経験と感じた」人は63.4%，「良い経験と感じた」人は33.6%となっています（裁判所サイト「裁判員等経験者に対するアンケート　調査結果〔令和元年度〕」）。また，裁判員制度の導入をきっかけに裁判に関する心理学的研究が日本で盛んになりました。さらに，裁判官・検察官・弁護人が裁判員裁判を意識することで刑事裁判がわかりやすく，焦点を絞ったものになりました。刑事事件の捜査でも裁判員裁判が意識され，取調べの可視化が一気に進展するなど日本の刑事司法に大きな変化をもたらしています。

■ 裁判員のストレス

ストレスの原因

裁判員の心理的負担として，遺体写真などの残酷な証拠をみることや役割上のプレッシャーなどがあります。裁判所は証拠の示し方について検察官に配慮を求めたり，裁判員経験者の相談窓口を設け，ストレスを含む相談を受け付けています。

裁判員が残酷な証拠をみたことで心的外傷後ストレス障害（PTSD）になったとして，2013年に元裁判員が国に賠償を求める訴訟を起こしました。カナダなど海外でも残虐な証拠による陪審員のストレスは問題になっています。

裁判への影響と対策

残酷な証拠は有罪判断の確率を上げませんが，罰を重くする傾向があります。近年，裁判所は裁判の事実認定に影響しない範囲でイラストによる証拠提示を検察側に求めるなど，ストレスに配慮した裁判運営をしています。

第4節 冤罪

冤罪とは何か

冤罪(えんざい)とは，無実であるのに有罪になるという裁判の間違いのことです。冤罪の冤という字は，ウサギが囲いに入れられている様子を表します。裁判において神の目からみた真実に，①有罪②無罪，実際に出た結論に，③有罪④無罪があるとすると，裁判の間違いには①＋④と②＋③の場合があることになります。後者の場合が冤罪です。

意思決定に関する信号検出理論で，以上の状況を整理できます。正解と意思決定結果の組み合わせから①③がヒット，①④がミス，②④が正棄却，②③が誤警報に分類されます。冤罪は誤警報です。意思決定においてミスと誤警報をなくすことは困難ですが，なるべくその確率を減らすよう努力する必要があります。

犯罪捜査の対象となるだけで，逮捕と長期間の勾留と取調べで大きな精神的苦痛を受け，また長期間に仕事ができずに仕事を失うなど甚大な影響があります。世間の耳目を集める事件であれば，捜査段階から犯人視報道がなされます。そのため捜査機関は慎重に捜査をしますが，それでも冤罪が生ずることがあります。

冤罪の原因

人違い，目撃証言の誤り

冤罪はなぜ起きるのでしょうか。まず，人違いが原因として挙げられます。捜査機関が想定した容疑者のリストのなかから真犯人とは別の人を選んでしまうという場合です。そのほかには，原因が事故なのか誰かの行為によるのかの判断違いがあります。

アメリカのデータですが，誤りであることがわかった裁判の原因で最も多いものは目撃証言の誤りでした（Rattner, 1988）。客観的証拠によって犯行行動が裏づけできない場合，目撃証言が重視されますが，目撃証言が信用できる状況は限られています。また，事件後に証人が事後情報に影響を受けて記憶が変容することもあります。

仮説確証

また，供述分析等を手がけてきた浜田寿美男によると，仮説が成り立つかどうか証拠によって検証しながら進める仮説検証型捜査ではなく仮説確証型捜査に捜査機関が陥ることで組織として間違いの可能性を修正できず冤罪事件につながると述べています（浜田，2017）。

実際に死者が出るなどの重大な結果が出ている場合，地域社会の不安は大きくなります。捜査機関にかかる事件解決のプレッシャーは大きく，強い使命感をもつ捜査官ほど犯人検挙と自白獲得を強く志向することになります。報道が過熱するなどでプレッシャーが高まった結果，検察組織内で証拠が捏造されたという極端な事例（郵便不正事件）も発生しました。

仮説確証型で捜査が進展すると，証拠を収集するなかで被疑者が行ったことを示す証拠と，被疑者が行ったのではないことを示唆する証拠が出てきたときに，後者の検討があまり行われないことになります。人は**確証バイアス**（人は自分がもっている仮説に合う証拠を無意識に探し仮説が正しいことを確認しようとする傾向があること）をもっていますので，とくに注意が必要です。

このように，使命感・組織内や社会からのプレッシャーなど，捜査機関が構造的にさらされている圧力にも注意する必要があります。

■ 日本の主な冤罪事件

日本の主な冤罪事件は表 13-1 の通りです（より詳細な内容入りの表は本書のサポートページで提供しています）。すでに有名になり冤罪事件として報道される事件は昭和時代のものがあり，冤罪とは昔の話のように感じられますが，冤罪事件の発生は決して終わった話ではないことがわかります。

また，冤罪事件は一度起こると数十年単位で当事者に影響しますので，冤罪被害者およびその家族にとって一生の問題，さらに親子 2 代以上にわたる問題にもなってきます。

間違いであっても，裁判所が許可すれば逮捕・勾留されます。被疑者は普段の生活や人間関係から切り離され，精神的圧迫のもとで取調べを受けます。すると，無実の人でも自分が犯罪を行ったという虚偽の自白をしてしまいます。そして，虚偽の自白に基づいて証拠固めが行われ，裁判になると有罪が宣告されます。

表 13-1　日本の主な冤罪が争われた事件

事件名	発生時期	発生場所
足利事件	1990 年 5 月 12 日	栃木県足利市
飯塚事件	1963 年 6 月 24 日	栃木県鹿沼市
恵庭 OL 殺人事件*	2000 年 3 月 16 日	北海道恵庭市
大崎事件*	1979 年 10 月 15 日	鹿児島県大崎町
甲山事件	1974 年 3 月 17 日	兵庫県西宮市
財田川事件	1950 年 2 月 28 日	香川県財田村（現・三豊市）
狭山事件*	1963 年 5 月 1 日	埼玉県狭山市
志布志事件	2003 年 4 月	鹿児島県志布志町（現・志布志市）
島田事件	1954 年 3 月 10 日	静岡県島田市
下田缶ビール詐欺事件	1981 年 8 月 7 日	静岡県下田市
自由民主党本部放火襲撃事件	1984 年 9 月 19 日	東京都千代田区
草加事件	1985 年 7 月 19 日	埼玉県草加市
帝銀事件*	1948 年 1 月 26 日	東京都豊島区
東電 OL 殺人事件	1997 年 3 月 9 日	東京都渋谷区
徳島ラジオ商殺し事件	1953 年 11 月 5 日	徳島県徳島市
名張毒ぶどう酒事件*	1961 年 3 月 28 日	三重県名張市
野田事件*	1979 年 9 月 11 日	千葉県野田市
袴田事件	1966 年 6 月 30 日	静岡県清水市（現・静岡市清水区）
氷見事件	2002 年 3 月 13 日	富山県氷見市
弘前大教授夫人殺害事件	1949 年 8 月 6 日	青森県弘前市
布川事件	1967 年 8 月 30 日	茨城県利根町
防衛医大教授痴漢冤罪事件	2006 年 4 月 18 日	東京都世田谷区
松川事件	1949 年 8 月 17 日	福島県金谷川村（現・松川町）
松本サリン事件	1994 年 6 月 27 日	長野県松本市
松山事件	1955 年 10 月 18 日	宮城県松山町（現・大崎市）
免田事件	1948 年 12 月 30 日	熊本県人吉市
横浜事件*	1942 ～ 1945 年	富山県・東京都等

（注）1. *は冤罪の可能性が高いと指摘されている事件。
2. 免田・財田川・松山・島田の各事件は「四大死刑冤罪事件」。

間違った裁判の救済の制度として再審制度がありますが，再審が認められるハードルは非常に高く，一度間違った判決が出た場合，修正は非常に困難です。

■ 冤罪の解消のために

冤罪を解消するには，捜査手法や捜査機関の意思決定の改善，裁判の方法の改善，裁判が誤った場合の修正を認めやすくすることが必要です。

捜査の改善として，目撃証言の誤りの要因をより広く解明して誤りの可能性のある目撃証言を捜査機関が採用しないこと，また，**司法面接**などを活用し目撃者から事情を聞く際に記憶の誤りを低減させる手法を用いることが考えられます。そのためには，心理学が信頼できる目撃情報とそうでない情報を見分けるためのベースとなる知識や，取調べ手法の研究を進め，捜査面接などの手法を開発し情報を提供する必要があります。

また，個々の捜査官の意思決定の支援に認知心理学的観点からの提案が必要になりますし，健全な意思決定をする組織作りには，社会心理学的観点からの研究と提案が必要です。そのため，刑事司法機関内外で活躍する心理学の専門家による研究が必要といえます。

くわえて，検察側が自らの主張に対して有利・不利を問わず裁判で提出することをルール化する，捜査開始直後の記憶が新鮮なときの証言を重視するなどの裁判の運営のルールの改善も考えられます。さらに，裁判には間違いもありうることを前提に，現在よりも再審を積極的に認める方向での裁判の運営の在り方の変更やそれを促すルールの整備も必要になるでしょう。

心理学と法学・法実務の協働およびさまざまな研修による刑事司法の改善は近年めざましく進展していますが，今後も引き続き行っていくことで，よりよい刑事司法の実現が可能となっていきます。そして，市民は以上のような活動に関心をもつことで刑事司法の改善に貢献することができます。

演習問題

① 裁判所のウェブサイトや判例データベース（LEX/DB など）から刑事事件の判決文を1つ選び，構成要件該当性・違法・責任の判断をどのように行っているかを確認してみましょう。

② 裁判所のウェブサイトや判例データベース（LEX/DB など）から裁判員裁判の判決文を1つ選び，同じ犯罪についての裁判員裁判開始前（2009 年 5 月以前）の事件と判決文の言葉や内容を比較してみましょう。

③ 裁判所のウェブサイトから裁判員経験者の座談会の議事録をダウンロードして読んでみましょう。裁判員経験者はどのように自分の経験を捉えているでしょうか。そして，裁判員とはどのような経験で，どのような意味が見出せるか自分なりに考えてみましょう。

④ 主な冤罪事件のなかから1つ選び，その事件に関する事情を調べてみましょう。そのうえで，冤罪となった理由を複数考えてみましょう。

ブックガイド

▶宍戸常寿・石川博康編（2021）.『法学入門』有斐閣

法とは何か，基本六法の概説のみならず，社会の観点から領域を整理して法分野を俯瞰し，現在の法の基盤となっている近代法の考え方も紹介する総合的法学入門書。

▶伊藤真（2017）.『伊藤真の法学入門　講義再現版』［補訂版］日本評論社

司法試験受験予備校講師による法学入門。語り口が再現された講義再現版で，研究者とは違った角度からわかりやすく解説。初めて読む際の導入として。

▶山口厚（2008）.『刑法入門』岩波書店

短い文章のなかに刑法の理論と思考法が詰まった本。入門といいながら，記述が短いこともあってはじめて読むのには少し難解かもしれません。

▶浅田和茂・内田博文・上田寛・松宮孝明（2020）.『現代刑法入門』［第４版］有斐閣

記述を十分とり，バランスよく記述された総合的な刑法入門書。

▶田中開・寺崎嘉博・長沼範良（2020）.『刑事訴訟法』［第６版］有斐閣

改訂が重ねられているスタンダードなテキスト。小さな判型に必要十分な内容を盛り込んでいます。頻繁に改訂されているので，最新の論点もカバー。

▶司法制度改革審議会（2001）.「司法制度改革審議会意見書」内閣府

平成の司法制度改革の出発点となった意見書。裁判員制度の意義や他の制度改革にも言及されており，裁判員制度や検察審査会制度改正等について考える前に必ず読んでおくべき文書です。

▶牧野茂・大城聡・飯考行編（2020）.『裁判員制度の 10 年――市民参加の意義と展望』日本評論社

裁判員制度施行 10 年に際し，法曹や法社会学者等が 10 年の実践を振り返り，市民参加の意義と展望について語った書。マスメディアが報じる裁判員制度像やよく報じられる論点とは違った，制度の実像を知ることができます。

▶「冤罪 File」メディアックス

日本における冤罪事件を取り上げ続けている定期刊行物。冤罪は決して終わった話ではなく，今も存続している話題であることがわかる雑誌。

▶日本弁護士連合会人権擁護委員会再審部会（2021）.『21 世紀の再審――えん罪被害者の速やかな救済のために』日本評論社

日本弁護士連合会が取り組んでいる冤罪事件に関して述べた書。無罪確定事件だけでなく，現在進行中の事例紹介と，日弁連の活動，欧米アジア各国の再審法制を紹介し法制度の改正を説く書。

▶管賀江留郎（2021）.『冤罪と人類――道徳感情はなぜ人を誤らせるのか』早川書房

道徳感情と冤罪という，心理学的にも興味深い観点から冤罪を論じた書。単なる間違いを超えた理由を考察。

▶**ギャレット，B. L.（笹倉香奈・豊崎七絵・本庄武・徳永光訳）（2014）.『冤罪を生む構造――アメリカ雪冤事件の実証研究』日本評論社**

冤罪に関して事例研究等が多いなか，書名の通り冤罪を生む社会構造に着目し，影響する要因を客観的に検討した書。

第IV部

支　援

第14章 加害者の立ち直り支援

施設と社会における処遇

神垣 一規

本章では主に成人犯罪者の再犯防止に向けた取り組みについて，矯正施設で行われている処遇と一般社会で行われている処遇，そして，それらをつなげる社会復帰支援について解説します。

この分野で心理職として仕事をするうえで大切なことは，犯罪者も悩みや問題を抱えた１人の人間であるという認識をもつことです。「犯罪者だから」といった視点にのみ偏りすぎると，その人にとって本当に必要な介入や支援がみえにくくなることがあります。そのことを前提として，読み進めてもらえればと思います。

第1節 施設内処遇の流れ

矯正施設のなかにはさまざまな規則があり，受刑者は自由に行動することができません。こうした特殊な環境について理解することが，受刑者への介入を理解する第一歩になります。

■ 処遇の概要

裁判によって言い渡される刑罰（表14-1）のうち，主に懲役刑を言い渡された受刑者が刑務所等の**刑事施設**[1]に入所します。彼らは，初めに施設職員による調査（刑執行開始時調査）を受けます。そこで，今までの生活歴，犯罪歴，家族関係等について聴取され，その結果を踏まえて，何を目標として受刑生活を送るか，どういった処遇を受けるかが個々に定められます。処遇の内容は**刑務**

表 14-1 刑罰の種類

名称	内容
死刑	絞首により執行される。死刑囚は主に拘置所に収容され刑務作業を行う義務はない。
懲役	主に刑務所に収容され所定の刑務作業を行う。期間を定めて作業を行わせる有期懲役と期間を定めない無期懲役がある。
禁錮	懲役刑と同じように刑事施設に収容されるが，作業を行う義務はない。
罰金	指定された金額を支払う義務が生じる。金額は 1 万円以上となる。
拘留	禁錮と同じように刑事施設に収容され，作業を行う義務はない。期間は 30 日未満となる。
科料	罰金と同じように指定された金額を支払う義務が生じる。金額は 1 万円未満となる。

作業，**教科指導**，**改善指導**の大きく 3 つに分けられます。刑務作業とは懲役受刑者に課せられる金属部品の組み立てや木工製品の加工などといった作業のことです。教科指導とは基礎学力が身についていない受刑者の学力向上を目的とした指導です。改善指導とは犯罪の責任を自覚させることなどを目的とした指導です。

受刑者は，決められた時間に起床し，食事し，運動し，就寝するという生活を送ります。受刑生活を始めるに当たって，まずは，刑執行開始時指導を受けます。そこで，基本的な行動様式を身につけ，刑務所の規則を学びます。その後，平日の日中は基本的に刑務所内にある工場でさまざまな刑務作業を行います。また，平日でも作業を行わない日が設定されており，その日に改善指導を受けたり，余暇活動として絵画クラブや音楽クラブなどに参加したりします。

■ 仮釈放と満期釈放

規律に従ってしっかりとした生活ができていれば，制限が緩和されたり面会できる回数が増えるなどの優遇措置が受けられたりする一方，規律に従わないと懲罰を受けることもあります。こうした刑務所内での生活ぶり，出所後に帰る場所の有無，身柄を引き受けてくれる人の存在などを踏まえて，仮釈放の可否の判断が**地方更生保護委員会**[2]によってなされます。**仮釈放**が許可されれば，すべての刑期を刑務所で過ごさず，あらかじめ定められた釈放の日を迎える前に釈放され，残りの刑期を一般社会で過ごすことになります。しかし，仮釈放が許可されなければ刑務所で刑期をまっとうして**満期釈放**となります。

釈放の前には，釈放前指導が行われ，社会生活に戻るうえで必要な心構えなどを学びます。そして，仮釈放者の場合には，出所後も刑期満了の日まで**保護観察**が付されることとなり，社会内処遇へと移行していきます。一方，満期釈放者の場合は，釈放と同時に一般市民となりますので，公的な指導を受ける義務はなくなります。そのため，受刑中の支援や指導によって，安定した社会生活を維持する力をできるだけ高めるとともに，出所後も自らの意思で支援者とつながるように促すことがとても重要になります。

第2節　問題へのアプローチ

刑務所では，犯罪行為に及んだ人たちが，再び罪を犯すことなく，安定した社会生活を維持できるように，被収容者の問題性に応じた教育的介入を行っています。本節では，その具体的内容について解説します。

■教科指導

教科指導について，**刑事収容施設及び被収容者等の処遇に関する法律**（以下，「刑事収容施設法」という）では，「社会生活の基礎となる学力を欠くことにより改善更生及び円滑な社会復帰に支障があると認められる受刑者」や「学力の向上を図ることが円滑な社会復帰に特に資すると認められる受刑者」に対して，学校教育の内容に準じた指導を行うことと定められています（同法 104 条）。

矯正統計年報（法務省，2020b）によると 2019 年の 1 年間で新たに刑事施設に入所した成人受刑者のうち，最終学歴が中学校卒業以下の人は 35.5%おり，そこに高校中退者を合わせると 59.4%となります。さらに，学歴は中学校卒業となっていても，実際にはほとんど学校に通っていなかった受刑者もいて，義務教育で学ぶような常識が身についていないために社会生活が困難になっている場合もあります。また，出所後の生活のことを考えて，高等学校卒業程度認定試験の合格を目指している受刑者もおり，こうした受刑者に対して教科指導が行われています。

■改善指導

改善指導は**特別改善指導**と**一般改善指導**に大きく分かれます。特別改善指導には表 14-2 のように薬物依存離脱指導や交通安全指導などの複数の種類があり，

表 14-2　特別改善指導の種類

薬物依存離脱指導	薬物に依存していた自己の問題を理解させたうえで，再使用しないための具体的な方法を考えさせる。グループワークを中心に，薬物依存からの回復をめざす民間自助団体や医師などの協力を得て実施する。
暴力団離脱指導	暴力団に加入していた自己の問題点について考えさせ，暴力団の反社会性を学ばせるとともに，離脱の具体的な方法を検討し離脱の決意を固めさせて，出所後の生活設計を立てさせる。
性犯罪再犯防止指導	性犯罪につながる自己の問題性を認識させ，その改善を図るとともに，再犯しないための具体的な方法を習得させる。事前に詳細な調査を行い，再犯のリスクや性犯罪につながる問題性の程度に応じて指導の密度や科目が指定され，認知行動療法等の技法を取り入れたグループワークを中心に，カウンセリングなども組み合わせて行う。
被害者の視点を取り入れた教育	被害者の命を奪ったり，重大な被害をもたらした受刑者に対して，罪の大きさや被害者・遺族の方の心情を認識させるとともに，再び罪を犯さない決意を固めさせる。被害者・遺族の方による講演や視聴覚教材を通じて，命の尊さを認識させ，具体的な謝罪方法についても考えさせる。
交通安全指導	交通違反や事故の原因について考えさせ，遵法精神，人命尊重の精神を育てる。被害者の生命や身体に重大な影響を与える交通事故を起こした者や重大な交通違反を繰り返した者が対象となる。
就労支援指導	就労先で円滑な人間関係を保ち，職場に適応するための心構えや行動様式，職場で直面すると思われる問題解決場面への対応方法，就労に必要な基礎的知識や技能などを修得させる。生活技能訓練（SST）や就職面接の練習を行い，就職活動やその後の就労生活に役立つ内容となっている。

（出所）　法務省サイト「刑事施設（刑務所・少年刑務所・拘置所）」より作成。

本人の問題性に応じてどの指導を受けるのか定められ，指定された期間，グループワークを基本とした指導が実施されます。特別改善指導の多くは認知行動療法を基盤としており，全国共通のテキストやワークブックなどを利用しながら，各施設の教育や心理の専門職員[3]などが主として指導を行っています。

一般改善指導とは，「講話，体育，行事，面接，相談助言その他の方法により，①被害者及びその遺族等の感情を理解させ，罪の意識を培わせること，②規則正しい生活習慣や健全な考え方を付与し，心身の健康の増進を図ること，③生活設計や社会復帰への心構えを持たせ，社会適応に必要なスキルを身に付けさせることなどを目的として行う」（法務省，2020c）とされています。そのため，ほぼすべての受刑者が受刑生活全体を通して受講する指導といえます。また，収容している受刑者の問題性に応じて，特別改善指導にはない暴力防止プログラムや社会復帰支援プログラムなどを一般改善指導として実施している施設もあります。

■ 改善指導の実際

刑務所のなかでは，職員と受刑者が私語を交わすことは原則禁止されています。このほかにもさまざまな制限や義務が受刑者に課せられていて，こうした刑務所内の細かな規則を守るよう受刑者らは常に厳しく指導されています。このような枠組みは，受刑者と職員双方の安全を守るためや，受刑者を確実に収容し教育的な介入を行うといった刑務所の機能を果たすためには必要なことになります。改善指導の場においても最低限の守るべき規則はあります。しかし，受容的で和やかな雰囲気で行われる傾向があり，初めて改善指導を受ける受刑者らのなかには，いつもと異なる雰囲気や他の受刑者がいる前で自分のことを話すことに対して，違和感や抵抗感をもつ人もいます。

とくにグループワークによる指導を行う際には，最初は指導者から指示されたときにだけ発言していた受刑者でも，他の受刑者や職員の発言に触発されて，自分の考えを自発的に語ることができるようになる場合が多くみられます。そのなかで，より深く自分のことを理解し，今までとは異なる新たな考え方が芽生え，再犯に至らないために努力しようという意欲や，そのための具体的な方策が受刑者本人のなかから生まれてくるのです。つまり，改善指導とは，犯罪行為の問題点について職員が受刑者を一方的に指導する場ではなく，受刑者と職員を含めたグループ全体の共同作業による支援・治療の場であるといえます。

■ リスクアセスメント

問題性に応じた指導とはどのようなものなのでしょうか。たとえば，違法薬物を密輸入して販売している人と知人からもらった薬物を使用したという人では，その背景にある問題性は異なると考えられます。また，同じ覚醒剤の自己使用でも，初めて及んだ者と繰り返している者とでは再犯に及ぶリスクに違いがあると考えられます。このように，薬物犯という大きなカテゴリーにまとめられる受刑者であっても，犯罪の態様や受刑者自身の特性などによって，抱えているリスクや改善すべき問題は異なります。

そこで重要となるのが**リスクアセスメント**です。2018年版の再犯防止推進白書によると，法務省では，「非行少年の再非行の可能性と教育上の必要性を定量的に把握するためのツール」として，2013年から「法務省式ケースアセスメントツール」（Ministry of Justice Case Assessment tool：MJCA）の運用を開始しています。また，成人については，2012年度から「受刑者用一般リスクアセスメントツール」の開発が進められており，2017年からは本ツールのうち一部の機能によって得られる結果や情報を処遇決定の参考とする運用を開始しています。

これらのツールが開発されたことにより，それまで面接者の主観的判断に頼ってきたリスクアセスメントが，より科学的で根拠のあるものへと発展したといえます。しかし，こうしたツールによって，再犯リスク等が数値として現れたとしても，最終的に対象者のリスクや問題性を見立てるのは心理の専門職をはじめとする施設職員であり，面接や行動観察等をもとに受刑者の特徴を把握する力を養うことが施設職員にとって重要であることに変わりありません。

■ RNR原則

カナダの犯罪心理学者であるアンドリューズ（D. A. Andrews）とボンタ（J. Bonta）は，リスクアセスメントの基本理論として**RNR**（risk-need-responsivity）**モデル**を提唱しています。その中心となるのが，リスク原則，ニード原則，反応性原則です。

リスク原則とは，再犯リスクの高い犯罪者には高密度の処遇を行い，再犯リスクの低い犯罪者には低密度の処遇を行うというものです。ここでいう「密度」とは，処遇の期間，頻度，内容の多様性のことで（Prendergast et al., 2013），高密度の場合には長期間または高頻度で内容の濃い処遇を行うことになります。この原則に従わず，再犯リスクの低い人に高密度の処遇を行うと再犯率が逆に高まるという研究結果もあります（たとえば，Lovins et al., 2007）。**ニード原則**とは，再犯を防止するための処遇を実施する際には，再犯に直接関係する要因（たとえば，反社会的なパーソナリティや犯罪に向かうような態度など）に焦点を当てて指導する必要があるというものです。これらの要因は介入によって改善する可能性があり，犯罪歴や生活歴などのように介入によって変化しない**リスク要因**（**静的リスク**）と対比され，**ニーズ要因**（**動的リスク**）と呼ばれています。**反応性原則**とは，対象者の特性に合わせた処遇方法を選択することで，処遇の効果を最大化する必要があるというものです。アンドリューズとボンタ（Andrews &

Bonta, 2010）によると，犯罪者に限らず，一般的に人間の行動を変容させる際に効果的であるのは，認知行動的，社会学習的な介入であるとされています。その手法を原則としつつも，対象者特有の要因（学習スタイルや能力，動機づけの高さなど）を考慮して，より適した介入方法を選択する必要があります。

第3節　強みへのアプローチ

犯罪者や非行少年が有しているのは問題だけではありません。近年では，彼らがもともともっている資源（日々の生活を送る際に役立つ個人の能力や対人関係など）や強みに焦点を合わせることで，再犯，再非行を防止するといった考え方が注目されています。

■良き人生モデル

問題へのアプローチでは，犯罪に及ぶような問題性を取り除くというイメージが強いと思います。しかし，犯罪のない人生を送るために必要な資源を与えることで再犯に及ばないようになるといった考え方もできます。この考え方は**良き人生モデル（グッドライフ・モデル）**といわれ，ローズとウォード（Laws & Ward, 2011）によると，「犯罪者に内的な資源と外的な資源を備えさせることで，さらなる犯罪から離脱させることを目的とする改善更生理論」であるとされています。このモデルでは，すべての人は人生の目標や基本的欲求を生まれながらにしてもっており，それらを達成したり満たしたりすることによって「良き人生」を送ることが可能になるとされています。そして，それを実現するために必要な援助が与えられれば，犯罪に頼らずに「良き人生」を送ることができると考えます。これらの目標や欲求は基本財と呼ばれており，その代表的なものは表14-3に示す通り，生存に不可欠なものから何かを創造するものまで多岐にわたります。

また，介入に当たっても改善や治療といったことに重点を置くのではなく，本人が望む「良き人生」プランを実現できるように環境を整えたり，スキルを高める援助をしたりすることが中心になります。そのため，こうした資源に注目するモデルにおいても，アセスメントは非常に重要となります。つまり，本人にとって最も重要な基本財は何なのか，その基本財を追求することはどのよ

表 14-3　良き人生モデルの基本財リスト

基本財	内容
生命	食べ物や水，健康な身体など，健康的な生活や身体機能にとって大切な身体的欲求。
知識	自分自身や他者，自分を取り巻く環境について理解したいという欲求を満たすための情報を獲得すること。
遊びや仕事での卓越	余暇活動や楽しい活動に取り組みたいという願望や仕事に関連した活動に熟達したいという願望。
自律性	独自の目標を立てて，他者からの妨害を受けることなく，これらの目標を実現したいという願望。
内なる平和	感情を読み取る力や感情を表現する語彙を運用する力など，感情を自己制御し，感情的な均衡を図るためのさまざまな能力。
関係性	恋愛関係，家族関係，交友関係などにおいて，温かく愛情に満ちた絆を他者と築きたいという欲求。
共同体	社会的集団に属し，社会的なネットワークの一部であるという感覚や社会に貢献しているという感覚を得ること。
精神性	個人の人生に目的感覚や方向性をもたらしてくれる活動に参加し，人生の意味や目的を発見し，獲得すること。
幸福	人生に満足していると感じられる経験をすること。
創造性	革新的な産物を生み出す活動へ参加することや，人生において新奇さを求める欲求。

（出所）Laws & Ward, 2011 より作成。

うな価値をもつのか，その基本財を得るためにはどのようなスキルを身につける必要があるのかなどといったことを理解することが必要になります。

■ アイデンティティの再構築

一度罪を犯すと犯罪者というレッテルが貼られ，周囲からの評価が変わるだけでなく，本人も自分自身のことを犯罪者として認識するようになります。そして，犯罪者である自分には価値がない，まともに生活することは無理であると自ら結論づけてしまうかもしれません。こうした認知は行動面にも影響を及ぼし，結果的に再犯を繰り返してしまう場合もあります。しかし，罪を犯したからといって，この先もずっと犯罪者であり続ける必要はなく，むしろ，過去の失敗経験からさまざまなことを学び，それが自分を成長させることになっていると前向きに捉えることが犯罪から離脱することにつながると考えられます。

こうした考え方は，継続的に犯罪行為に及んでいる犯罪者と犯罪から離脱した元犯罪者の語りを分析したマルナ（S. Maruna）の研究から導き出されています。そして，犯罪から離脱した元犯罪者の語りの特徴として，「本人の『真の自己』を形作る中核的な信念の形成」「自己の運命に対する自己の支配という楽観的な認識」「生産的でありたい，そして社会，とりわけ次の世代にお返しをしたいという気持ち」があるとされています（Maruna, 2001）。つまり，犯罪をしていた自分も本質的にはよい人間であり，自分自身の過ちが自分をより強い人物にするという信念をもち，自分にできる社会貢献をしたいという新たな目的を見出すということです。

この理論によれば，再び犯罪に及ばないための資源は，本人のなかにすでにあり，それを見出すことができるかどうかは本人次第ということになります。津富（2011）によると，こうした犯罪者の強みや資源に重点を置いたアプローチは**長所基盤モデル**と呼ばれ，犯罪者は自ら問題を解決する主体として位置づけられ，周囲の関わりは本人による問題解決を応援するエンパワメントに限られるとしています。

■ 社会資源の再発見

ここまでは，どちらかといえば犯罪者本人の内的な資源について注目してきました。そして，この内的な資源を有効に活用するためには，環境的・外的な資源（社会資源）が必要不可欠です。しかし，犯罪者らは一般的に外的な資源を保持しにくいとされています。つまり，良好な親子関係や夫婦関係を維持できなかったり，友人や知人とつながり続けられなかったり，新たな関係を築くことができなかったりします。実際に，社会に頼れる人や居場所がないと感じている受刑者，刑務所出所後に一緒に住む人や帰る場所があっても，そこを居心地がよいと感じられない受刑者も存在しています（神垣，2018a）。

罪を犯した人を排除するような社会では，犯罪者もつながりをもとうと思えません。笹沼（2009）などが示すように，日本においても犯罪者や元犯罪者の**社会的排除**は実際に存在しています。そのため，資源となりうる家族やその他の支援者が身近にいたとしても，一部の人からの**バッシング**などにより，社会に対する不信感を高め，外的資源を有効活用できない人も少なくありません。犯罪行為をせずに社会に再参加している元犯罪者や元非行少年たちの語りを分析した研究によると，他者との交流に安心感を得ること（田辺・藤岡，2014）や，周囲から信用されているという実感を得ること（坂野，2015）などが重要であるとされています。このように，社会や他者に対するイメージを変化させることで，利用できる資源を自分はすでにもっている，受け入れてくれる人を頼ってもいいのだ，ということに受刑者ら自身が気づく必要があります。

施設での生活のなかでも，外的資源とのつながりを維持する手段として，面会や手紙のやり取りなどは可能です。また，出所後に帰る場所がない人は**更生保護施設**[4]などの職員と面接する機会もあります（第5章も参照）。こうした社会の支援者とのつながりを意識できる場面を活用して，受刑者らの社会に対するイメージを変えるように支援するのも施設内処遇の重要な役割の1つといえます。

第4節 社会復帰支援

施設内処遇の結果として，なんらかの変化が生じ，よい成果が得られたとしても，それが出所後の再犯防止に必ずしも直結するとはいえません。実際に近年では，受刑者のうち再入者の占める割合は50％後半の高水準で推移しており，2012年には「刑務所出所後2年以内に再び刑務所に入所する者等の割合を今後10年間で20％以上削減する」（犯罪対策閣僚会議，2012）という数値目標が国から示されました。そして，2016年に**再犯の防止等の推進に関する法律**が制定され，それに基づき，2017年には**再犯防止推進計画**が策定されました。そのなかでは，刑務所等の施設の取り組みだけでは限界があり，刑務所職員が一般社会におけるさまざまな関係者と連携協力する必要性が示されています。このように施設と社会とをつなぐことが，近年とても重視されています。とくに，高齢者や障害者，外的資源を有していない人などについては，施設内でも社会内でも継続的に支援が必要になる場合があります。ここからは，受刑者が社会復帰するに当たって，どのような支援が行われているのか紹介します。

■ 福祉支援の概要

近年，受刑者全体の人数は減少傾向にあるものの，65歳以上の**高齢受刑者**の人数は2012年から横ばい状態が続いています。また，年齢が若くても身体障害や知的障害を有している受刑者もいます。そのなかにはなんらかの福祉支援が必要な人も含まれています。こうした受刑者らが出所後に適切な支援を受けられるように施設在所中から調整することは非常に重要です。

その方策の1つとして，法務省と厚生労働省の連携のもと，刑務所在所中から福祉サービス受給等に係る手続きを行うための制度が整備され，2009年から運用されています。そして，各都道府県には**地域生活定着支援センター**が設置され，刑務所等と連携することで，出所後すぐに福祉サービス等につなげることが可能となりました。この制度は実務上，**特別調整**と呼ばれており，高齢（おおむね65歳以上）や障害のために刑務所出所後に福祉サービス等を受ける必要があり，かつ，釈放後の住居がない人を対象としています。

「都道府県地域生活定着支援センターの支援に関わる矯正施設再入所追跡調査」（2015）では，高齢・障害の種別を問わず，2009年7月から2013年度末までの約5年間で全国の地域生活定着支援センターが介入を行った元受刑者のうち，調査時点である2014年度末において9割以上が再逮捕も再入所もなく地域で生活しているという結果が示されています。このように，特別調整の効果は非常に大きいといえます。

■ 高齢受刑者の特徴

この制度を利用している受刑者の多くは高齢者です。細井ら（2014）は，高齢受刑者をその特徴に応じて次の4類型に分類しています。①仕事や住居などの面で相対的に安定しており，一般高齢者に似た傾向があるが，出所後への不安が大きいという特徴のある「安定群」，②経済，家族，住居等の面で条件がややよくないものの，出所後の生活に対する意欲の高さが特徴である「自立志向群」，③女性に多く，入所前は家族と同居する者が多く，出所後も他者への依存を強める傾向が強い「他者依存型」，④生活条件や生活歴が不安定で，生活保護受給歴等もあり出所後も安定につながる要素が乏しい「不安定型」です。

つまり，高齢受刑者のなかにも，比較的安定した社会生活を送ってきた人や，社会に頼れる他者がいる人は存在します。一方で，すでに何度も受刑している人や，親やきょうだいと死別したり疎遠となったりしている人も多いです。さらに，心身の疾患を抱えていたり，認知症の症状を呈していたりする人もいます。もし，こうした受刑者らになんの支援もしなければ，刑務所を出所しても行く当てがなく，行きたい場所があっても自力でたどり着けず，衣食住を確保するために刑務所へ戻ろうとして，再犯に及ぶ可能性があります。

また，このように福祉支援が必要な状態にあるにもかかわらず，それらを希望しない高齢受刑者もいます。こうした高齢受刑者には，年齢が比較的低く，知的能力が高く，自分自身を高齢者であると感じていないといった特徴があります（神垣・船山，2014）。彼らのなかには，自分は今まで1人で生活できてきたから，これからも1人で生活できると考える人や，出所した後も国の世話になるのは嫌だと述べる人もおり，支援を拒むことで自尊心を保とうとする構えがみられます。こうした高齢受刑者の心情に理解を示しながらも，福祉支援を受けるように促すことが求められるのです。

■ 就労支援の概要

若くて健康な受刑者であっても，出所後に仕事がなければ，生活費を稼ぐことができず，経済的困窮から再犯に及ぶ可能性もあります。また，就労することは，金銭を得るだけでなく，社会とのつながりを形成することにもなり，安定した社会生活を維持するうえで大きな役割を担っているといえます。

2006年から法務省と厚生労働省が連携して**刑務所出所者等総合的就労支援対策**を開始したことで，出所後に就労を希望する受刑者等を対象とした就労支援の枠組みが固まり，キャリアコンサルタント等の資格を有する就労支援スタッフが矯正施設に配置されるようになりました。そして，受刑者らの自己理解や職業理解を促したり，ハローワークと連携して施設在所中に職業紹介を行えるように調整したりすることが可能となりました。また，非行や犯罪の前歴がある人を，その事情を理解したうえで雇用し，改善更生に協力する民間の事業主（**協力雇用主**）も増加傾向にあり，2014年からは一般には非公開の受刑者等専用求人の運用も開始されています。そして，こうした制度や雇用情報を円滑に利用できるように，法務省矯正局が管轄する**矯正就労支援情報センター**（通称**コレワーク**）が全国8カ所に設置されるなど，就労支援の制度は充実しつつあります。

■ 就労支援の課題

就労支援を実施するうえでの課題にはさまざまなものがあります。たとえば，支援を受ける本人の課題として，希望職種が定まらないことや特定の職種へのこだわりの強さ，就労意欲の乏しさなどがあります。その背景には，今までどのような就労生活を送ってきたのかといった個別の事情が存在します。

受刑者が今までどのような就労生活を送ってきたのかについて，神垣・川本（2017）は次の4つに分類しています。①無職期間がほとんどなく，1つの職場で長期にわたり稼働してきた「専門職型」，②転職回数はやや多いものの，無職期間が短く，正社員として稼働した期間のほうが長い「転職安定型」，③非正社員期間が長く，転職回数も多い「非正社員型」，④無職期間が非常に長く，就労した経験があまりない「長期無職型」です。たとえば，「専門職型」の就労生活を送ってきた受刑者は，今まで経験したことのない業種に転向することに抵抗感をもつと考えられます。一方，「非正社員型」の就労生活を送ってきた受刑者は，どんな仕事でも構わないからとりあえず就職したいといった考えが先行して，長く安定的に稼働する必要性を感じていないかもしれません。就労支援ではこうした本人の抱える課題に取り組むことが求められます。

一方，採用する企業側の課題もあります。一般企業の採用担当者が受刑者に抱くイメージとして，暴力沙汰を起こす危険性や不良者と結びついている可能性などといったことに由来する「得体の知れなさ」があり，それが雇用に積極的になれない1つの要因となっています（神垣，2018b）。また，2019年に法務省が実施したアンケート調査によると，協力雇用主であったとしても，殺人，性犯罪，覚醒剤取締法違反などの罪名を有する受刑者の雇用には抵抗感があるという結果が得られており，また，雇用したとしてもおよそ5割が半年以内に辞めてしまうという現状が示されています。

こうした困難さを少しでも減らすためには，施設在所中から受刑者らに対して就労を維持するための意欲やスキルを身につけさせる指導を実施することが重要です。また，施設での取り組みを企業に伝達したり，元受刑者を雇用した企業の困りごとを施設が理解したりする機会をさらに増やすことで，施設と企業との間にある認識の違いや隔たりを少しでも小さくし，施設内外で一貫した支援を実施することが必要です。

第5節　社会内処遇

これまで述べてきたような指導や支援を施設内で受けた受刑者らは，一般社会で生活するようになった後，どのように立ち直っていくのでしょうか。多くの受刑者らは社会に出ることを目標として受刑生活を送っています。しかし，実際は，社会に出るのはゴールではなくスタートであり，そこから再犯に及ばないために，よりいっそう努力し続ける必要があります。本節では，一般社会だからこそ可能な支援や必要な処遇等について簡単に紹介します。

■ 保護観察の概要

保護観察とは，犯罪や非行に及んだ人たちが更生できるように，社会内で支援や指導を行う制度です。国家公務員である**保護観察官**が，法務大臣の委嘱を受けた民間の篤志家である**保護司**（非常勤の国家公務員ですが給与は支給されません）の協力を得て，実際の処遇を行っています。とくに，保護司は，保護観察官に比べると数が多く，また，保護観察対象者が暮らす地域で生活する一般市民でもあり，より地域に根差したきめ細かな指導や支援を行うことが可能です。しかし，近年では保護司の高齢化が問題となっており，いかに安定的に保護司を確保するのかが課題となっています（高津戸，2020）。

保護観察には対象者別に次の５つの種類があります。①家庭裁判所の審判で保護処分として保護観察決定となった少年を対象とする保護観察，②少年院を仮退院した少年を対象とする保護観察，③刑事施設を仮釈放となった人を対象とする保護観察，④保護観察付きの執行猶予を受けた人を対象とする保護観察，⑤婦人補導院を仮退院となった人を対象とする保護観察です。これらの保護観察は，その処分が言い渡されるまでの手続きが異なるものの，保護観察の内容は大きく変わりません。

保護観察の対象者は，定期的に保護司等と面談をしたり，保護観察所に出頭して問題性に応じた処遇プログラムを受けたりしなければなりません。また，安定した社会生活を維持するために，就労や就学に励む必要もあるなど，保護観察対象者にはさまざまな義務が課せられます。これらは遵守事項といい，保護観察対象者全員に課せられる**一般遵守事項**と，対象者ごとに異なる**特別遵守事項**があります。これらの遵守事項を守らなければ，矯正施設に収容されることもあるのです。

■ 保護観察の効果

刑務所出所者のうち，一定数は再犯に及んでしまっているのが現状です（犯罪白書〔法務省，2020c〕によると2015年に出所した受刑者の5年以内再犯率は37.5%とされています）。しかし，出所後に保護観察を受けることとなる仮釈放者は，保護観察を受けない満期釈放者に比べて再犯率が低いというデータが示されています。犯罪白書（法務省，2020c）によると，2015年に刑務所等を出所した受刑者のうち，満期釈放者の5年以内再犯率は47.9%であったのに対して，仮釈放者は29.8%でした。このような結果は，複数の要因が複雑に影響しあって生じたものといえますが，その主要な要因の1つとして保護観察の有無があると考えられます。

法務省保護局の調査（法務省，2020a）では，性犯罪に及んだ保護観察対象者に実施している性犯罪処遇プログラムには，再犯抑止効果があることが示されています。また，羽間（2016）は，保護観察の強力な枠組みだけでなく，保護観察官や保護司などのチームワークが，対象者に治療的・援助的に作用すると述べています。さらに，1人では仕事を探せなかったり，安定した住居を確保できなかったりする出所者でも，保護観察の枠組みのなかで，援助を受けることによって，さまざまな社会福祉サービスにつながることができるという効果もあります。つまり，矯正施設に収容されたくないから保護観察中は真面目にしておこうという単純な動機で犯罪が抑止されているのではなく，保護観察の指導や援助自体が対象者を改善することにつながっているといえます。

このように，対象者に遵守事項を守らせたり問題改善のための介入をしたりすることを**指導監督**と呼び，対象者が自立した生活を送れるように支援していくことを**補導援護**と呼びます。保護観察はこの2つの介入によって，対象者の改善更生を図っているのです。

■ 自助グループ

とくに，依存症の問題を抱えた人たちは，こうした公的な枠組みだけでは十分に回復することが難しく，民間の団体が行っている支援を利用することも重要になります。たとえば，ナルコティクス・アノニマス（NA）という薬物依存者の自助グループは，全国さまざまな地域で毎日のようにミーティングを行っており，当事者同士が定期的に集まって互いに助けあうことで，薬物依存からの回復をめざしています。ほかにも，飲酒の問題を抱えた人を対象としたアルコホーリクス・アノニマス（AA）やギャンブルの問題を抱えた人を対象としたギャンブラーズ・アノニマス（GA）など，さまざまな自助グループが存在しています。これらの自助グループは基本的に無料で参加することができます。また，夕方に開催されることが多く，仕事をしながらでも参加しやすくなっています。このように，特定の問題や障害を抱えている人同士が集まって，互いの体験を分かちあいながら回復に向けて取り組む集団を**自助グループ**と呼び，刑務所等を出所した人たちも利用しています。

依存症の問題を抱える人にとっては，薬物やアルコール等が物理的に手に入らない刑務所に在所している間は問題を克服できたのか判断することができないため，社会に出てからいかに誘惑を断ち切ることができるかが課題となります。そのため，社会内でこそ，自分の気持ちを素直に話すことができ，理解してくれるような他者とつながることが重要です。こうした活動への参加を促すことも社会内処遇の１つといえます。

■ 修復的司法

犯罪は被害者を生みます。特定の誰かに身体的，財産的，精神的な被害を直接的に与える場合だけでなく，被害者や加害者の家族や身近な他者，地域社会に対しても間接的に悪影響を及ぼします。加害者は法律を破ったことで国から訴えられ，その結果として刑を受けます。刑を受け終われば，法律を犯したことに対する責任は果たしたことになるかもしれません。しかし，道徳的な観点からみると，実際に犯罪によって被害を受けた人々に対して謝罪をするということも必要ではないでしょうか。そこで，自らの犯罪行為によって侵害した被害者や地域社会等との関係を加害者自身が修復する必要が生じます。これが**修復的司法**の基盤となる考え方です。

その関係を修復する方法として，謝罪や被害弁償などがあり，それを実現するための当事者同士の対話を**VOM**（victim offender mediation；**被害者と加害者の対話**）といいます。そして，このVOMの位置づけによって修復的司法の定義は異なります。VOMを修復的司法の唯一の方法と捉えるのが**純化モデル**であり，修復的司法の定義を大きく捉えてさまざまなやり方を取り入れようとするのが**最大化モデル**です。

現在，日本では，弁護士会やNPO法人が主体となってVOMを主とした修復的司法が実践されています。その結果，当事者にとって納得のいく現実的なやり取りが成立するだけでなく，被害者と加害者双方の心情の整理や気持ちの安定といった心理的な効果が得られた事例も多く紹介されています（たとえば，藤本，2013など）。

注

1　刑事収容施設法第3条によると，刑事施設とは，①懲役，禁錮または拘留の刑の執行のため拘置される者，②刑事訴訟法の規定により，逮捕された者であって，留置される者，③刑事訴訟法の規定により勾留される者，④死刑の言渡しを受けて拘置される者，などを収容し，これらの者に対して必要な処遇を行う施設とされています。

2　更生保護法によって設置が定められている機関であり，保護観察所の事務を監督する役割を担っています。さらに，刑務所や少年院からの仮釈放・仮退院を許すかどうか，また，仮釈放・仮退院中の生活の様子を考慮して，それらの処分を取り消すかどうかを審理・判断しています。

3　教育の専門職員は教育専門官と呼ばれ，心理の専門職員は調査専門官と呼ばれます。ほかに，刑務所等の処遇の中心を担う刑務官や処遇カウンセラーと呼ばれる非常勤の公認心理師や臨床心理士，刑務所が提携している民間企業の職員などが受刑者の指導に当たることもあります。

4　刑務所や少年院から出た後に帰る場所がない人などを一定期間保護して，社会復帰の支援をする民間の施設です。各都道府県に1カ所以上あり，女性だけを受け入れる施設や少年だけを受け入れる施設なども存在します。

演習問題

① 改善指導を受けることによって，受刑者はどのように変化していくのか考えてみましょう。

② リスクアセスメントに頼りすぎることによって生じる可能性のある問題をいくつか挙げてみましょう。

③ 高齢受刑者が増加している理由についてさまざまな観点から考えてみましょう。

④ 刑務所を出所した後も社会で処遇や支援を行う必要があるのはなぜでしょうか。

ブックガイド

▶門本泉・島田洋徳（2017）．『性犯罪者への治療的・教育的アプローチ』金剛出版

実際に受刑者の改善指導を実施している実務家たちが，性犯罪者の処遇のあり方について解説している本です。刑務所内での改善指導をイメージするのにも役立つ

と思われます。

▶森丈弓（2017).『犯罪心理学——再犯防止とリスクアセスメントの科学』ナカニシヤ出版

リスクアセスメントの方法や改善プログラムの評価が詳しく説明されており，統計的な分析方法についても丁寧に解説されています。

▶刑事立法研究会編／土井政和・正木祐史・水藤昌彦・森久智江責任編集（2018).『「司法と福祉の連携」の展開と課題』現代人文社

ほんの10年ほど前まで，福祉支援の必要な犯罪者は司法領域と福祉領域の狭間で取り残されていました。その狭間に注目した司法福祉の現状と課題を多面的に紹介しています。

第15章 司法と被害者
「忘れられた存在」からの脱却

白岩 祐子

事件が報道されると，人々の関心は多くの場合，加害者に向けられます。被害者やその家族・遺族[1]に対しては，私たちは共感や同情を寄せはしますが，それ以上の関心をもつことはあまりありません。どこかに「被害者のことならよくわかっている」という思いがあるのかもしれません。しかし実際には，被害者が事件後どのような状況に置かれ，どんな経験をし，どんなニーズを抱いているかということは，ほとんど知られていないといっていいでしょう。

被害者が被害後に直面する問題は，司法，行政，医療など実にさまざまな範囲に及びます。本章ではこのうち，最も構造的な問題をもたらしてきた司法，とりわけ刑事司法に焦点をあて，被害者がそこで経験してきた主な問題（第1節），そのなかで是正されてきたこと，なお残る課題を概観します（第2節）。刑事司法は，被害者が気持ちを整理する一助になることもあれば，その苦しみを増幅させる原因にもなるなど，いずれにしても被害者に大きな影響をもたらします（被害者が被害後に経験する，犯罪被害に起因してもたらされる諸問題を**二次被害**といいます〔諸澤，1998〕）。こうした背景を含めて知っておくことは，将来みなさんが被害者臨床に関わる際きっと助けになるでしょう。

本章の最後では，犯罪被害が被害者の心身に及ぼす影響や，支援者としての留意点などに触れることとします（第3節）。

第1節 司法に対する被害者の要望

被害者が司法に望むことはなにかと問われたら，おそらく多くの人が「加害者に対する厳罰」を挙げるのではないでしょうか。それは必ずしも間違いとはいえませんが，被害者はそれ以前の段階で，多くのより切実な問題に直面してきました。

▩捜　査

公平で十分な捜査

その1つが警察による捜査に関するものです。少なくない遺族が「**公平で十分な捜査**をしてほしい」と願ってきました。これは交通事件，とくに死亡事件の遺族にひろく共通する願いといえます。被害者が亡くなっている場合，被疑者が自身に有利な主張，たとえば「被害者のほうが信号無視した」などと供述することがしばしばあります。問題はこれらの供述がそのまま採用されてしまうことで，遺族はそうした捜査に対し，死人に口なしだと不信感を募らせてきました（例：いのちのミュージアム，2009）。

交通事件はかつて，死亡者だけでも年間1万6765人（1970年の24時間以内死者数）に達するなど，**交通戦争**と呼ばれる時代をいくどか迎えてきました。もともと自動車優先の道路行政であるうえに（例：宇沢，1974），交通事件は故意犯ではなく過失犯であるとして，後述するように処罰はごく軽いものとなっています。このような状況下，次第に件数が増加するにつれ，捜査の行き届かない状況が慢性化するようになりました（内閣府，2004）。

事件が何万件発生しようとも，遺族にとっては家族を奪い，人生を一変させた出来事であることに変わりはありません。警察が捜査してくれないのなら自分たちの手で事件を解明する，と考える遺族は少なくなく，目撃者を探すために自らチラシ配りをしたり，車両を引きとって専門家に鑑定を依頼したりすることも珍しくありません（例：柳原，2005）。交通事件の遺族のなかで捜査に納得している人は約3割，という統計もあります（内閣府，2004）。以上のように，交通死亡事件の遺族の多くはまず，「公平で十分な捜査を」という願いを抱くことになります。

配慮ある対応

被害者は捜査の過程で配慮を欠く対応を受けることがあります。とくに警察官は被害者が被害直後にはじめて出会う司法関係者であり，その発言や態度は大きな影響を及ぼします。実際，被害から何十年と経過しても，警察官の当時の言動を詳細に記憶している被害者は少なくありません（白岩ほか，2017）。

遺族はまた，捜査過程での遺体の処置に傷つくことがあります。被害にあった直後の遺族にとって，被害者の突然の死はまだ現実感がなく，その身体は生きている被害者そのままに映ります。事件で痛い思いをしたであろう被害者の身体がさらに司法解剖[2]で傷つけられたり，粗雑に扱われたりすることに遺族は耐えがたい思いを抱きます（例：朝日新聞，1998；白岩・唐沢，2018）。そうでなくとも遺族は被害にあったことについて自分を責める傾向にありますが，こうした遺体の取り扱いを目の当たりにすることで，最後まで被害者を守ることができなかったと自責の念を強めます。

また，性犯罪被害者への警察の対応もしばしば問題視されてきました。現在も皆無ではありませんが，以前は被害者の法的権利が存在せず，その心情に配慮する重要性も特段認められていなかったため，現在の常識では信じがたいような言葉が被害者に向けて発せられることもありました。たとえば，ある女性は警察官から，「処女でもないんだからいいじゃないか」という趣旨のことをいわれています（板谷，1998）。殺されるかもしれない恐怖とたたかい，被害後には気力を振り絞って訪れた警察署で向けられたこの言葉は，自分にとって被害に匹敵するほどの衝撃だったとこの女性は述べています。

捜査過程などでこうした二次被害が生じるのは日本だけのことではなく，類似の事例は国外でもたびたび報告されています。この問題は学術的にも注目され，後述のように被害者非難（victim blame）や性犯罪神話（rape myth）などの心理学的テーマに発展し，多くの研究が行われてきました。

■刑事裁判

公判請求

捜査が進み，事件の管轄が警察から検察に移るころ問題になってくるのが刑事裁判です。遺族，とくに交通死亡事件の遺族の多くがこの段階で抱くのは，「事件を**公判請求**してほしい」という要望です。公判請求とは，公開法廷で行われる正式な裁判のことです。ここでは検察官，被告人と弁護士が各自の意見を述べ，裁判官が審理して判決を下します。日本の場合，事件を裁判にするかどうか決定し，それを実行に移すことができるのは検察のみです。

公判請求率，つまり事件が正式裁判に至る率は，交通致死傷事件の場合

1.21％と非常に低い値になっています[3]。不起訴になれば，事件の手続きはそこで終わります。また略式命令請求は書面審査（罰金）のみで，公開法廷での裁判は行われません。後述するように被害者，ことに遺族は事件の全容や死亡状況などをできる限り詳しく知りたいと願います。そのための手段が裁判の傍聴であり，遺族が公判請求を希望するのは主にこうした理由によっています。

裁判の傍聴

被害者が事件の全容を知るためには，事件が公判請求されること，その裁判を傍聴することが欠かせません。被害者は事件の当事者なので，裁判の日時や場所が通知され，希望者には専用の傍聴席も用意されるものと思う人がいるかもしれません。現在ではほぼそれに近い形になっていますが，以前はそのような配慮がなく，被害者は日時と場所を自ら調べるなどして裁判に出向きました。大きく報道されるような事件では，ときに数千人に及ぶ傍聴希望者にまざって抽選の列に並ぶこともありました。

とくに遺族は，故人の最期の様子を知りたいと願うものです（例：本村，2007）。被害者がどのような目にあったのか，どれほど苦しんだのか，最後にどんな言葉を残したのか，などの事実を知ることは，当然ながら遺族に強烈な苦痛をもたらします。現実と向きあうことには耐えられない，そんなことをしても故人は帰ってこない，と裁判の傍聴を希望しない遺族がいることも事実です。一方で，事件を最後まで見届けることは亡き被害者に対する自分たちの務めだとして，裁判に関わることを強く望む遺族も少なくありません（白岩ほか，2018）。

そしてまた，被害者の多くはなぜ自分たちが被害にあったのか，防ぐ手立てはなかったのかなど，事件の全容や背景についても知りたいと願います。第3節で触れるように，私たちは自分が暮らしている社会に一定の秩序を見出すことで，心の安寧を保ち，自己効力感を維持していくことができます。この世がもし無秩序であれば，誰も将来の計画を立てたり，そのための努力をしたりなどしなくなるでしょう。犯罪被害というきわめて理不尽な経験であったとしても，そこになにかしらの説明を与え，被害以前の秩序ある世界に組み込もうとすることで，被害者は，また事件とは関わりのない第三者も，再び社会や自分を信じることができるようになるのかもしれません。

被害者は（第三者も）このように切実な理由から，事件を自分なりに理解したいという欲求を抱きます。事件の情報は通常，被害者と加害者の双方から得ることができますが，死亡事件の場合には，「生きている被告人だけが知りうること」が避けがたく生じます。遺族がそうした情報にアクセスできるのは，基本的には刑事裁判だけなのです。

公平な裁判

被害者が裁判を傍聴すると，また別の問題が顕現化することがあります。被告人やその関係者にとって，裁判は自分たちの利害に直結する場所です。実刑は避けたい，実刑が避けられないならば刑を軽くしたいと願うのは，人間一般の傾向に照らせば自然なことであり，まして被害者が亡くなっていたり法廷にいなかったりすれば，その衝動が強まるのも不思議なことではありません。

被告人は法廷で自由な発言機会を認められています。一方でかつての被害者には，法廷で自由に発言したり，被告人らに反論したりする機会は認められていませんでした。人は誰しも，自分や家族に向けられた不当な発言や責任転嫁を耳にすれば，反論したい，正したいと願うものではないでしょうか。被告人や検事などが法廷内で自分たちのことを話題にしているのに，自分たちだけが傍聴席にいて発言できないというのは，当事者として当然承服しがたいことでしょうし，またそのような裁判は公平であるとはいえません。遺族のなかには，ものいえぬ故人に代わってその名誉を守りたいと考える人々がいます。発言・反論の機会がなく，一方的な主張をもとに進んでいく裁判を目の当たりにしたことは，裁判，ひいては司法そのものに対する強い不信や失望を被害者に与えることとなりました（例：岡村，1998）。

第2節　司法による応答

前節では，刑事司法における一連のプロセスにおいて，これまで被害者が直面してきた複数の問題のうち，とくに重要と思われるものを紹介しました。問題は多岐にわたるようにみえますが，結局のところ，刑事司法上の地位や権利が被害者には認められてこなかったという，1つの構造的な原因に集約されるように思います。こうした状況はその後少しずつ変わってきましたが，本節ではそのうちとくに主要な変化と，なお残る課題をみていきましょう。

■捜　査

司法において被害者のニーズが考慮されるきっかけを作ったのは，被害者と深い関わりをもつ警察でした。当時の警察庁長官（國松，1995）が，以前から温めていた構想を論文として公表したのです。そこでは，被害後に孤立無援となる被害者こそ手厚い支援を必要としていること，被害者の人権を保障することも警察の重要な任務であること，などが明記されました。この論文はその後，1996年に警察庁が策定した**被害者対策要綱**（2011年に改定されて**犯罪被害者支援要綱**となっています）へと発展し，これが警察におけるはじめての組織的取り組みとなりました。

被害者対策要綱で最重要課題とされたのが，捜査情報を被害者に伝える**被害者連絡制度**の制定です。これ以前，被害者に対する情報共有の程度は担当する警察官によって大きく違っていました。この制度によって被害者は，捜査や被疑者などについての情報を所定のタイミングで確実に得ることができるようになりました。また，性犯罪捜査のあり方も見直されることとなりました。自治体警察のなかには，専任担当を置き，被害者が女性である[4]ことに配慮して女性の捜査員を組織化するところもあり，それらの地域では被害者の状態に配慮した事情聴取が進められるようになりました。

このようにして，前節で挙げた諸課題のうち，捜査段階で生じていた問題のいくつかは一定程度改善されました（白岩ほか，2017）。さらに，犯罪捜査規範の改定や，それまで自己負担であった被害者の事情聴取時の交通費・宿泊費を予算化するなど，警察はその後も一連の被害者政策を進めています。今後は，ドライブ・レコーダ類の義務化やGPSなどを活用した正確な交通捜査や，一部の遺族の精神的負担となっている司法解剖の代替として，CTやMRIを用いた死因究明法[5]を導入するなど，新しい技術を活かした正確で被害者にやさしい犯罪捜査の進展が期待されるところです。

■刑事裁判

各種の配慮

2000年に**犯罪被害者保護法**が制定され，それまで「国家からも司法からも忘れられた存在」（日本弁護士連合会犯罪被害者支援委員会，2004）といわれてきた被害者の法的地位が一歩確実に進むことになりました。たとえば，被害者が傍聴を希望する場合，裁判所はできる限りその希望に配慮することが義務づけられました。人数制限などはありますが，この規定によって被害者の多くは整理券をもらう列に並ぶ必要がなくなり，また抽選に外れて傍聴できないといった事態も減ることとなりました。

被害者はまた，検察側の証人として出廷し，証言を求められることがあります。しかし，被告人が親や教師，あるいは暴力団関係者など高い威圧感が生じたり報復のおそれがあったりする場合，被害者が証言することはしばしば難しくなります。その対策として，傍聴席や被告人席と証人席のあいだに衝立を置いたり，別室からの証言を認めたりするなどの措置がとられるようになりました。世の中には性犯罪事件ばかりを選んで傍聴する人もいます。この**遮蔽措置**や**ビデオリンク方式**は，被害者をそうした好奇の目から守る機能も果たしています。

裁判への参加

事件の全容を知りたい，公平な裁判をしてほしい，という被害者の要望は，裁判参加という形で実現しました。2008年に始まったこの**被害者参加制度**が適用されるのは，特定の重大事件であること，被害者が希望していること，裁判所が認めていること，などの条件に該当する刑事裁判です。これによって被害者は，傍聴席ではなく法廷内に着席し，各種書類に目を通し，特定の範囲で意見を述べたり質問したりすることができるようになりました。さらに，弁護士（被害者参加弁護士）をつけることもでき，被告人と同様，国選弁護や費用援助を受けることも可能となりました。

事件について知る権利を保障する，故人の名誉を守るなど，裁判参加には被害者にとって重要な意義があります（白岩ほか，2016）。また，真相解明が進んだり，刑事司法に対する被害者の不信がやわらいだりするのであれば，この制度は刑事司法全体にも望ましい効果をもたらすでしょう（例：瀬川ほか，2007；椎橋，2008）。実際，死亡事件の遺族を対象に行われた研究では，司法に対する遺族の強い不信が裁判参加によって緩和することが確認されています（白岩・唐沢，2014）。

前掲のように，事件のことはつらすぎて思い出したくない，加害者らとは一切関わりをもちたくないなどの理由から，傍聴や裁判参加を選ばない被害者もいます。おそらく，これはすべての被害者に共通する思いといえるでしょう。

実際，被告人や弁護士の発言にショックを受けるなど，裁判に関わることで被害者の心理状態はしばしば悪化することが指摘されています。それでもあえて裁判に関わることを選んだ被害者の多くは，つらい，忘れたいという気持ちを上回るほど強く，後悔したくない，故人のために家族としてできることはすべてやってあげたい，と考える傾向にあるようです（白岩ほか，2018)。慣れない裁判に関わることは，それでなくとも心身・経済・生活面で苦境にある被害者にとって重い負担となりますが，長い目でみた場合，裁判に関わることを選んだ被害者のほうが後悔や自責の念は少ないようです。

■ なお残る課題

交通事件の軽視

ここまでみてきたように，近年多くの被害者法制が整備され，被害者を取りまく法的環境は明らかに改善されつつあります。ただし，そのなかでも交通事件の扱いは，報道機関が取り上げるような一部の事件を除けば，いぜん軽いといわざるをえません。交通被害者は刑法犯による死傷者全体の96.18％を占め（国家公安委員会・警察庁，2020)，1946年から2020年までの累計死者数は64万人を超えます（北海道交通安全推進委員会サイト「交通事故統計情報〔年別交通事故発生状況〕」)。それにもかかわらず，あるいはそれゆえに，被害者が日々うまれているという現実は軽視されがちです（例：二木，1997)。自動車による便益を享受する現代社会では，それに伴う被害は副次的で「やむをえない」こととして，殺人事件などの被害より黙認される傾向にあります。この風潮は，前節で触れた公判請求率の低さや執行猶予の多さ，法定刑の軽さなど，刑事司法のあらゆる処遇に表れています。

遺族にとって，法的扱いの軽さと同じかそれ以上に無念なことは，いつまでたっても同じような事件が繰り返されることでしょう。もし，自分たちの事件をもとに対策が講じられ，新たな被害を防ぐことにつながったならば，自分や家族の犠牲はけっして無駄ではなかったと，被害に公共的な意味を見出すことができます。それは遺族にとって大きな慰めになるはずです。このような観点からも，被害者は誰より犯罪予防を願う存在であり，実際，死亡事件ゼロをめざして活動している交通被害者団体が存在します[6]。

また交通事件でけがを負い，重度の後遺障害が残った人々の存在を無視することはできません。経済的，あるいは生活上の負担もそうですが，とくに子どもを介護する親には自身の老後や死後のことが大きな心配事としてのしかかります。今後，重度障害者の受け皿を組織的に増やしていくことは緊急性の高い課題といえるでしょう。

性犯罪被害の暗数化と支援へのアクセス

性犯罪被害の警察などへの通報率は，諸説ありますが4%未満（内閣府男女共同参画局，2018）など総じて低い値となっています。被害者の多くは身近な人に対しても，心配させたくない，状況を悪化させたくない，性的なことは口にしづらい，信じてもらえないのではないか，などの理由から被害のことを相談しません。ましてや警察に相談・通報する人はわずかであり，被害の多くは潜在化することになります[7]。こうした被害の**暗数化**はさまざまなレベルで問題を引き起こしますが，最大の問題は，被害者が必要な支援にアクセスしにくくなることでしょう。

全国では，性犯罪被害者のための**ワンストップ支援センター**の設置が進められています（犯罪被害者全般の支援機関としては**法テラス**〔日本司法支援センター〕などがあります）。相談業務のほか医療や法律面からの支援もセンターに集約され，ここにアクセスすることで，性犯罪被害者は必要な一連の支援を受けることができるようになりました。センターは各都道府県で最低1カ所は設置することが自治体に義務づけられ，全国47カ所が開設するに至っています（2021年8月末現在）。産婦人科医との連携や警察への付き添いなど，実際的で有益な支援体制が整いつつあるわけですが，今のところその存在が周知されているとはいいがたい状況にあります。センターの知名度向上はこれからの課題といえるでしょう。

第3節　メンタルヘルスと被害者支援

将来みなさんが公認心理師として被害者支援にたずさわる場合，心理の専門家として理解しておくべき事柄があります。詳細については章末ブックガイドなどを参照して学習を深めていただくとして，本節では，被害者に特徴的な症状や心理的反応と，支援者自身のメンタルヘルスに論点をしぼって概説したいと思います。

■ 被害後の症状と支援

性犯罪被害

性犯罪被害は心身に長期にわたり甚大な影響をもたらします。そのうち身体への影響としては，性器の損傷や性感染症，妊娠・中絶などが挙げられます。また心理・精神的な影響としては，**心的外傷後ストレス障害**（PTSD），うつ病，不安障害，アルコール・薬物依存，自傷，自殺念慮・企図が深刻な症状として挙げられます（例：Boudreaux et al., 1998；Breslau et al., 1998；Kessler et al., 1995；Kilpatrick et al., 1997；Rees et al., 2011）。そのほかにも，性犯罪被害は後述する自責感や自尊心の低下など，広範囲に及ぶ心理的影響をもたらします（松本，2020）。

支援を被害直後（急性期）とそれ以降（慢性期）に区別した場合，急性期の被害者は混乱，強い衝撃，現実認識の欠如などの状態にあることが多く，この局面では物理的に役立つ支援がとくに重要となります（中島，2016）。具体的には，被害者の心配事やニーズを確認し，それらを満たす手助けをしたり，さらなる危害が及ばないよう配慮したりすることが求められます。

被害から数カ月経過するころには，自然と回復の兆しが現れてくる被害者もいますが，人によっては症状が慢性化することもあり，その局面ではうつ病やPTSDなどの専門的治療が必要となります（中島，2016）。PTSDについては，投薬や**認知行動療法**の有効性が報告されています。

死亡事件

犯罪被害による死別は，それが突然の出来事であり，また人為的にもたらされた死である点，ほかの死別と異なります。そのため遺族はよりネガティブな影響を受けることになります（例：Kaltman & Bonanno, 2003；Murphy et al., 1999）。具体的な症状としては，死別に伴う心身反応の総称である悲嘆反応，これが長期化・慢性化し，喪失の否認などが特徴的にみられる複雑性悲嘆，そしてうつ病，PTSDが挙げられます（白井，2008）。

以下，白井（2008）に基づき，症状と必要な支援を時間の経過に沿って3段階で挙げると，まず被害直後（初期）には，性犯罪被害者と同じく感情や現実認識の欠如が多くみられます。この段階では，睡眠や食事など最低限の健康管理や，報道被害などの事件関連ストレスを避けるための物理的な支援（弁護士が代理でメディア対応するなど）が求められます。中期になると，喪失の実感と，それに伴って激しい感情が生じてきます。PTSD やうつ症状が現れるのも多くはこの段階です。また，自殺念慮などにも注意が必要です。後期では個人差が大きくなり，長期のうつ病や複雑性悲嘆を示す人も現れます。この段階では遺族自身，症状を自覚していることが多くなるため，PTSD や複雑性悲嘆などに特化した治療が行いやすくなります。

■ 自責の念・被害者非難

公正世界信念

被害者がそれまでもっていた信念や認知は被害によって脅威にさらされることになります。私たちは概して，他者は信頼に足る存在で，この世は基本的に安心できる場所であり，自分は価値のある存在だと暗黙のうちに考えています。自身や家族が被害にあうことによって，この認知は根底から覆され，社会や他者への不信感，自己の無価値観が立ち上がってきます（例：Janoff-Bulman, 1992）。司法や行政の対応など，被害後の経験もこの傾向に拍車をかけます。

関連して，被害者の多くは自分を責めます。これはとくに性犯罪被害者にひろくみられる特徴です（中島，2016）。自責については，被害によって失われた自己効力感や社会・秩序への信頼を取り戻そうとする試みだという指摘もあります（Herman, 1992）。自責はまた遺族にも多くみられます。あの日，自分が迎えに行っていれば，自分がひきとめていればと悔やみ，自身を責める遺族は少なくありません。

被害者を責めるのは被害者本人に限ったことではありません。被害によって奪われ傷つけられたものが大きいだけに，本来被害者を支えることが期待される家族が被害者を責め非難するのは，残念ながら珍しいことではありません（**被害者非難**）。ある日突然被害にあうことがあるという現実は，被害者本人にはもちろんのこと，家族ら関係者，そして第三者にとっても大きな脅威となります。そのため，被害者の言動になにかしらの「原因」を見出し，被害にあったことの「理由づけ」をしようとすることで，世界は秩序ある場所であり，落ち度がない限り自分は被害には無縁だという信念を守ろうとすることがあります。この認知は**公正世界信念**（belief in a just world；Lerner, 1980）としてひろく知られています。

性犯罪神話

第三者が性犯罪被害者を非難する別の要因として，性犯罪や被害をめぐる社会通念の存在が挙げられます。これは**強姦神話**や**性犯罪神話**[8]（rape myth）と呼ばれ，「(性犯罪は）見知らぬ相手から受けるもの」「挑発的な服装が被害を招く」「抵抗しないのは同意している証拠」など，性犯罪の加害者，被害者，被害の状況をめぐる俗説を反映した信念を意味しています（Burt, 1980）。実際には顔見知りによる犯行が多いなど，通説と現実にはずれがあるわけですが（齋藤・大竹，2020），刑事司法や社会ではひろく「事実」とみなされているために，たとえば顔見知りによる犯行が犯罪とみなされにくい，被害者が責められるなど，さまざまな影響が被害者に及ぶこととなります。

■ 支援者のメンタルヘルス

支援者もまた，多くの困難や障害に直面することを余儀なくされます。ここでは支援者に特徴的な心理的反応と留意点を挙げます。

二次的外傷性ストレス

被害者と同じような心身の反応が，支援者に起こることがあります（山下，2008）。これはトラウマとなる出来事を間接的に経験したことで生じるため，**二次的外傷性ストレス**，あるいは二次受傷（secondary traumatic stress；Figley, 1995）と呼ばれています。

長年，日本の被害者臨床の第一線にいる小西（1996）は，被害者の経験がそれを聞く者に圧倒的な**無力感**をもたらすことを指摘しています。世の中にこれほど酷いことがあるのかと衝撃を受け，熱意ある支援者ほど，そうした状況で自分にできることはほとんどないのではないかと感じる傾向があるようです。宮地（2007）はさらに，支援者が社会や他者への**不信感**，そして**罪悪感**にも直面すると指摘します。被害者の経験を通して支援者もまた，なにも，だれも信じることができないと感じ，さらに自分が被害と無縁であることに罪悪感を覚え，私生活でさえ，そこで楽しんでいる自分を見出して後ろめたい思いを抱くことがあります。

バーンアウトを防ぐ

トラウマに関わるうえでは，このように支援者自身も傷つくことが避けられません。こうした状況で支援者が，自身の心身の健康を保ちながら被害者と安定して関わり続けるためには，支援者が「孤立しないこと」が重要です。小西（1996）はトラウマの深刻さについて，被害者はもちろんのこと，支援者であっても1人で受け止められるものではないと述べたうえで，支援者が**バーンアウト**を避けるためには1人でやらないこと，協力者を作ることが不可欠だと指摘しています。

長期的展望をもつことの大切さも挙げられています。長井（2004）は，「燃えさかるような熱意をもって取り組むというよりもむしろ，どのような事態が途中で生じても投げ出さずに長期にわたって関わり続けられるだけの静かで穏やかな熱意」が支援者には求められると述べています。被害者や被害者をとりまく問題と長く関わっていこうとするならば，ひろい視野と長期的な時間軸をもつこと，そして燃え尽きないための努力が欠かせないといえるでしょう。

第4節　社会への信頼の回復をめざして

被害者臨床の重要性

被害者の心身の健康はいまや，国や自治体を挙げて取り組むべき課題とされています。きっかけになったのは，2005年に施行された**犯罪被害者等基本法**です。ここでは被害者の権利がはじめて明確に認められたほか，国と自治体による支援の方針が示されました。そのなかで，「精神的・身体的被害の回復・防止への取組」が重点課題の1つとして挙げられたことで，国と自治体は，被害者の心身の問題に取り組む責務を担うこととなりました。

しかしながら現状，心理・精神面での被害者支援の体制は整っているとはいいがたい状況にあります。まず，被害者臨床に精通した専門家や支援者が少なく，少なからぬ負担がこれら一部の人々に集中しています。そして，被害者臨床を専門としていない臨床現場にアクセスした被害者が，必ずしもそのニーズに即した診療や支援を受けているわけではありません。今後，犯罪被害に固有の問題をよく知る実務家，専門家を全国レベルで養成することが望まれます。

被害者支援の難しさ

被害者臨床に関する著作をいくつか手にとると，そこには共通する1つの特徴を見出すことができます。それは，これらの著作がけっして心の問題だけを扱っているわけではない，ということです。

被害者が直面する困難は多岐にわたり，本章でみてきた刑事司法や心身の問題のほかにも，経済的困窮，生活支援の不足，行政の無関心，SNSなどを通じた非難や誹謗中傷，社会の無理解や誤解，そして報道機関による過熱取材（メディア・スクラム）など，深刻で構造的な問題は数多く存在しています。このような問題に直面する被害者の支援では，必然的に「包括的であること」が求められます（中島，2016）。つまり，メンタルヘルスの専門家といえども，被害者をとりまくさまざまな問題を理解し，司法など他分野についても基本的な知識を備えておくことが必要となります。たとえば，裁判や保険のための診断書，鑑定書，意見書の提出や，法廷での証言を求められるなど，被害者臨床はとくに司法と不可分な関係にあります。支援者には，犯罪被害に関連する諸問題をひろく視野におさめ，必要に応じて他分野と連携・協力することも期待されているのです。

被害者支援がさまざまな観点からハードルの高い困難な職務であることは否定できません。しかし，私たちが暮らす社会には，そうした支援を切実に必要としている人々がいます。被害者が被害にあう前と同じ世界に戻ることは不可能だとしても，犯罪によって一度は損われた社会への信頼を取り戻すうえで，その社会からの支援はどうしても欠かすことができません。被害者臨床はその一翼を担う，重要な役割を負っています。

注

1　本章では，件数の多い交通死傷を中心に，殺人，性犯罪など生命・身体に関わる犯罪をとりあげ，その被害者や家族・遺族を総称して「被害者」と呼びます。

2　司法解剖は死因を特定するために行われます。遺族に拒否権はありません。

3　2019年に検察が公判請求した件数を受理総数で除した値。うち致死事件に限定した公判請求率は28.58％（法務省，2019）。また公判請求に占める実刑率も低く，致死事件でも4.93％にとどまります（法務省，2020）。つまり，死亡事件を起こしても多くの加害者は正式起訴をされず，されたとしても大多数は刑務所に収容されません。

4　当時の強姦罪は被害者を女性に限定していました。しかし2017年，包括的な強制性交等罪に変更され，処罰の対象となる行為が拡大されるとともに，被害者の性別の限定も外れることとなりました。

5　死亡時画像診断（autopsy imaging）のこと（例：海堂，2018）。

6　ドライバーや歩行者などの意識に働きかけるだけでは限界があるとして，速度が出にくい自動車や道路，歩車分離式信号，学校近くの道路の速度制限や通行禁止など，ドライバーのミスやエラーを二重・三重にカバーする環境面の改善を行政などに求めています。

7 通報しても不起訴処分になったり，起訴されても被告人が無罪になったりすることの多い現状に照らせば，多くの被害者が暗黙裡に，通報しないことを「合理的」とみなすのは，残念ながらやむをえないことなのかもしれません。この問題については刑法改正の必要性が指摘されています（例：齋藤・大竹，2020）。

8 ほぼ同じ信念がひろく性犯罪全般でみられることから（白岩・深澤，1998），性犯罪神話と呼ぶことがあります。

演習問題

① 刑事司法に対する被害者のニーズのうち，とくに印象に残った1点を挙げ，その理由を述べてみましょう。

② 犯罪被害にあったことについて，被害者本人，周囲の人間や第三者がしばしば被害者を責め，非難してしまうのはなぜでしょうか。

③ 被害者臨床に関わる専門家には，「心のケア」以外にどのようなことが求められますか。具体的に挙げてみましょう。

④ 本章読了以前，あなたが犯罪被害者に抱いていたイメージはどのようなものでしたか。またそれは本章を通じてどう変化したでしょうか。

ブックガイド

▶**高橋シズヱ・河原理子編（2005）.『〈犯罪被害者〉が報道を変える』岩波書店**

報道機関による二次被害の実情とその社会的役割を理解するのに有益です。

▶**小西聖子（2008）.『犯罪被害者のメンタルヘルス』誠信書房**

被害者カウンセリング・治療の総論と各論が実務家向けにまとめられています。チェックリストや鑑定書の書き方例などもあり実践的です。

▶**小西聖子・上田鼓編（2016）.『性暴力被害者への支援――臨床実践の現場から』誠信書房**

被害者臨床の専門家が，性犯罪被害に特化した被害者支援のポイントを解説しています。豊富な事例や時期別の留意点など，すぐに役立つ内容も盛り込まれています。

▶**岡村勲監修（2007）.『犯罪被害者のための新しい刑事司法――解説 被害者参加・損害賠償命令・被害者参加弁護士・犯給法』［第2版］明石書店**

被害者参加制度の制定に尽力した，自身も殺人事件の遺族である弁護士が監修した逐条解説です。さまざまな論点がQ&Aなどに整理されています。

▶**宮地尚子（2018）.『環状島＝トラウマの地政学』［新装版］みすず書房**

被害者支援の実情が，実務家らに向け率直に語られています。「支援は難しい。支援者であることは難しい」という一文に首肯させられます。

第16章 子ども支援
離婚を超えて

中園 江里人

ここまで，犯罪・刑事司法と心理学との関わりについてみてきました。しかし，司法には心理学と大きく関わる領域がもう1つあります。それは，家事事件の領域，すなわち夫婦・親子・相続をめぐる紛争です。これらは親族間の争いですので，紛争を解決するために当事者・関係者の心情を調整して意思を適切にくみ取る必要がありますし，紛争に伴って当事者・関係者が負った心理的なダメージを回復するための支援も必要です。

そこで，本章では，家事事件のなかでもとくに心理的支援の必要性が高い，未成年の子のある夫婦の離婚という問題に焦点をあてて，家族の崩壊や生活環境の変化などにより大きなダメージを受ける子どもに対する支援という視点から，法制度と心理的支援について概説します。

第1節 離婚と親子に関する法制度

■ 親権の意義と内容

成年[1]に達しない子は，父母の親権に服します（民法818条）。**親権**の内容は，大きく身上監護権と財産管理権とに分けられます。

親権の内容

① 身上監護権

- 子を監督・保護し教育を受けさせる（民法820条）
- 子の居所を指定する（民法821条）

- 子を懲らしめ戒める（民法822条）
- 子の職業を許可する（民法823条）
- 子の営業（継続的な同種の営利行為）を許可し，取り消す（民法6条）

② 財産管理権

- 財産を管理し，財産に関する法律行為を代理する（民法824条）
- 未成年者の法律行為について同意・取消しをする（民法5条）

親権は「子の利益のために」（民法820条）行使しなければなりません。親権の行使が困難または不適当で子の利益を害するときは，家庭裁判所により親権を喪失させられ（民法834条）または停止される（民法834条の2）ことがあります[2]。

■ 離婚と親権

日本では，子の父母が**離婚**する場合，一方だけが親権者になります（民法819条）。いわゆる単独親権制です[3]。共同親権制（離婚後も父母が共同で親権を行使する）を採用している国も多く[4]，日本でもそれに関して議論されています（法務省，2020）。

■ 離婚後の子の監護等に関する定め

離婚の際には，別居親と子との面会交流や，子の養育費に関する事項を，子の利益を最優先に考慮して，定めるものとされています（民法766条）。しかし，これは努力義務にとどまり，面会交流や養育費に関する取り決めがなくても，離婚届は受理されます。

離婚によって夫婦関係は終了しますが，親子関係は残ります。（離婚後も）親には子を扶養する義務があり（民法887条），その内容は，（自身に余裕がなくても）自身と同質同程度の生活を確保しなければならないというもの（生活保持義務[5]）です。別居親と子が適切なつながりを保ち，子の健やかな成長を実現するために，現実的なつながりである面会交流[6]と，経済的なつながりである養育費はとても重要です。

■ 離婚と戸籍・氏

戸籍と氏

戸籍は，人の身分関係を時系列に沿って把握するための情報が記載された公文書です。その市町村内に本籍を定める一組の夫婦およびこれと氏を同じくする未婚の子ごとに，編製されます。夫婦は，婚姻（結婚）する際，どちらかの氏を称すると決め（民法750条），それを婚姻届に記入して役場に提出します[7]。婚姻届が提出されると，夫婦について新しい戸籍が編製され，夫の氏を称するときは夫が筆頭者となり，妻の氏を称するときは妻が筆頭者となります。夫婦間に子が生まれると，その子は父母の氏を称し（民法790条1項），父母の戸籍に入ります。

図16-1は，田中一郎さんと佐藤花子さんが2020年2月2日に婚姻し，夫の氏を称する旨を届け出たことによって編製された，田中一郎さんを筆頭者とする戸籍です。2021年4月4日に長女の光さんが生まれたことが記載されています。

離婚に伴う変動

図16-1で一郎さんと花子さんが離婚した場合，花子さんは，この戸籍から除籍されます。そして，花子さんの選択により，①婚姻前の氏（佐藤）に戻り婚姻前の戸籍（筆頭者＝佐藤大地）に戻る，②氏は佐藤に戻り新しい戸籍（筆頭者＝佐藤花子）を作る，③氏を田中として[8]新しい戸籍（筆頭者＝田中花子）を作る，のいずれかとなります。

子の氏の変更

図16-1で，花子さんが離婚に伴い除籍された後も，光さんの戸籍はそのままです。花子さんが親権者になった場合，母子の戸籍と氏が別々になってしまいます。このような場合，家庭裁判所の許可を得て，子の氏を母の氏に変更し（民法791条），子を（父の戸籍から除籍して）母の戸籍に入れることができます。図16-1でこれを行った場合，光さんは，離婚時に花子さんが②を選んでいたときは佐藤光となり，花子さんが③を選んでいたときは田中光となります。子が小学生の場合などでは，子の名字が変わらないようにという配慮から，③が選ばれることがままあります。

	全部事項証明
本　　籍 氏　　名	東京都千代田区霞が関1—1 田中一郎
戸籍事項 　戸籍編製	 【編製日】　令和2年2月2日
戸籍に記載されている者 身分事項 　出　　生 　婚　　姻	 【名】　一郎 【生年月日】　平成5年5月5日　【配偶者区分】　夫 【父】　田中和雄 【母】　田中桃子 【続柄】　長男 【出生日】　平成5年5月5日 【出生地】　東京都千代田区 【届出日】　平成5年5月7日 【届出人】　父 【婚姻日】　令和2年2月2日 【配偶者氏名】　佐藤花子 【従前戸籍】　東京都千代田区平河町7丁目7番地　田中和雄
戸籍に記載されている者 身分事項 　出　　生 　婚　　姻	 【名】　花子 【生年月日】　平成3年3月3日　【配偶者区分】　妻 【父】　佐藤大地 【母】　佐藤清海 【続柄】　二女 【出生日】　平成3年3月3日 【出生地】　大阪府大阪市中央区 【届出日】　平成3年3月4日 【届出人】　父 【婚姻日】　令和2年2月2日 【配偶者氏名】　田中一郎 【従前戸籍】　大阪府大阪市中央区本町1丁目1番地　佐藤大地
戸籍に記載されている者 身分事項 　出　　生	 【名】　光 【生年月日】　令和3年4月4日 【父】　田中一郎 【母】　田中花子 【続柄】　長女 【出生日】　令和3年4月4日 【出生地】　大阪府大阪市中央区 【届出日】　令和3年4月5日 【届出人】　父 【送付を受けた日】　令和3年4月11日 【受理者】　大阪府大阪市中央区長
	以下余白

図16-1　戸籍の記載例

第2節　離婚等の手続きと支援

■協　議

手続き

夫婦が話しあって離婚しようと決め，離婚届を提出すれば，離婚が成立します（民法763条，764条）。これが協議離婚です[9]。未成年の子がいる場合は，どちらが親権者になるかを記入しないと，離婚届が受理されません（民法819条1項）。面会交流や養育費に関しては，2012年に，離婚届に取り決め有無のチェック欄が設けられましたが，「無」にチェックして提出しても受理されます。面会交流や養育費の取り決めなしに協議離婚した場合，調停・審判手続によってそれらを決めることができます（民法766条2項）[10]。なお，養育費に関しては，裁判所が算定基準・算定表を策定・公表しており（裁判所サイト「平成30年度司法研究〔養育費，婚姻費用の算定に関する実証的研究〕の報告について」），実務上大きな影響力をもっています。

支　援

協議離婚における取り決め（親権者，面会交流，養育費）や，その前段階である夫婦不和から離婚に至るプロセスにおいて，夫婦は感情的に対立し，子との関係について悩み，さまざまなストレス・葛藤にさらされます。子も，両親の感情的対立や家族の崩壊によって，深刻なダメージを受けます（たとえば，忠誠葛藤・喪失感・無力感・罪悪感など）。子と別居親の関係が障害され，子が非現実的なほど否定的な見方や感情によって別居親との接触を拒絶することもあります（**片親疎外**[11]）。問題を早期に解決しダメージを低減するためにも，この段階における援助が最も重要とも考えられます。

夫婦不和の初期段階であれば，夫婦カウンセリング等によって関係が修復できるかもしれません。夫婦一緒に相談できなくても，一方がカウンセリングを受けることで，不安が軽減され，配偶者との関係と子との関係とを分けて考えることができるかもしれません。しかし，現状では，この段階における心理的な援助は，充実しているとはいえません。今ある資源としては，公的なもの[12]として，養育費相談支援センター，自治体の母子・父子自立支援員，自治体の母子家庭等就業・自立支援センター等における養育費相談などがあり，民間のものとして，FPIC（公益社団法人家庭問題情報センター）のファミリー相談室などがあります[13]。これらの相談窓口が拡充され周知されるとともに，すべての窓口に心理的援助のスキルをもつ人員の配置が望まれます。とくに，子に対する支援は，早急かつ大規模に拡充する必要があります。家族の崩壊や生活環境の変化などに伴うダメージを軽減する支援や，子の意向や要望を適切に両親に伝える支援が，とりわけ重要です。

主な支援機関・事業

●FPIC

元家庭裁判所調査官らが1993年に設立した団体で，各地にファミリー相談室を設置し[14]，家庭問題に関する心理・教育相談，面会交流の援助，離婚協議等の裁判外調停手続（alternative dispute resolution：ADR）などを行っています。

面会交流援助の流れは，①父母が個別に事前相談する，②父母間でFPICの援助条件と整合する面会交流の合意をする，③父母とFPICとの間で支援契約を締結する，というものです。支援の種類は，a. 連絡調整型（支援者が間に入って両親と連絡し，面会交流の日時・場所等を決める），b. 受け渡し型（a. に加えて，父母が直接顔を合わせなくてよいように，支援者が同居親から子を預かり，別居親に引き渡す），c. 付き添い型（a. b. に加えて，面会交流の場に支援者が付き添う）などがあります。

●養育費相談支援センター

全国の養育費専門相談員，母子自立支援員などのための相談支援事業，研修事業，情報提供事業などを行うほか，当事者からの相談も受けています。厚生労働省がFPICに委託しています。

●母子・父子自立支援員

社会的信望がありかつ必要な熱意と識見をもっている人のなかから，都道府県知事・市長・特別区の区長・福祉事務所設置町村長によって委嘱され，原則として福祉事務所で勤務します。2019年度末時点の人数は1762人（常勤494人，非常勤1268人）です。その職務は，ひとり親家庭に対する生活一般についての相談指導や，母子父子寡婦福祉資金に関する相談・指導などです。離婚を考えている段階の人は，相談対象に含まれませんが，実際にはそのような相談にも応じています。

●母子家庭等就業・自立支援センター事業

都道府県・指定都市・中核市が実施主体となり，母子家庭の母などに対して，一貫した就業支援や養育費・面会交流に関する支援を行うものです。「養育費等支援事業」には，①養育費に関する専門知識を有する相談員の配置，②相談員による相談・家庭裁判所への同行，③弁護士による離婚前・離婚後の養育費取得のための法律相談，などがあります。「面会交流支援事業」には，①面会交流支援員の配置，②支援員による面会交流援助（両親と事前相談を実施して支援計画を作り，それに従って面会交流時に子どもを引き取り面会交流の相手方に引き渡したり，面会交流の場に付き添ったりする），などが含まれています。

■調　停

手続き

離婚協議がまとまらない場合，離婚を求める当事者の申立てによって，**調停**手続（家庭裁判所で，調停委員会〔裁判官１名と家事調停委員２名以上〕が仲介して当事者間の合意を斡旋する非公開の手続き）が行われます。当事者が交代で調停室に入って調停委員会と話をする（当事者同士は顔を合わせない）という進め方が標準的です。１回の手続きは２時間程度で，必要に応じて適当な期間をあけて複数回手続きを行います。そして，両当事者が離婚することに合意すれば，調停が成立し，合意内容が調停調書に記載され，調停は終了します[15]。その後，一方の当事者が調停調書の謄本を離婚届[16]と一緒に役場に提出すると，離婚が成立します。離婚調停においては，離婚および親権者の決定だけでなく，面会交流・養育費・財産分与（婚姻中に形成した財産を分ける）・離婚に伴う慰謝料などについてもあわせて話しあうことが通常です。面会交流については，禁止・制限すべき事情（虐待等）がない限り，適切な頻度・方法[17]で実施する方向で，斡旋されます[18]。合意の成立を促すために，裁判所の構内で試行的な面会交流を実施することもあります。養育費については，裁判所の算定基準に従った内容での合意が斡旋されます。財産分与については，婚姻中に形成した財産（名義を問いません）を２分の１ずつ取得（折半）することを基本に，合意が斡旋されます。離婚調停において合意ができないときは，調停は不成立で終了します。その後，離婚を求める当事者は，訴訟を起こすことになります。

協議離婚時に面会交流や養育費の取り決めをしなかった場合，それらを求める者が調停を申し立てることができます[19]。これらの面会交流・養育費に関する調停は，合意ができず不成立となった場合，自動的に審判手続（裁判所が内容を判断・決定する手続き）に移行します。

離婚・面会交流・養育費などの，未成年者の子がその結果により影響を受ける調停手続においては，子の陳述の聴取，家庭裁判所調査官による調査などの適切な方法により，子の意思を把握するように努め，子の年齢および発達の程度に応じて，その意思を考慮しなければならないとされています。また，意思能力のある子は，離婚・面会交流・養育費などの調停に参加することができ，その場合に十分な活動ができるよう，申立てまたは職権により弁護士を**子の手続代理人**に選任することができるとされています。

支　援

調停委員会に心理の専門家が含まれる可能性は低いです。裁判官は法律の専門家です。調停委員は，非常勤の裁判所職員で，社会生活上の豊富な知識経験や専門的知識をもつ人ということで，弁護士，大学教授などの専門家のほか，社会の各分野から選ばれていますが，心理の専門家の数は少ないです（今後，公認心理師の活躍が期待されます）。

しかし，家庭裁判所には，心理学ないし教育学の専門職である**家庭裁判所調査官**[20] がいます。調査官が中心になって，面会交流や養育費に関する各種のリーフレットや動画が作られ，裁判所のウェブサイトで公表されています（裁判所サイト「各種パンフレット」「動画配信」）。調停手続においては，これらのリーフレットを渡したり，調停の待ち時間に待合室で動画を視聴してもらったりして，親双方に「子どものことを第一に考え，親の争いに巻き込まないようにしましょう」という意識喚起が試みられています（**親ガイダンス**）。

また，調査官は，裁判官の指示・命令により，具体的な事件にも関与します。たとえば，離婚調停に同席して，カウンセリングの手法を活用して当事者が冷静に話せるように援助したり，裁判所で試行的面会交流をする際に，面接室で親子をサポートし終了後に親と意見交換しアドバイスしたりします。また，裁判官から「離婚調停の当事者の意向」「子の意向」「子の監護状況」などに関する調査命令を受け，それらを行うこともあります。調査にあたっては，両親・子，その他の関係者と面接したり，必要に応じて社会福祉や医療などの機関と連絡・調整を行ったりして問題の原因や背景を調査し，当事者や子にとって最もよいと思われる解決方法を検討して，その結果を裁判官に報告します[21]。調査官調査の結果は，審判・訴訟における裁判所の判断に，大きな影響を与えます。

調査官による当事者（夫婦・子）との関わりは，専門家によるものですが，直接の目的が調停成立（紛争解決）であって当事者支援ではないという限界があります。他方，子の手続代理人制度は，子の援助を目的とするものですが，選任される代理人（弁護士）は心理の専門家ではありません。調査官や手続代理人は，支援の必要性に気づいて適切な機関につなぐことまではできそうですが，そこから先の支援の受け皿を拡充する必要があります[22]。

■審　判

手続き

審判は，裁判官が，当事者の提出した書類，当事者の審問（裁判官による事情聴取），調査官調査の結果などの資料に基づいて，判断し決定する，非公開の手続きです。

離婚に関しては，調停で合意できない場合は不成立として終了するのが原則ですが，家庭裁判所が「相当と認めるとき」に職権で審判することができます（調停に代わる審判）[23]。

面会交流や養育費に関しては，調停が不成立になると審判手続に移行します。面会交流の審判にあたっては，子が15歳以上の場合，その陳述を必ず聴かねばならないとされています。調査官による調査は陳述聴取の典型例であり，調査結果は審判において重視されます。裁判官は，子の利益という観点から，禁止・制限すべき事情がない限り面会交流を認めるという基本方針[24]で，面会交流の条件や方法を決めます。養育費に関しては，裁判所の算定基準に従った内容とされるのが通例です。これらの審判に対して不服のある当事者は，高等裁判所に即時抗告をすることができます。なお，調停手続と同様，子の意思を考慮しなければならず，子に手続き参加が認められ，子の手続代理人を選任できるとされています。

支　援

調停段階で調査官による調査が行われたケースでは，審判段階では行われないことが多いです。子の手続代理人の選任も，あまり行われていません[25]。

■訴　訟

手 続 き

離婚調停が不成立となった場合，離婚を求める当事者は，家庭裁判所に訴訟を起こす必要があります。その訴訟では，離婚と親権者の決定に加えて，養育費や財産分与についてもあわせて求めることができます。さらに，離婚に伴う慰謝料の支払いを求める訴訟をあわせて起こすこともできます。**離婚訴訟**は，家庭裁判所が，当事者の主張および提出した証拠に基づいて，必要な場合は補充的に職権で真実解明を行って，判決を下す手続きです。判決する前に当事者に合意を促し，合意ができればそれを和解調書[26]に記載して，手続きを終えることもあります（和解離婚）。訴訟手続は基本的に公開の法廷で行われます。

裁判所が離婚の判決をするのは，①不貞行為，②悪意の遺棄，③3年以上の生死不明，④回復の見込みのない強度の精神病，⑤その他婚姻を継続し難い重大な事由，のいずれかが認められる場合です（民法770条）[27]。

離婚の判決においては，あわせて親権者も定められます（民法819条2項）。裁判所が，子の健全な生育に関する事情を総合的に考慮して，子の利益の観点から，父母の一方を親権者と定めます。

親権者決定の考慮事情

●親の事情

監護能力・意欲，監護実績，子との情緒的な結びつき，心身の健康，性格，経済力，生活態度，暴力・虐待の存否，居住条件，居住環境，保育・教育環境，子に対する愛情，補助者による援助の有無・内容，奪取の違法性，面会交流の許容性[28]等

●子の事情

年齢，性別，心身の発育状況，従来の養育環境への適応状況，環境変化への適応性，意向，父母および親族との結びつき，きょうだいの関係等

養育費，財産分与，慰謝料等の請求がある場合は，それらについても判決されます。養育費は，裁判所の算定基準に従った額であることがほとんどです。財産分与は，婚姻中に形成した財産を折半するという内容が多いです。慰謝料は，一方的な不貞等により破綻した場合でも300万円程度までのことが多く，一般的な感覚からすると少ないかもしれません。判決の内容に不服のある当事者は，高等裁判所に控訴することができます。

支　援

調査官調査は，調停段階で行われた場合は，訴訟段階では行われないことが多いです。子の手続代理人制度は，離婚訴訟にはありません。訴訟段階は，調停（＝話し合い）が決裂したことなどから，夫婦の感情的対立が高まっていることが多く，親子関係も難しい状態であることが珍しくありません。そのため，子に対する心理的支援の必要性は高いのですが，その受け皿やそこへのルートは現状では十分とはいえません。

■面会交流・養育費の履行

手 続 き

別居親と子との現実的なつながりである面会交流と，経済的なつながりである養育費は，子の健やかな成長を実現するために重要です。しかし，離婚をめぐって感情的に対立した両親が，子の利益という観点で考え行動できないなどの理由から，取り決めが守られないこともあります[29]。

面会交流に関しては，現実の履行（子を連れてきて別居親に引き渡すこと）を法的に強制することはできません。そのため，家庭裁判所による履行勧告や間接強制（履行しない場合に一定額の支払いを命じる）という方法がとられることになります。

養育費に関しては，現実の履行（お金の移動）を法的に強制することができます。不払いがあれば将来分についても給料などを差し押さえることができます[30]。財産の有無・所在がわからない場合は，裁判所に相手方を呼び出してもらい財産について陳述させる手続き（財産開示手続）をとることもできます。また，2019年の法改正で，裁判所を通じて，金融機関から相手方の預貯金の情報を回答してもらったり，市町村から相手方の勤務先を回答してもらったりできるようになりました。

支　援

養育費や面会交流の実現に関しては，前節の協議に関する解説で紹介した支援があります[31]。それらを拡充・周知することを通じて，親に対しては，元配偶者との関係と子との関係を区別し，子の利益のために必要があれば元配偶者と協力もできるような支援を，子に対しては，両親を慮って自己の感情や行動を抑制することなく常に自然に振る舞いつつ，両親との関係を良好に維持し健全に成長していけるような支援を，それぞれ拡充する必要があります。

第3節 国際離婚

■国際裁判管轄・準拠法

近時は国際結婚が珍しいことではなくなり，一方が外国籍である夫婦の離婚も増えています。この場合には，①日本の裁判所で手続きすることができるか（国際裁判管轄），②日本の法律が適用されるか（準拠法），が問題になります。

国際裁判管轄

まず①の問題に関してですが，国際的な統一基準はありません[32]。日本の法律の概要は，以下の通りです。離婚（およびそれと同時に行う面会交流・養育費）の請求は，相手方が日本に住んでいる場合，別居直前まで日本で同居しており現在も請求者が日本に住んでいる場合，請求者が日本に住んでおり相手方が行方不明であるなどの特別の事情がある場合に，日本の裁判所でできます。面会交流に関する請求は，子が日本に住んでいる場合に，日本の裁判所でできます。養育費に関する請求は，相手方ないし子が日本に住んでいる場合に，日本の裁判所でできます。

準拠法

次に，日本の裁判所で手続きできる場合に，どの国の法律に基づいて判断するか（②の問題）です[34]が，これは，日本の法律で，離婚・親権者決定・面会交流・養育費といった問題ごとに，適用する法律（準拠法）が定められています。離婚に関しては，当事者の双方が日本に住んでいる場合や，当事者の一方が日本人で日本に住んでいる場合に，日本法が適用されます。親権者決定・面会交流に関しては，子の本国法（国籍をもつ国の法）が日本法で，父または母の本国法も日本法である場合に，日本法が適用されます。養育費に関しては，子が日本に住んでいる場合に，原則として日本法が適用されます。

■ハーグ条約

国際結婚の増加に伴い，一方の親が子を連れて出身国に戻ったり外国に移住したりして，他方の親と面会させないという事態が生じ，このような問題に国際的に対処する必要があると考えられるようになりました。そして，ハーグ国際司法会議[35]がこの問題について検討し，1980年に，「国際的な子の奪取の民事上の側面に関する条約」（ハーグ条約）を作成しました。

ハーグ条約は，子の監護に関する事項において子の利益が最も重要であるという確信に基づき，不法な連れ去りによって生じる有害な影響[36]から子を国際的に保護するために，①子を元の居住国に迅速に返還することを確保するとともに，②１つの締約国で認められた監護権等（子の居所を決定する権利や，子を他の場所に連れていく権利等）が他の締約国において効果的に尊重されることを確保することを，目的としています。

そして，目的①との関係では，締約国は，自国内に不法に[37]連れ去られた16歳未満の子がいる場合には，任意に子が返還されるよう適切な措置をとり，それが奏功しない場合には，行政当局または司法当局が子の返還のための手続きを迅速に行って，原則として返還[38]を命ずることとされています。

例外的に返還を命じなくてよい場合

① 返還手続の開始が連れ去りから１年経過後であり，かつ，子が新たな環境に適応している場合。
② 子を監護していた者が連れ去りのときに現実に監護権を行使していなかった場合。
③ 監護者が連れ去りに事前に同意していたか事後に黙認した場合。
④ 返還によって子が心身に害悪を受けまたは耐え難い状態に置かれることとなる重大な危険がある場合。
⑤ 子が返還を拒んでおりかつその意見を考慮することが適当である年齢および成熟度に達している場合。
⑥ 返還が，要請を受けた国における人権および基本的自由の保護に関する基本原則によって認められないものである場合。

また，連れ去られた子のいる国の機関は，返還されないことが決まるまでの間，監護権に関する判断をしない[39]ものとされています。

目的②との関係では，監護権等の内容を定めまたは監護権の効果的な行使を確保するよう取り計らうことを求める申請を，子の返還を求める申請と同様の方法によって行うことができるものとされています。また，締約国は，監護権の平穏な享受および行使条件の充足を促進する義務を負うとともに，監護権の行使に対するあらゆる障害を可能な限り除去するための措置をとるものとされています。

日本は，2014年にハーグ条約の締約国になり，その実施に必要な国内法（「国際的な子の奪取の民事上の側面に関する条約の実施に関する法律」）を整備しました。これによって，各家庭裁判所に，子の返還申立ておよび面会交流調停（審判）申立てができるようになりました。ハーグ条約の締約国は，2021年11月時点で101カ国になっています。

■支　援

国際離婚のケースでは，夫婦のバックグラウンドが異なり，離婚の手続きや適用される法律が未知だったり予想外だったりすることもありますので，それらにも配慮した支援が求められます。また，子については，複雑かつ各人各様のバックグラウンドを有しており，家族崩壊による影響（別居親との面会交流の困難さやそれに伴う断絶感など）が大きく，国をまたいで転居する場合には環境の変化（生活基盤，友人関係，言語文化など）やそれによって受けるダメージが甚大であることなどを十分に留意した，手厚い支援が必要です。

注

1　2022年4月1日以降は18歳。

2　子どもに対する虐待や，それに関する児童福祉法上の枠組み（児童相談所等の関与・支援）については，第7章を参照してください。

3　離婚時に，親権から監護権を切り離して，一方の親を監護者とし，他方の親を（監護しない）親権者とすることもできます。このような分離については，非監護親に親としての責任を認識させる利点があるという積極的評価もありますが，感情的に対立していた両親に親権者と監護者として協力していくことは期待しがたく，子を不安定な立場に置くことになるという消極的評価のほうが強く，実務上もほとんど行われていません。

4　ドイツ，フランス，ロシア，オーストラリアなど。ただし内容は一様ではありません。

5　他の親族間（子→親，きょうだい間など）の扶養義務は，自身に余裕がある場合にその限度で相手を援助するというもの（生活扶助義務）です。

6　ただし，別居親が子を虐待している事案など，面会交流の実施が子の利益を害する場合もあります。また，面会交流が一般的に子の利益に資するという科学的根拠はなく，それはケース・バイ・ケースであり，面会交流が一般的によいものだという発想をとるべきでないという見解もあります。注18，注24もあわせて参照してください。

7　現実には，圧倒的多数が夫の氏を称しています。氏の変更に伴う不利益・負担を解消すべきだという声の高まりなどを背景に，選択的夫婦別氏制度の導入について議論されています。

8　この場合，婚姻中の「田中」と離婚後の「田中」は（どちらも「田中」ですが）法律上は別の氏です。

9　離婚全体の9割弱が協議離婚です。

10　別居親が面会交流を求める調停を申し立てず，同居親が養育費を求める調停を申し立てなければ，取り決めのない状態が続きます。別れた相手と関わりたくないとか，同居親が養育費を求めると別居親が面会交流を求めることが多く（逆も同じです），それが嫌だといった理由で，調停の申立てをしないケースもみられます。注29もあわせて参照してください。

11　これについては，「非現実的」か「現実的」かの鑑別は難しく，それをめぐる争いには益が少ないので，調停においては，片親疎外にあたるかどうかではなく，子がそのような態度を取るに至った要因や，子の発達が阻害される状況かどうかに焦点をあてるべきだといわれています。

12　厚生労働省がウェブサイトで「母子家庭の母及び父子家庭の父の自立支援施策の実施状況」を毎年公表しています。

13　子の置かれた状況や子自身に問題があるケースについては児童相談所による援助があり，DVのケースについては配偶者暴力相談支援センターによる援助があります。これらについては第7章を参照してください。また，経済的に困窮しているケースについては福祉事務所による援助があります。

14　2021年現在，東京，大阪，名古屋，福岡，千葉，宇都宮，広島，松江，横浜，新潟，盛岡，松山にあります。

15　調停離婚の割合は1割弱です。

16　この場合は，相手方の署名・押印は不要です。

17　たとえば，小学生の子の場合，毎月1回・夏休みと冬休みは宿泊つきといった内容が，よくみられます。

18　これに対して，別居親の利益に偏った画一的で不当な方針だと批判し，「子の利益＝子の安全・安心の確保の継続」であるから，事案ごとに具体的事情を検討して，子の安全・安心を阻害するおそれのある面会交流は認めるべきでないという主張もあります。注6，注24もあわせて参照してください。

19　取り決めた後に事情が変わった場合に，面会交流の内容変更や養育費の増減変更を求める調停を申し立てることもできます。

20　最高裁判所が実施する採用試験に合格して調査官補に採用されたあと，2年間の研修を受けて必要な技能等を修得して任命される，国家公務員です。

21　調査官調査の具体的な内容については，ブックガイドの近藤・西口（2016）などを参照してください。また，調査官の主要な活躍の場として少年審判がありますが，これについては第5章を参照してください。

22　協議離婚の段階における夫婦・子に対する支援の拡充と重なる問題です。

23　離婚や親権者については合意ができていて，財産分与についてわずかな対立だけが残っている場合などが，その例とされていますが，実例は少ないです（離婚全体の1%未満です）。また，調停に代わる審判は，当事者が2週間以内に異議を申し立てると，効力を失います。

24　これに対して，裁判所が関与するのは紛争性の高い事案であるところ，そのような事案における別居親との交流は（両親間の紛争に巻き込まれるなど）子の利益に反する可能性が高いため，裁判所は面会交流原則実施方針をとるべきでなく，当該事案の具体的事情を勘案して個別的に子の利益に資するかどうかを判断し，子の利益に資する場合に限って面会交流を認めるべきだ（子の利益を害するおそれがある面会交流は認めるべきでない）という批判があります。注6，注18もあわせて参照してください。

25　調査官調査および子の手続代理人は，夫婦および子に対する支援機能を果たしますが，調査官調査には目的による限界が，手続代理人には専門性からくる限界がそれぞれあり，当事者に対する支援を拡充する必要があることは，調停の項で述べた通りです。

26　和解調書には判決と同等の効力が認められます。

27　訴訟（和解，判決）離婚の割合は，約3%です。

28　この要素を重視し，友好的に他方の親との面会交流を認める親ほど親権者として適格だとする考え方（フレンドリー・ペアレント・ルール）もあります。

29「面会交流の約束を守らないから養育費を支払わない」とか「養育費を支払わないから面会交流させない」ということも起こります。面会交流と養育費は別の問題なので，このような主張は通らないのですが。注10もあわせて参照してください。

30　一般の債権の場合は，将来分の差し押さえはできません。

31　近時，面会交流支援団体（NPO法人等）が増えつつあり，その適正を示す基準や認証制度を提供しようとする団体も作られています（一般社団法人面会交流支援全国協会）。

32　各国が，自国で手続きできる場合を，法律で定めています。そのため，複数の国で手続きできる場合もあり，そのようなケースではどの国で手続きするかが熾烈に争われることもあります。

33　ただし，後述のハーグ条約によって制限される場合があります。

34　そのため，「日本の裁判所が，外国の法律に基づいて判断する」ことも生じます。

35　オランダにある，準拠法決定の国際的統一を目的とする組織です。

36　生活基盤の急変，一方の親や友人等との交流の断絶，異なる言語・文化・環境への適応強制，といったことが挙げられます。

37「子の元の居住国の法律により監護権を有していた者の監護権を侵害して」という意味です。

38　返還先は「元の居住国」であって，「連れ去り前の監護者」ではありません。連れ去り前の親の監護に問題がありうるケースでは，子は元の居住国に返還されたあと，親元ではなく施設等で過ごすことになる可能性があります。

39　A国で父と居住していた子を，母がB国に連れ去った場合，B国の機関は，「子をA国に返還しない」と決まるまでの間，「母に子を監護する権利がある（から母子がB国で居住することができる）」といった判断をしないということです。

演習問題

① 未成年の子のある夫婦が離婚する場合の手続きと内容について，次の語を用いて簡単に説明してみましょう。

【協議，調停，審判，訴訟，親権者，面会交流，養育費】

② 未成年の子のある夫婦間の離婚調停において，家庭裁判所調査官はどのような役割を果たすでしょうか。

③ 未成年の子のある夫婦の離婚に関して，誰に対するどのような心理的支援を拡充すべきでしょうか。また，当事者のなかに外国籍の人がいる場合は，どうでしょうか。

④ 未成年の子のある夫婦が離婚する場合に，それぞれの氏（名字）はどうなりますか。また，氏（名字）の変更は当事者にどのような影響を及ぼす可能性があるでしょうか。

ブックガイド

▶近藤ルミ子・西口元編著／榊原富士子・永嶋久美子・中溝明子・山本佳子（2016）．『離婚をめぐる親権・監護権の実務――裁判官・家裁調査官の視点をふまえた弁護士実務』学陽書房

元裁判官，弁護士，家庭裁判所調査官による，弁護士や調停委員向けの実務書です。家裁調査官の実際の活動が詳しく解説されています。

▶棚村政行編著（2017）．『面会交流と養育費の実務と展望――子どもの幸せのために』［第２版］日本加除出版

裁判官，弁護士，民間援助団体職員，自治体担当者が，司法手続・民間援助団体による援助・行政の取り組みについて，解説・紹介しています。

▶大谷美紀子編（2019）．『Q ＆ A 渉外離婚事件の基礎――相談・委任から離婚後の諸手続まで』青林書院

弁護士による，弁護士向けの指南書です。別居から離婚後までの流れに沿って，国際離婚に関する基礎事項を Q ＆ A 形式で解説しています。

引用・参考文献

とくに注記がない限り，URL は 2022 年 1 月時点でアクセスできることを確認しています。

■第 1 章

阿部恭子（2020）．『加害者家族を支援する――支援の網の目からこぼれる人々』岩波書店

阿部光弘（2019）．「保険金詐欺対策における犯罪心理学の活用」太田信夫監修／桐生正幸編集『司法・犯罪心理学』北大路書房

天野泰守監修／日本対応進化研究会編（2020）．『グレークレームを“ありがとう！”に変える応対術』日本経済新聞出版

藤岡淳子編（2020）．『司法・犯罪心理学』有斐閣

藤田政博（2013）．「法と心理学とは」藤田政博編『法と心理学』法律文化社

濱田邦夫・牧野茂・大城聡・西村寛子・大西千恵（2014）．「裁判員裁判における裁判員の家族にも話せない苦痛の実態と軽減策」『明治安田こころの健康財団　研究助成論文集』50，44-53.

浜井浩一編著（2013）．『犯罪統計入門――犯罪を科学する方法』［第 2 版］日本評論社

浜井浩一責任編集（指宿信・木谷明・後藤昭・佐藤博史・浜井浩一・浜田寿美男編）（2017）．『犯罪をどう防ぐか』（シリーズ刑事司法を考える 第 6 巻）岩波書店

原田隆之（2019）．「認知行動療法，更生プログラム」太田信夫監修／桐生正幸編集『司法・犯罪心理学』北大路書房

橋本和明編著（2016）．『犯罪心理鑑定の技術』金剛出版

平伸二（2010）．「青色防犯灯による防犯効果と青色・白色複合 LED 照明の開発」『福山大学こころの健康相談室紀要』4，67-74.

平伸二・中山誠・桐生正幸・足立浩平編著（2000）．『ウソ発見――犯人と記憶のかけらを探して』北大路書房

法務省（2016）．「平成 28 年版 犯罪白書」

法務省（2019）．「第 5 回犯罪被害実態（暗数）調査――安全・安心な社会づくりのための基礎調査――への御協力のお願い」 https://www.moj.go.jp/housouken/housouken03_00101.html

法務省（2020）．「令和 2 年版 犯罪白書」

法務省（2021）．パンフレット「2021 年版 法務省（日本語版）」

池内裕美（2010）．「苦情行動の心理的メカニズム」『社会心理学研究』25，188-198.

池内裕美（2018）．「悪質クレーム対策（迷惑行為）アンケート調査分析結果――サービスする側，受ける側が共に尊重される社会をめざして」UA ゼンセン https://uazensen.jp/wp-content/uploads/2018/09/ 池内教授悪質クレーム対策（迷惑行為）アンケート分析結果 .pdf

入山茂（2019）．「科学捜査・司法検視」桐生正幸・板山昂・入山茂編著『司法・犯罪心理学入門――捜査場面を踏まえた理論と実務』福村出版

門本泉・嶋田洋徳編著（2017）．『性犯罪者への治療的・教育的アプローチ』金剛出版

河合幹雄（2016）．「犯罪現象・犯罪統計」守山正・小林寿一編著『ビギナーズ犯罪学』成文堂

川島ゆか編（2017）．『臨床心理学 102 犯罪・非行臨床を学ぼう』金剛出版

警察庁（2012）．教本「取調べ（基礎編）」

警察庁（2020）．「令和 2 年版 警察白書」

桐生正幸（2019）．「日本の犯罪心理学研究史と課題」『法と心理』19，7-12.

マルナ，S.（津富宏・河野荘子監訳）（2013）．『犯罪からの離脱と「人生のやり直し」元犯罪者のナラティブから学ぶ』明石書店

守山正（2016）．「犯罪学の意義」守山正・小林寿一編著『ビギナーズ犯罪学』成文堂

村瀬嘉代子・下山晴彦・熊野宏昭・伊藤直文編（2015）．『臨床心理学 88 司法・矯正領域で働く心理職のスタンダード』金剛出版

名執雅子（2005）．「刑事施設・受刑者処遇法と矯正処遇の充実について」『犯罪と非行』146，77-92.

Newburn, T. (2018). *Criminology: A very short introduction*. Oxford University Press.（岡邊健監訳／大庭有美・林カオリ訳　2021.『サイエンス超簡潔講座 犯罪学』ニュートンプレス）
野坂祐子（2019).『トラウマインフォームドケア――“問題行動”を捉えなおす援助の視点』日本評論社
越智啓太（2015).『犯罪捜査の心理学――凶悪犯の心理と行動に迫るプロファイリングの最先端』新曜社
越智啓太編著（2019).『テロリズムの心理学』誠信書房
越智啓太（2020).『Progress & Application 司法犯罪心理学』サイエンス社
大渕憲一（2006).『犯罪心理学――犯罪の原因をどこに求めるのか』培風館
岡本英生（2017).「矯正，更生保護」越智啓太・桐生正幸編著『テキスト 司法・犯罪心理学』北大路書房
大久保智生・時岡晴美・岡田涼編（2013).『万引き防止対策に関する調査と社会的実践――社会で取り組む万引き防止』ナカニシヤ出版
Raine, A. (2013). *The anatomy of violence: The biological roots of crime*. Pantheon books.（高橋洋訳 2015.『暴力の解剖学――神経犯罪学への招待』紀伊國屋書店）
白岩祐子・唐沢かおり（2018).「死因究明における死亡時画像診断（Ai）の意義――司法解剖を経験した交通死遺族との面接にもとづく検討」『人間環境学研究』16, 25-34.
白岩祐子・小林麻衣子・唐沢かおり（2017).「警察による犯罪被害者政策の有効性――遺族の立場からの検討」『犯罪心理学研究』55, 15-27.
白岩祐子・小林麻衣子・唐沢かおり（2018).「犯罪被害者遺族による制度評価――被害者参加制度・意見陳述制度に着目して」『犯罪心理学研究』56, 105-116.
染矢瑞枝・阿部光弘・入山茂・桐生正幸（2017).「海外旅行における不正な保険金請求の検討 1――保険金請求内容の基礎分析」『日本応用心理学会第 84 回大会発表論文集』84, 121.
スタム, B. H. 編（小西聖子・金田ユリ子訳）(2003).『二次的外傷性ストレス――臨床家，研究者，教育者のためのセルフケアの問題』誠信書房
高岸幸弘（2019).「性犯罪における認知行動療法」桐生正幸・板山昂・入山茂編著『司法・犯罪心理学入門――捜査場面を踏まえた理論と実務』福村出版
高橋良彰・渡邉和美（2005).『新 犯罪社会心理学』[第 2 版] 学文社
山本このみ・小西聖子（2019).「性犯罪被害者精神鑑定の実態――東京地方検察庁管内の事例調査から」日本被害者学会編『被害者学研究』29, 20-34.
横地環・竹下賀子・河原田徹・猪爪祐介・山木麻由子・林光一・冨田寛・牟田和弘・杉本浩起・只野智弘・西原舞（2018).「青少年の立ち直り（デシスタンス）に関する研究」『法務総合研究所 研究部報告』58.

■第2章

Aromäki, A. S., Lindman, R. E., & Eriksson, C. J. P. (2002). Testosterone, sexuality and antisocial personality in rapists and child molesters: A pilot study. *Psychiatry Research*, 110, 239-247.
Bach, M. H. & Demuth, C. (2018). Therapists' experiences in their work with sex offenders and people with pedophilia: A literature review. *Europe's Journal of Psychology*, 14, 498-514.
Benjamin, J., Li, L., Patterson, C., Greenberg, B., D., Murphy, D. L., & Hamer, D. H. (1996). Population and familial association between the D4 dopamine receptor gene and measures of Novelty Seeking. *Nature Genetics*, 12, 81-84.
Bohman, J. (1996). Critical theory and democracy. In D. M. Rasmussen (Ed.). *The Handbook of critical theory*. Blackwell.
Brown, W. M., Hines, M., Fane, B. A., & Breedlove, S. M. (2002). Masculinized finger length patterns in human males and females with congenital adrenal hyperplasia. *Hormones and Behavior*, 42, 380-386.
Caspi, A., McClay, J., Moffitt, T. E., Mill, J., Martin, J., Craig, I. W., Taylor, A., & Poulton, R. (2002). Role of genotype in the cycle of violence in maltreated children. *Science*, 297, 851-854.

Cherepkova, E. V., Maksimov, V. N., Kushnarev, A. P., Shakhamatov, I. I., & Aftanas, L. I. (2019). The polymorphism of dopamine receptor D4 (DRD4) and dopamine transporter (DAT) genes in the men with antisocial behaviour and mixed martial arts fighters. *The World Journal of Biological Psychiatry*, 20, 402–415.

Crowe, R. R. (1974). An adoption study of antisocial personality. *Archives of General Psychiatry*, 31, 785–791.

Dabbs, J. M. Jr., Carr, T. S., Frady, R. L., & Riad, J. K. (1995). Testosterone, crime, and misbehavior among 692 male prison inmates. *Personality and Individual Differences*, 18, 627–633.

Dalgaard, O. S., & Kringlen, E. (1976). A Norwegian twin study of criminality. *British Journal of Criminology*, 16, 213–232.

Dugdale, R. L. (1877). *The Jukes: A study in crime, pauperism, disease and heredity; also, Further studies of criminals* (6th ed.). G P Putnam's Sons.

Estabrook, H. D. (1916). Bewaredness. *The Annals of the American Academy of Political and Social Science*, 66, 181–186.

Gao, Y., Raine, A., Venables, P. H., Dawson, M. E., & Mednick, S. A. (2010). Association of poor childhood fear conditioning and adult crime. *American Journal of Psychiatry*, 167, 56–60.

Gao, Y., Tuvblad, C., Schell, A., Baker, L., & Raine, A. (2015). Skin conductance fear conditioning impairments and aggression: A longitudinal study. *Psychophysiology*, 52, 288–295.

Gerra, G., Borella, F., Zaimovic, A., Moi, G., Bussandri, M., Bubici, C., & Bertacca, S. (2004). Buprenorphine versus methadone for opioid dependence: Predictor variables for treatment outcome. *Drug and Alcohol Dependence*, 75, 37–45.

Glenn, A. L., Raine, A., Yaralian, P. S., & Yang, Y. (2010). Increased volume of the striatum in psychopathic individuals. *Biological Psychiatry*, 67, 52–58.

Goddard, H. H. (1912). *The Kallikak family: A study in the heredity of feeble-mindedness*. Macmillan.

Goring, C. (1913). *The English convict: A statistical study*. H. M. Stationary Office.

Gould, S. J. (1996). *The mismeasure of man*. W. W. Norton.（鈴木善次・森脇靖子訳　2008.『人間の測りまちがい――差別の科学史』〔上・下〕河出文庫）

Gunter, T. D., Vaughn, M. G., & Philibert, R. A. (2010). Behavioral genetics in antisocial spectrum disorders and psychopathy: A review of the recent literature. Behavioral *Science and the Law*, 28, 148–173.

Halikainen, T., Saito, T., Lachman, H. M., Volavka, J., Pohjalainen, T., Ryynänen, O.-P., Kauhanen, J., Syvälahti,E., Hietala, J., & Tiihonen, J. (1999). Association between low activity serotonin transporter promoter genotype and early onset alcoholism with habitual impulsive violent behavior. *Molecular Psychiatry*, 4, 385–388.

Hönekopp, J., Bartholdt, L., Beier, L., & Liebert, A. (2007). Second to fourth digit length ratio (2D:4D) and adult sex hormone levels: New data and a meta analytic review. *Psychoneuroendocrinology*, 32, 313–321.

Hutchings, B., & Mednick, S. A. (1975). Registered criminality in the adoptive and biological parents of registered male criminal adoptees. *Proceeding of the Annual Meeting of the American Psychopathological Association*, 105–116.

Jakubczyk, A., Krasowska, A., Bugaj, M., Kopera, M., Klimkiewicz, A., Łoczewska, A., Michalska, A., Majewska, A., Szejko, N., Podgórska, A., Sołowiej, M., Markuszewski, L., Jakima, S., Płoski, R., Brower, K., & Wojnar, M. (2017). Paraphilic sexual offenders do not differ from control subjects with respect to dopamine- and serotonin-related genetic polymorphisms. *The Journal of Sexual Medicine*, 14, 125–133.

Joyce, P. R., McHugh, P. C., Light, K. J., Rowe, S., Miller, A. L., & Kennedy, M. A. (2009). Relationships between angry-impulsive personality traits and genetic polymorphisms of the dopamine transporter. *Biological Psychiatry*, 66, 717–721.

Kiehl, K. A., Smith, A. M., Hare, R. D., Mendrek, A., Forster, B. B., Brink, J., & Liddle, P. F. (2001).

Limbic abnormalities in affective processing by criminal psychopaths as revealed by functional magnetic resonance imaging. *Biological Psychiatry*, 50, 677–684.

Kretschmer, E. (1955). *Körperbau und Charakter: Untersuchungen zum Konstitutionsproblem und zur Lehre von den Temperamenten*. [22. Aufl.] Springer.

Lange, J. (1929). *Crime as destiny: Studies in criminal twins* [in German]. Leipzig.

Latvala, A., Kuja-Halkola, R., Almqvist, C., Larsson, H., & Lichtenstein, P. (2015). A longitudinal study of resting heart rate and violent criminality in more than 700000 men. *JAMA Psychiatry*, 72, 971–978.

Liao, D. L., Hong, C. J., Shih, H. L., & Tsai, S. J. (2004). Possible association between serotonin transporter promoter region polymorphism and extremely violent crime in Chinese males. *Neuropsychobiology*, 50, 284–287.

Manuck, S. B., Flory, J. D., Ferrell, R. E., Mann, J. J., & Muldoon, M. F. (2000). A regulatory polymorphism of the monoamine oxidase-A gene may be associated with variability in aggression, impulsivity, and central nervous system serotonergic responsivity. *Psychiatry Research*, 95, 9–23.

増井啓太・野村理朗（2010）．「衝動性の基盤となる構成概念，脳，遺伝子多型について——Stop Signal Paradigm の観点より」『感情心理学研究』18，15–24.

McIntyre, M. H., Barrett, E. S., McDermott, R., Johnson, D. D. P., Cowden, J., & Rosen, S. P. (2007). Finger length ratio (2D:4D) and sex differences in aggression during a simulated war game. *Personality and Individual Differences*, 42, 755–764.

Mednick, S. A., & Christiansen, K. O. (1977). *Biosocial bases of criminal behavior*. Gardner Press.

Moffitt, T. E., Brammer, G. L., Caspi, A., Fawcett, J. P., Raleigh, M., Yuwiler, A., & Silva, P. (1998). Whole blood serotonin relates to violence in an epidemiological study. *Biological Psychiatry*, 43, 446–457.

Murray, J., Hallal, P. C., Mielke, G. I., Raine, A., Wehrmeister, F. C., Anselmi, L., & Barros, F. C. (2016). Low resting heart rate is associated with violence in late adolescence: a prospective birth cohort study in Brazil. *International Journal of Epidemiology*, 45, 491–500.

越智啓太（2012）．『Progress & Application 犯罪心理学』サイエンス社

Perino, L. (2020). *Patients zéro: Histoires inversées de la médecine Patients zéro*. La Découverte.（広野和美・金丸啓子訳　2020.『0 番目の患者——逆説の医学史』柏書房）

Raine, A., Lencz, T., Bihrle, S., LaCasse, L., & Colletti, P. (2000). Reduced prefrontal gray matter volume and reduced autonomic activity in antisocial personality disorder. *Archives of General Psychiatry*, 57, 119–127.

佐々木正輝（2010）．「損失回避気質と脳波による反社会性パーソナリティ傾向の検討」『岩手大学大学院教育学研究科修士論文』

Sheldon, W. H., Hartl, E. M., & McDermott, E. (1949). *Varieties of delinquent youth: An introduction to constitutional psychiatry*. Harper & Brothers.

Sheldon, W. H., & Stevens, S. S. (1942). *The varieties of temperament: A psychology of constitutional differences*. Harper & Brothers.

Stenstrom, E., Saad, G., Nepomuceno, M. V., & Mendenhall, Z. (2011). Testosterone and domain-specific risk: Digit ratios (2D:4D and rel2) as predictors of recreational, financial, and social risk-taking behaviors. *Personality and Individual Differences*, 51, 412–416.

Stetler, D. A., Davis, C., Leavitt, K., Schriger, I., Benson, K., Bhakta, S., Wang, L. C., Oben, C., Watters, M., Haghnegahdar, T., & Bortolato, M. (2014). Association of low-activity MAOA allelic variants with violent crime in incarcerated offenders. *Journal of Psychiatric Research*, 58, 69–75.

Strous, R. D., Nolan, K. A., Lapidus, R., Diaz, L., Saito, T., & Lachman, H. M. (2003). Aggressive behavior in schizophrenia is associated with the low enzyme activity COMT polymorphism: A replication study. *American Journal of Medical Genetics Part B: Neuropsychiatric Genetics*, 120B, 29–34.

Studer, L. H., Aylwin, A. S., & Reddon, J. R. (2005). Testosterone, sexual offense recidivism, and treatment effect among adult male sex offenders. *Sexual Abuse: Journal of Research and Treatment*, 17, 171–181.

Toshchakova, V. A., Bakhtiari, Y., Kulikov, A. V., Gusev, S. I., Trofimova, M. V., Fedorenko, O. Y.,

Mikhalitskaya, E. V., Popova, N. K., Bokhan, N. A., Hovens, J. E., Loonen, A. J. M., Wilffert, B., Ivanova, S. A. (2018). Association of polymorphisms of serotonin transporter (5HTTLPR) and 5-HT2C receptor genes with criminal behavior in Russian criminal offenders. *Nueropsychobiology*, 75, 200–210.

Wu, X., & Zhang, X. (2016). *Automated inference on criminality using face images*. arXiv:1611.04135

Yang, Y., & Raine, A. (2009). Prefrontal structural and functional brain imaging findings in antisocial, violent, and psychopathic individuals: A meta-analysis. *Psychiatry Research: Neuroimaging*, 174, 81–88.

■第３章

American Psychiatric Association (2013). *Diagnostic and statistical manual of mental disorders, fifth edition: DSM-5*. American Psychiatric Association.

安藤久美子（2011）．「発達障害と犯罪」越智啓太・藤田政博・渡邉和美編『法と心理学の事典』朝倉書店

Birkley, E. L., Giancola, P. R., & Lance, C. E. (2013). Psychopathy and the prediction of alcohol-related physical aggression: The roles of impulsive antisociality and fearless dominance. *Drug and Alcohol Dependence*, 128, 58–63.

Bushman, B. J. (2002). Does venting anger feed or extinguish the flame? Catharsis, rumination, distraction, anger and aggressive responding. *Personality and Social Psychology Bulletin*, 28, 724–731.

Coid, J., Yang, M., Ullrich, S., Roberts, A., & Hare, R. D. (2009). Prevalence and correlates of psychopathic traits in the household population of Great Britain. *International Journal of Law and Psychiatry*, 32, 65–73.

Costa, P. T., Jr., & McCrae, R. R. (1985). Concurrent validation after 20 years: Implications of personality stability for its assessment. In J. N. Butcher, & Spielberger, C. D. (Eds.). *Advances in personality assessment* (Vol. 4.). Erlbaum.

出口保行・大川力（2004）．「エンパシッククライムに関する研究(1)」『犯罪心理学研究』42, 140–141.

de Wied, M., Goudena, P. P., & Matthys, W. (2005). Empathy in boys with disruptive behavior disorders. *Journal of Child Psychology and Psychiatry*, 46, 867–880.

Dodge, K. A. (1980). Social cognition and children's aggressive behavior. *Child Development*, 51, 162–170.

Dodge, K. A., Bates, J. E., & Pettit, G. S. (1990). Mechanisms in the cycle of violence. *Science*, 250, 1678–1683.

Dodge, K. A., & Tomlin, A. M. (1987). Utilization of self-schemas as a mechanism of interpetational bias in aggressive children. *Social Cognition*, 5, 280–300.

Donner, C. M., Marcum, C. D., Jennings, W. D., Higgins, G. E., & Banfield, J. (2014). Low self-control and cybercrime: Exploring the utility of the general theory of crime beyond digital piracy. *Computers in Human Behavior*, 34, 165–172.

Eriksson, T. G., Masche-No, J. G., & Dåderman, A. M. (2007). Personality traits of prisoners as compared to general populations: Signs of adjustment to the situation? *Personality and Individual Differences*, 107, 237–245.

Fazel, S., Långström, N., Hjern, A., & Grann, M. (2009). Schizophrenia, substance abuse, and violent crime. *JAMA*, 301, 2016–2023.

Fazel, S., Wolf, A., Larsson, H., Lichtenstein, P., Mallett, S., & Fanshawe, T. R. (2017). Identification of low risk of violent crime in severe mental illness with a clinical prediction tool (Oxford Mental Illness and Violence tool［OxMIV］): A derivation and validation study. *The Lancet Psychiatry*, 4, 461–468.

Fazio, R., Pietz, C. A., & Denny, R. L. (2012). An estimate of the prevalence of autism-spectrum disorders in an incarcerated population. *Open Access Journal of Forensic Psychology*, 4, 69–80.

渕上康幸（2008）．「共感性と素行障害との関連」『犯罪心理学研究』46，15-23.

Glueck, S., & Glueck, E. (1950). *Unraveling juvenile delinquency*. Commonwealth Fund.

Gottfredson, M. R., & Hirschi, T. (1990). *A general theory of crime*. Stanford University Press.

Greenberg, G., Rosenheck, R. A., Erickson, S. K., Desai, R. A., Stefanovics, E. A., Swartz, M., Keefe, R. S. E., McEvoy, J., Stroup, T. S., & Other CATIE Investigators. (2011). Criminal justice system involvement among people with schizophrenia. *Community Mental Health Journal*, 47, 727-736.

Hare, R. D. (1991). *The Hare Psychopathy Checklist-Revised*. Multi-Health Systems.

Hart, S. D., & Hare, R. D. (1996). Psychopathy and antisocial personality disorder. *Current Opinion in Psychiatry*, 9, 129-132.

Haslam, N. (2007). The latent structure of mental disorders: A taxometric update on the categorical vs dimensional debate. *Current Psychiatry Reviews*, 3, 172-177.

Hofvander, B. (2018). Offenders with autism spectrum disorder. In A. R. Beech, Carter, A. J., Mann, R. E., & Rotshtein, P. (Eds.). *The Wiley Blackwell handbook of forensic neuroscience* I. Wiley-Blackwell.

Hofvander, B., Bering, S., Tärnhäll, A., Wallinius, M., & Billstedt, E. (2019). Few differences in the externalizing and criminal history of young violent offenders with and without Autism Spectrum Disorders. *Frontiers in Psychiatry*, 10, 911.

法務省（2016）．「性犯罪に関する総合的研究」法務総合研究所研究部報告 55

法務省（2020）．「令和 2 年版 犯罪白書」

Joireman, J., Anderson, J., & Strathman, A. (2003). The aggression paradox: Understanding links among aggression, sensation seeking, and the consideration of future consequences. *Journal of Personality and Social Psychology*, 84, 1287-1302.

Jolliffe, D., Farrington, D. P., Brunton-Smith, I., Loeber, R., Ahonen, L., & Palacios, A. P. (2019). Depression, anxiety and delinquency: Results from the Pittsburgh Youth Study. *Journal of Criminal Justice*, 62, 42-49.

Jones, D. N., & Neria, A. L. (2015). The Dark Triad and dispositional aggression. *Personality and Individual Differences*, 86, 360-364.

Jones, S. E., Miller, J. D., & Lynam, D. R. (2011). Personality, antisocial behavior, and aggression: A meta-analytic review. *Journal of Criminal Justice*, 39, 329-337.

Kiehl, K. A., & Hoffman, M. B. (2011). The criminal psychopath: History, neuroscience, treatment, and economics. *Jurimetrics*, 51, 355-397.

河野荘子・岡本英生（2001）．「犯罪者の自己統制，犯罪進度及び家庭環境の関連についての検討」『犯罪心理学研究』39，1-14.

河野荘子・岡本英生・近藤淳哉（2013）．「青年犯罪者の共感性の特性」『青年心理学研究』25，1-11.

Masui, K. (2019). Loneliness moderates the relationship between Dark Tetrad personality traits and internet trolling. *Personality and Individual Differences*, 150, 109475.

増井啓太（2019）．「共感の障害と犯罪」福井裕輝・岡田尊司編『情動と犯罪――共感・愛着の破綻と回復の可能性』朝倉書店

McBride, M. L. (1998). *Individual and familial risk factors for adolescent psychopathy*. University of British Columbia.

Moffitt, T. E. (1993). Adolescence-limited and life-course-persistent antisocial behavior: A developmental taxonomy. *Psychological Review*, 100, 674-701.

Moffitt, T. E., & Caspi, A. (2001). Childhood predictors differentiate life-course persistent and adolescence-limited antisocial pathways among males and females. *Development and Psychopathology*, 13, 355-375.

中川知宏・林洋一郎（2015）．「自己統制が逸脱行動実行意図に及ぼす効果――自己統制の特性的側面と状況的側面」『近畿大学総合社会学部紀要』4，85-94.

中川知宏・大渕憲一（2007）．「低自己統制と集団同一化が集団的不良行為に及ぼす影響――専門学校生を対象とした回想法による検討」『犯罪心理学研究』45，37-46.

中井宏（2021）．「あおり運転に関する研究の概観と抑止策の提案」『交通科学』52, 3-12.

越智啓太（2012）.『Progress & Application 犯罪心理学』サイエンス社
大渕憲一（2011）.『人を傷つける心――攻撃性の社会心理学』［新版］サイエンス社
岡本英生・河野荘子（2010）.「暴力的犯罪者の共感性に関する研究――認知的要素と情動的要素による検討」『心理臨床学研究』27，733-737.
大島菜帆・下津咲絵・伊藤大輔（2020）.「怒りの抑制が怒り反すうを媒介して怒りの表出に及ぼすプロセスの検討――怒り反すうの下位概念に着目して」『パーソナリティ研究』28, 250-252.
Shimotsukasa, T., Oshio, A., Tani, M., & Yamaki, M. (2019). Big Five personality traits in inmates and normal adults in Japan. *Personality and Individual Differences*, 141, 81-85.
Shin, S. H., Cook, A. K., Morris, N. A., McDougle, R., & Groves, L. P. (2016). The different faces of impulsivity as links between childhood maltreatment and young adult crime. *Preventive Medicine*, 88, 210-217.
Smith, S. D., Stephens, H. F., Repper, K., & Kistner, J. A. (2016). The relationship between anger rumination and aggression in typically developing children and high-risk adolescents. *Journal of Psychopathology and Behavioral Assessment*, 38, 515-527.
Stenason, L., & Vernon, P. A. (2016). The Dark Triad, reinforcement sensitivity and substance use. *Personality and Individual Differences*, 94, 59-63.
Suhr, K. A., & Nesbit, S. M.（2013）. Dwelling on 'Road Rage': The effects of trait rumination on aggressive driving. *Transportation Research Part F: Traffic Psychology and Behaviour*, 21, 207-218.
Sukhodolsky, D. G., Golub, A., & Cromwell, E. N. (2001). Development and validation of the Anger Rumination Scale. *Personality and Individual Differences*, 31, 689-700.
高木修・阿部晋吾（2006）.「怒りとその表出に関わる心理学的研究の概観」『関西大学社会学部紀要』37，71-86.
Thiry, B. (2012). An assessment of personality disorders with the Five-Factor Model among Belgian inmates. *International Journal of Law and Psychiatry*, 35, 327-333.
Trninić, V., Barančić, M., & Nazor, M. (2008). The five-factor model of personality and aggressiveness in prisoners and athletes. *Kinesiology*, 40, 170-181.
van Dam, C., Janssens, J. M. A. M., & De Bruyn, E. E. J. (2005). PEN, Big Five, juvenile delinquency and criminal recidivism. *Personality and Individual Differences*, 39, 7-19.
若林明雄（2009）.『パーソナリティとは何か――その概念と理論』培風館
Wang, J., Li, C., Zhu, X.-m., Zhang, S.-m., Zhou, J.-s., Li, Q.-g., Wang, Q., Zhong, S.-l., Ng, C. H., Ungvari, G. S., Xiang, Y.-t., & Wang, X.-p. (2017). Association between schizophrenia and violence among Chinese female offenders. *Scientific Reports*, 7, 818.
渡邊芳之（2010）.『性格とはなんだったのか――心理学と日常概念』新曜社
Wilson, L. C., & Scarpa, A. (2011). The link between sensation seeking and aggression: A meta-analytic review. *Aggressive Behavior*, 37, 81-90.
Woodworth, M., & Porter, S. (2002). In cold blood: Characteristics of criminal homicides as a function of psychopathy. *Journal of Abnormal Psychology*, 111, 436-445.
Young, S., & Thome, J. (2011). ADHD and offenders. *The World Journal of Biological Psychiatry*, 12, 124-128.
Zajenkowska, A., Prusik, M., Jasielska, D., & Szulawski, M. (2021). Hostile attribution bias among offenders and non-offenders: Making social information processing more adequate. *Journal of Community & Applied Social Psychology*, 31, 241-256.
Zuckerman, M. (1979). *Sensation seeking: Beyond the optimal level of arousal*. Lawrence Erlbaum Associates.

■第4章

Becker, H. S. (1963). *Outsiders: Studies in the sociology of deviance*. Free Press.（村上直之訳　1993.『アウトサイダーズ――ラベリング理論とはなにか』［新装版］新泉社）
Brantingham, P. J., & Brantingham, P. L. (1981). *Environmental criminology* (Reissued ed.). Waveland

Press.
Clarke, R. V., & Homel, R. (1997). A revised classification of situational crime prevention techniques. In S. P. Lab (Ed.). *Crime prevention at a crossroads*. Anderson Publishing.
Cohen, L. E., & Felson, M. (1979). Social change and crime rate trends: A routine activity approach. *American Sociological Review*, 44, 588-608.
Cornish, D. B., & Clarke, R. V. (1986). *The reasoning criminal: Rational choice perspectives on offending*. Springer-Verlag.
Crowe, T. D. (1991). *Crime prevention though environmental design*. Butterworth Heinemann.（高杉文子訳／猪狩達夫監修　1993.『環境設計による犯罪予防――建築デザインと空間管理のコンセプトの応用』都市防犯研究センター
Engel, G. L. (1977). The need for a new medical model: A challenge for biomedicine. *Science*, 196, 129-136.
Glaser, D. (1956). Criminality theories and behavioral images. *American Journal of Sociology*, 61, 433-444.
Hirschi, T. (1969). *Cause of delinquency*. University of California Press.（森田洋司・清永新二監訳　1995.『非行の原因――家庭・学校・社会のつながりを求めて』文化書房博文社）
Jeffery, C. R. (1971). *Crime prevention through environmental design*. Sage.
Keizer, K., Lindenberg, S., & Steg, L. (2008). The spreading of disorder. *Science*, 322, 1681-1685.
子ども安全まちづくりパートナーズ「防犯環境設計（CPTED)」次代を担う子どもたちのための防犯まちづくりのヒントとガイド（知識編）　http://hintguide.kodomo-anzen.org/p051/tishiki-16/
小宮信夫（2005).「イギリスにおける地域安全の確保――割れ窓理論を中心に」『都市住宅学』48, 25-30.
厚生労働省（2004).「うつ対策推進方策マニュアル――都道府県・市町村職員のために」
Lemert, E. M. (1951). *Social pathology: A systematic approach to the theory of sociopathic behavior*. McGraw-Hill.
Newman, O. (1972). *Defensible space: Crime prevention through urban design*. Macmillan.（湯川利和・湯川聰子共訳　1976.『まもりやすい住空間――都市設計による犯罪防止』鹿島出版会）
Sutherland, E. H., & Cressey, D. R. (1960). *Principles of criminology*. J. B. Lippincott.（平野龍一・所一彦訳　1964.『犯罪の原因』有信堂）
Tannenbaum, F. (1938). *Crime and the community*. Ginn.
Wilson, J. Q., & Kelling, G. L. (1982). Broken windows: The police and neighborhood safety. *The Atlantic Monthly*, 249, 29-38.

■ 第5章

American Psychiatric Association 編（日本精神神経学会日本語版用語監修／髙橋三郎・大野裕監訳／染矢俊幸・神庭重信・尾崎紀夫・三村將・村井俊哉訳）(2014).『DSM-5 精神疾患の診断・統計マニュアル』医学書院
渕上康幸（2010).「破壊的行動障害のマーチと共感性及び虐待・放任との関連について」『犯罪心理学研究』48, 21-34.
浜井浩一（2013).「なぜ犯罪は減少しているのか」『犯罪社会学研究』38, 53-77.
法務省（2020).「令和2年版 犯罪白書」
野村俊明・奥村雄介（1999).「行為障害と少年非行」『精神科治療学』14, 147-152.
齊藤万比古・原田謙（1999).「反抗挑戦性障害」『精神科治療学』14, 153-159.
鳥居深雪（2020).『脳からわかる発達障害――多様な脳・多様な発達・多様な学び』［改訂］中央法規
山本一成・澤田尚宏（2019).「特殊詐欺再非行防止指導の効果検証と指導体制モデルの提唱――新潟少年学院における指導実績を通して」『矯正教育研究』64, 84-92.

■第6章

Arriaga, X. B., & Schkeryantz, E. L. (2015). Intimate relationships and personal distress: The invisible harm of psychological aggression. *Personality & Social Psychology Bulletin*, 41, 1332-1344.

Calvete, E., Corral, S., & Estévez, A. (2007). Cognitive and coping mechanisms in the interplay between intimate partner violence and depression. *Anxiety, Stress & Coping*, 20, 369-382.

Chang, L. Y., Foshee, V. A., Reyes, H. L. M., Ennett, S. T., & Halpern, C. T. (2014). Direct and indirect effects of neighborhood characteristics on the perpetration of dating violence across adolescence. *Journal of Youth and Adolescence*, 44, 727-744.

Chmielowska, M., & Fuhr, D. C. (2017). Intimate partner violence and mental ill health among global populations of Indigenous women: A systematic review. *Social Psychiatry and Psychiatric Epidemiology*, 52, 689-704.

Fellmeth, G. L., Heffernan, C., Nurse, J., Habibula, S., & Sethi, D. (2013). Educational and skills-based interventions for preventing relationship and dating violence in adolescents and young adults. *Cochrane Database of Systematic Reviews*, 6, CD004534.

Finkel, E. J., DeWall, C. N., Slotter, E. B., McNulty, J. K., Pond, R. S., & Atkins, D. C. (2012). Using I3 theory to clarify when dispositional aggressiveness predicts intimate partner violence perpetration. *Journal of Personality and Social Psychology*, 102, 533-549.

Foshee, V. A., Bauman, K. E., Ennett, S. T., Suchindran, C., Benefield, T., & Linder, G. F. (2005). Assessing the effects of the dating violence prevention program “safe dates” using random coefficient regression modeling. *Prevention Science*, 6, 245-258.

金政祐司・古村健太郎・浅野良輔・荒井崇史（2021）．「愛着不安は親密な関係内の暴力の先行要因となり得るのか？――恋愛関係と夫婦関係の縦断調査から」『心理学研究』92，157-166.

Katerndahl, D., Burge, S., Ferrer, R., Becho, J., & Wood, R. (2014). Do violence dynamics matter? *Journal of Evaluation in Clinical Practice*, 20, 719-727.

警察庁（2021）．「令和２年におけるストーカー事案及び配偶者からの暴力事案等への対応状況について」

Lake, S. L., & Stanford, M. S. (2011). Comparison of impulsive and premeditated female perpetrators of intimate partner violence. *Partner Abuse*, 2, 284-299.

Murray, S. L., Holmes, J. G., Griffin, D. W., & Derrick, J. L. (2015). The equilibrium model of relationship maintenance. *Journal of Personality and Social Psychology*, 108, 93-113.

内閣府男女共同参画局（2021）．「男女間における暴力に関する調査（令和２年度調査）」

NPO 法人 RRP 研究会編著／森田展彰・髙橋郁絵・古賀絵子・古藤吾郎・髙野嘉之編集協力（2020）．『DV 加害者プログラム・マニュアル』金剛出版

Overall, N. C., Fletcher, G. J. O., Simpson, J. A., & Sibley, C. G. (2009). Regulating partners in intimate relationships: the costs and benefits of different communication strategies. *Journal of Personality and Social Psychology*, 96, 620-639.

Palm Reed, K. M., Hines, D. A., Armstrong, J. L., & Cameron, A. Y. (2015). Experimental evaluation of a bystander prevention program for sexual assault and dating violence. *Psychology of Violence*, 5, 95-102.

Pereira, M. E., Azeredo, A., Moreira, D., Brandão, I., & Almeida, F. (2020). Personality characteristics of victims of intimate partner violence: A systematic review. *Aggression and Violent Behavior*, 52, 101423.

Pinchevsky, G. M., & Wright, E. M. (2012). The impact of neighborhoods on intimate partner violence and victimization. *Trauma, Violence, and Abuse*, 13, 112-132.

Robertson, E. L., Walker, T. M., & Frick, P. J. (2020). Intimate partner violence perpetration and psychopathy: A comprehensive review. *European Psychologist*, 25, 134-145.

相馬敏彦（2019）．「DV の被害化に影響する親密関係でのバイアスのはたらき」『被害者学研究』29，130-138.

相馬敏彦・西村太志・高垣小夏（2017）．「攻撃的な人が不味い飲み物を与えるとき――挑発的行為と

制御資源による影響」『パーソナリティ研究』26, 23-37.
相馬敏彦・杉山詔二・山中多民子・門馬乙魅・伊藤言（2016）.「若者のDV被害を予防するプログラムの効果検証——DV被害の脆弱性モデルを基盤として」『日工組社会安全研究財団2015年度一般研究助成研究報告書』
相馬敏彦・浦光博（2010）.「『かけがえのなさ』に潜む陥穽——協調的志向性と非協調的志向性を通じた二つの影響プロセス」『社会心理学研究』26, 131-140.
Stanford, M. S., Houston, R. J., & Baldridge, R. M. (2008). Comparison of impulsive and premeditated perpetrators of intimate partner violence. *Behavioral Sciences & the Law*, 26, 709-722.
Swogger, M. T., Walsh, Z., Kosson, D. S., Cashman-Brown, S., & Caine, E. D. (2012). Self-reported childhood physical abuse and perpetration of intimate partner violence: The moderating role of psychopathic traits. *Criminal Justice and Behavior*, 39, 910-922.
VandenBos, G. R. (Editor in chief). (2007). *APA Dictionary of Psychology*. American Psychological Association.（繁桝算男・四本裕子監訳　2013.『APA心理学大辞典』培風館）
Walker, L. E. (1979). *The Battered woman*. Harper Collins.（斎藤学監訳／穂積由利子訳　1997.『バタードウーマン——虐待される妻たち』金剛出版）
Wolfe, D. A., Wekerle, C., Scott, K., Straatman, A.-L., Grasley, C., & Reitzel-Jaffe, D. (2003). Dating violence prevention with at-risk youth: A controlled outcome evaluation. *Journal of Consulting and Clinical Psychology*, 71, 279-291.
Wood, S. L., & Sommers, M. S. (2011). Consequences of intimate partner violence on child witnesses: A systematic review of the literature. *Journal of Child and Adolescent Psychiatric Nursing*, 24, 223-236.
Wright, E. M., & Benson, M. L. (2010). Immigration and intimate partner violence: Exploring the immigrant paradox. *Social Problems*, 57, 480-503.
Wright, E. M., Pinchevsky, G. M., Benson, M. L., & Radatz, D. L. (2015). Intimate partner violence and subsequent depression: Examining the roles of neighborhood supportive mechanisms. *American Journal of Community Psychology*, 56, 342-356.

■第7章

Cicchetti, D., & Rizley, R. (1981). Developmental perspectives on the etiology, intergenerational transmission, and sequelae of child maltreatment. *New Directions for Child and Adolescent Development*, 1981, 31-55.
法務省（2020）.「令和2年版 犯罪白書」
厚生労働省（2013）.「子ども虐待対応の手引き」［平成25年8月改正版］
厚生労働省（2020）.「令和元年度 児童相談所での児童虐待相談対応件数（速報値）」
内閣府（2020）.『令和2年版 子供・若者白書』
産経WEST（2016）.「絶てない虐待（下）:「こんな子供いたかな」懸念される隠れた虐待　根本解決にはまず，両親の生活の『下支え』が重要」産経WEST 2016年12月28日
https://www.sankei.com/article/20161228-YLZXMAND7JK2LLFR5EHZ3TJEEA/

■第8章

Aboujaoude, E., Gamel, N., & Koran, L. M. (2004). Overview of kleptomania and phenomenological description of 40 patients. *Primary Care Companion to the Journal of Clinical Psychiatry*, 6, 244-247.
Cloninger, C. R. (Ed.). (1999). *Personality and psychopathology*. American Psychiatric Association Publishing.
警察庁（2021）.「令和2年における組織犯罪の情勢」
Project MATCH Research Group (1998). Matching alcoholism treatments to client heterogeneity: Project MATCH three-year drinking outcomes. *Alcoholism: Clinical and Experimental Research*, 22, 1300-1311.

■第9章
法務省（2020）.「令和2年版 犯罪白書」
警察庁（2020）.「令和2年版 警察白書」
警察庁（2021）.「特殊詐欺認知・検挙状況等（令和2年・確定値）について」
警視庁（2019）.「万引きに関する調査研究報告書（小学生の万引きに着目した意識調査及び万引き被疑者等に関する実態調査）」
警視庁（2020）.「東京の犯罪（令和2年版）」
越智啓太（2018）.「情報セキュリティ行動を促進・抑制する要因」『法政大学文学部紀要』77, 77-104.
Rogers, M. K. (2006). A two-dimensional circumplex approach to the development of a hacker taxonomy. *Digital Investigation*, 3, 97-102.
高村茂・徳山孝之（2003）.「民家対象窃盗犯の犯人特性に関する基礎的研究」『犯罪心理学研究』41, 1-14.

■第10章
稗田雅洋（2019）.「刑事精神鑑定に求めるもの」『司法精神医学』14, 46-52.
法務省（2018）.「平成30年版 犯罪白書」
五十嵐禎人（2021）.「裁判員裁判を契機とした刑事責任能力鑑定の変化」『精神神経学雑誌』123, 20-25.
五十嵐禎人・岡田幸之編集（2019）.『刑事精神鑑定ハンドブック』中山書店
警察庁（2012）.「取調べ（基礎編）」
仲真紀子（2019）.「『司法面接』子供から正確な証言を引き出す技術（1）学校での事実調査」教育新聞 2019年2月15日 https://www.kyobun.co.jp/management/m20190215/
中谷陽二編／松下政明総編集／山内俊雄・山上皓・中谷陽二編（2006）.『司法精神医学2 刑事事件と精神鑑定』中山書店
日本精神科病院協会他（2017）.『司法精神医療等人材養成研修 鑑定に関する資料』日本精神科病院協会
野村総一郎・樋口輝彦監修／尾崎紀夫・朝田隆・村井俊哉編（2015）.『標準精神医学』［第6版］医学書院
精神保健福祉研究会監修（2016）.『精神保健福祉法詳解』［四訂］中央法規
司法研修所編（2013）.『科学的証拠とこれを用いた裁判の在り方』法曹会
田口寿子（2021）.「精神鑑定に対する裁判員制度の影響を検証する」『精神神経学雑誌』123, 26-31.

■第11章
Aarons, N. M., Powell, M. B., & Browne, J. (2004). Police perceptions of interviews involving children with intellectual disabilities: A qualitative inquiry. *Policing & Society*, 14, 269-278.
Almeida, T. S., Lamb, M. E., & Weisblatt, E. J. (2019). Effects of delay on episodic memory retrieval by children with autism spectrum disorder. *Applied Cognitive Psychology*, 33, 814-827.
Brown, D. A., Lewis, C. N., Lamb, M. E., & Stephens, E. (2012). The influences of delay and severity of intellectual disability on event memory in children. *Journal of Consulting and Clinical Psychology*, 80, 829.
Bull, R. (2019). Roar or "PEACE": Is it a "tall story?" In R. Bull & I. Blandón-Gitlin (Eds.). *The Routledge International Handbook of legal and investigative psychology*. Routledge.
バトラー，E. W.・フクライ，H.・ディミトリウス，J. E.・クルース，R.／黒沢香・庭山英雄編訳（2004）.『マクマーチン裁判の深層――全米史上最長の子ども性的虐待事件裁判』北大路書房
キャンサースキャン（2019）.「平成30年度子ども・子育て支援推進調査研究事業 児童相談所，警察，検察による協同面接等の実態調査による効果検証に関する調査研究 事業報告書」
Ceci, S. J., & Bruck, M. (1993). Suggestibility of the child witness: A historical review and synthesis. *Psychological Bulletin*, 113, 403-439.

Ceci, S. J., & Bruck, M. (1995). *Jeopardy in the courtroom: A scientific analysis of children's testimony.* American Psychological Association.

Cederborg, A. C., Orbach, Y., Sternberg, K. J., & Lamb, M. E. (2000). Investigative interviews of child witnesses in Sweden. *Child Abuse & Neglect*, 24, 1355-1361.

Elmi, M. H., Daignault, I. V., & Hébert, M. (2018). Child sexual abuse victims as witnesses: The influence of testifying on their recovery. *Child Abuse & Neglect*, 86, 22-32.

Frasier, L. D., & Makoroff, K. L. (2006). Medical evidence and expert testimony in child sexual abuse. *Juvenile and Family Court Journal*, 57, 41-50.

Fulcher, G. (2004). Litigation-induced trauma sensitisation (LITS) : A potential negative outcome of the process of litigation. *Psychiatry, Psychology and Law*, 11, 79-86.

Geijsen, K., de Ruiter, C., & Kop, N. (2018). Identifying psychological vulnerabilities: Studies on police suspects' mental health issues and police officers' views. *Cogent Psychology*, 5, Article:1462133.

Goodman, G. S. (2006). Children's eyewitness memory: A modern history and contemporary commentary. *Journal of Social Issues*, 62, 811-832.

Goodman, G. S., Taub, E. P., Jones, D. P., England, P., Port, L. K., Rudy, L., & Prado, L. (1992). Testifying in criminal court: emotional effects on child sexual assault victims. *Monographs of the Society for Research in Child Development*, 57, 1-161.

Gordon, B. N., Baker-Ward, L., & Ornstein, P. A. (2001). Children's testimony: A review of research on memory for past experiences. *Clinical Child and Family Psychology Review*, 4, 157-181.

Gudjonsson, G. H. (2003). *The Psychology of interrogations and confessions: A handbook*. Wiley.

Haugaard, J. J. (1988). Judicial determination of children's competency to testify: Should it be abandoned? *Professional Psychology: Research and Practice*, 19, 102-107.

Henry, J. (1997). System intervention trauma to child sexual abuse victims following disclosure. *Journal of Interpersonal Violence*, 12, 499-512.

Hershkowitz, I., Lamb, M. E., & Horowitz, D. (2007). Victimization of children with disabilities. *American Journal of Orthopsychiatry*, 77, 629-635

Hofvander, B., Anckarsäter, H., Wallinius, M., & Billstedt, E. (2017). Mental health among young adults in prison: The importance of childhood-onset conduct disorder. *BJPsych Open*, 3, 78-84.

法務省（2020）.「代表者聴取の取組の実情」性犯罪に関する刑事法検討会 第7回会議 配布資料53

Lamb, M. E., Brown, D. A., Hershkowitz, I., Orbach, Y., & Esplin, P. W. (2008). *Tell me what happened: Questioning children about abuse*. John Wiley & Sons.

Lamb, M. E., Hershkowitz, I., Sternberg, K. J., Esplin, P. W., Hovav, M., Manor, T., & Yudilevitch, L. (1996). Effects of investigative utterance types on Israeli children's responses. *International Journal of Behavioral Development*, 19, 627-637.

Lamb, M. E., Sternberg, K. J., Orbach, Y., Esplin, P. W., Stewart, H., & Mitchell, S. (2003). Age differences in young children's responses to open-ended invitations in the course of forensic interviews. *Journal of Consulting and Clinical Psychology*, 71, 926-934.

Leal, S., Vrij, A., Fisher, R. P., & van Hooff, H. (2008). The time of the crime: Cognitively induced tonic arousal suppression when lying in a free recall context. *Acta Psychologica*, 129, 1-7.

Maras, K. L. & Bowler, D. M. (2014). Eyewitness testimony in autism spectrum disorder: A review. *Journal of Autism and Developmental Disorders*, 44, 2682-2697.

Milne, R., & Bull, R. (1999). *Investigative interviewing: Psychology and practice*. Wiley.（原聰編訳 2003.『取調べの心理――事情聴取のための捜査面接法』北大路書房）

Ministry of Justice (2011). *Achieving best evidence in criminal proceedings: Guidance on interviewing victims and witnesses, and guidance on using special measures.*

Myers, J. E. B. (1993). The competence of young children to testify in legal proceedings. *Behavioral Science & the Law*, 11, 121-133.

仲真紀子（2012a）.「科学的証拠にもとづく取調べの高度化――司法面接の展開とPEACEモデル」『法と心理』12, 27-32.

仲真紀子（2012b）．「面接のあり方が目撃した出来事に関する児童の報告と記憶に及ぼす影響」『心理学研究』83, 303-313.
仲真紀子編著（2016）．『子どもへの司法面接――考え方・進め方とトレーニング』有斐閣
Nathanson, R., & Platt, M. D. (2005). Attorneys' perceptions of child witnesses with mental retardation. *The Journal of Psychiatry & Law*, 33, 5-42.
Quas, J. A., Goodman, G. S., Ghetti, S., Alexander, K. W., Edelstein, R., Redlich, A. D., Cordon, I. M., Jones, D. P. H., & Haugaard, J. (2005). Childhood sexual assault victims: Long-term outcomes after testifying in criminal court. *Monographs of the Society for Research in Child Development*, 70, 118-128.
Søndenaa, E., Olsen, T., Kermit, P. S., Dahl, N. C., & Envik, R. (2019). Intellectual disabilities and offending behaviour: The awareness and concerns of the police, district attorneys and judges. *Journal of Intellectual Disabilities and Offending Behaviour*, 10, 34-42.
Sowerbutts, A., Eaton-Rosen, E., Bryan, K., & Beeke, S. (2021). Supporting young offenders to communicate in the youth justice system: A scoping review. *Speech, Language and Hearing*, 24, 87-104.
Spaccarelli, S. (1994). Stress, appraisal, and coping in child sexual abuse: A theoretical and empirical review. *Psychological Bulletin*, 116, 340-362.
Sternberg, K. J., Lamb, M. E., Davies, G. M., & Westcott, H. L.（2001）. The memorandum of good practice: Theory versus application. *Child Abuse & Neglect*, 25, 669-681.
Sternberg, K. J., Lamb, M. E., Hershkowitz, I., Esplin, P. W., Redlich, A., & Sunshine, N.（1996）. The relation between investigative utterance types and the informativeness of child witnesses. *Journal of Applied Developmental Psychology*, 17, 439-451.
Sullivan, P. M., & Knutson, J. F. (2000). Maltreatment and disabilities: A population-based epidemiological study. *Child Abuse & Neglect*, 24, 1257-1273.
Wachi,T., Watanabe, K., Yokota, K., Otsuka,Y., Kuraishi, H., & Lamb, M. (2014). Police interviewing styles and confessions in Japan. *Psychology, Crime & Law*, 20, 673-694.
渡邉和美（2017）．「取調べを取り巻く課題」越智啓太・桐生正幸編著（2017）．『テキスト 司法・犯罪心理学』北大路書房
Williams, C. (1995). *Invisible victims: Crime and abuse against people with learning difficulties*. Jessica Kingsley.

▩ 第12章

Bartlett, F. C. (1932). *Remembering: A study in experimental and social psychology*. Cambridge University Press.
Berkowitz, S. R., Garrett, B. L., Fenn, K. M., & Loftus, E. F. (2020). Convicting with confidence? Why we should not over-rely on eyewitness confidence. *Memory*, 23, 1-6.
Brewer, N., & Burke, A. (2002). Effects of testimonial inconsistencies and eyewitness confidence on mock-juror judgments. *Law and Human Behavior*, 26, 353-364.
Brewer, W. F., & Treyens, J. C. (1981). Role of schemata in memory for places. *Cognitive Psychology*, 13, 207-230.
Charman, S. D., & Quiroz, V. (2016). Blind sequential lineup administration reduces both false identifications and confidence in those false identifications. *Law and Human Behavior*, 40, 477-487.
Clark, S. E., Marshall, T. E., & Rosenthal, R. (2009). Lineup administrator influences on eyewitness identification decisions. *Journal of Experimental Psychology: Applied*, 15, 63-75.
DePaulo, B. M. (1992). Nonverbal behavior and self-presentation. *Psychological Bulletin*, 111, 203-243.
Dysart, J. E., Lawson, V. Z., & Rainey, A. (2012). Blind lineup administration as a prophylactic against the postidentification feedback effect. *Law and Human Behavior*, 36, 312-319.
Fawcett, J. M., Russell, E. J., Peace, K. A., & Christie, J. (2013). Of guns and geese: A meta-analytic review of the 'weapon focus' literature. *Psychology, Crime & Law*, 19, 35-66.

福島由衣・厳島行雄（2018）.「目撃者の記憶を歪めるフィードバック——識別後フィードバック効果研究とその展望」『心理学評論』61，407-422.

Gabbert, F., Memon, A., & Allan, K. (2003). Memory conformity: Can eyewitnesses influence each other's memories for an event? *Applied Cognitive Psychology*, 17, 533-543.

Garrett, B. L. (2011). *Convicting the innocent: Where criminal prosecutions go wrong*. Harvard University Press.（笹倉香奈・豊崎七絵・本庄武・徳永光訳　2014.『冤罪を生む構造——アメリカ雪冤事件の実証研究』日本評論社）

Garrioch, L., & Brimacombe, C. A. E. (2001). Lineup administrators' expectations: Their impact on eyewitness confidence. *Law and Human Behavior*, 25, 299-315.

Garry, M., & Wade, K. A. (2005). Actually, a picture is worth less than 45 words: Narratives produce more false memories than photographs do. *Psychonomic Bulletin & Review*, 12, 359-366.

Heaps, C. M., & Nash, M. (2001). Comparing recollective experience in true and false autobiographical memories. *Journal of Experimental Psychology: Learning, Memory, and Cognition*, 27, 920-930.

Hope, L., Ost, J., Gabbert, F., Healey, S., & Lenton, E. (2008). "With a little help from my friends...": The role of co-witness relationship in susceptibility to misinformation. *Acta Psychologica*, 127, 476-484.

Hope, L., & Wright, D. (2007). Beyond unusual? Examining the role of attention in the weapon focus effect. *Applied Cognitive Psychology*, 21, 951-961.

堀田千絵・多鹿秀継（2007）.「false memory の結果を説明する理論的枠組み」『愛知教育大学研究報告（教育科学編）』56，67-75.

伊東裕司・矢野円郁（2005）.「確信度は目撃記憶の正確さの指標となりえるか」『心理学評論』48，278-293.

Johnson, M. K., Hashtroudi, S., & Lindsay, D. S. (1993). Source monitoring. *Psychological Bulletin*, 114, 3-28.

川崎惠理子（2013）.「知識の構造」日本認知心理学会編『認知心理学ハンドブック』有斐閣

Koriat, A., Goldsmith, M., & Pansky, A. (2000). Toward a psychology of memory accuracy. *Annual review of psychology*, 51, 481-537.

Kovera, M. B., & Evelo, A. J. (2020). Improving eyewitness-identification evidence through double-blind lineup administration. *Current Directions in Psychological Science*, 29, 563-568.

Loftus, E. F., & Ketcham, K. (1991). *Witness for the defense: The accused, the eyewitness, and the expert who puts memory on trial*. St. Martin's Press.（厳島行雄訳　2000.『目撃証言』岩波書店）

Loftus, E. F., & Ketcham, K. (1994). *The myth of repressed memory: False memories and allegations of sexual abuse*. St. Martin's Press.（仲真紀子訳　2000.『抑圧された記憶の神話——偽りの性的虐待の記憶をめぐって』誠信書房）

Loftus, E. F., Miller, D. G., & Burns, H. J. (1978). Semantic integration of verbal information into a visual memory. *Journal of Experimental Psychology: Human Learning and Memory*, 4, 19-31

Loftus, E. F., & Palmer, J. C. (1974). Reconstruction of automobile destruction: An example of the interaction between language and memory. *Journal of Verbal Learning and Verbal Behavior*, 13, 585-589.

Loftus, E. F., & Pickrell, J. E. (1995). The formation of false memories. *Psychiatric Annals*, 25, 720-725.

Maass, A., & Köhnken, G. (1989). Eyewitness identification: Simulating the "weapon effect". *Law and Human Behavior*, 13, 397-408.

Morgan, C. A. Ⅲ, Hazlett, G., Doran, A., Garrett, S., Hoyt, G., Thomas, P., Baranoski, M., & Southwick, S. M. (2004). Accuracy of eyewitness memory for persons encountered during exposure to highly intense stress. *International Journal of Law and Psychiatry*, 27, 265-279.

森敏昭（1992）.「日常記憶研究の生態学的妥当性」『広島大学教育学部紀要』41，123-129.

越智啓太（2000）.「ウェポンフォーカス効果——実証的データと理論的分析」『応用心理学研究』26，37-49.

O'Rourke, T. E., Penrod, S. D., Cutler, B. L., & Stuve, T. E. (1989). The external validity of eyewitness identification research: Generalizing across subject populations. *Law and Human Behavior*, 13, 385-

395.
太田信夫（1988）.「長期記憶におけるプライミング――驚くべき潜在記憶（implicit memory）」『心理学評論』31，305-322.
大上渉・箱田裕司・大沼夏子・守川伸一（2001）.「不快な情動が目撃者の有効視野に及ぼす影響」『心理学研究』72，361-368.
Phillips, M. R., McAuliff, B. D., Kovera, M. B., & Cutler, B. L. (1999). Double-blind photoarray administration as a safeguard against investigator bias. *Journal of Applied Psychology*, 84, 940-951.
Pickel, K. L. (1999). The influence of context on the "weapon focus" effect. *Law and Human Behavior*, 23, 299-311.
Pickel, K. L., French, T., & Betts, J. (2003). A cross-modal weapon focus effect: The influence of a weapon's presence on memory for auditory information. *Memory*, 11, 277-292.
Porter, S., Yuille, J. C., & Lehman, D. R. (1999). The nature of real, implanted, and fabricated memories for emotional childhood events: Implications for the recovered memory debate. *Law and Human Behavior*, 23, 517-537.
Reingen, P. H., & Kernan, J. B. (1993). Social perception and interpersonal influence: Some consequences of the physical attractiveness stereotype in a personal selling setting. *Journal of Consumer Psychology*, 2, 25-38.
Roediger, H. L., & McDermott, K. B. (1995). Creating false memories: Remembering words not presented in lists. *Journal of Experimental Psychology: Learning, Memory, and Cognition*, 21, 803-814.
Scoboria, A., & Fisico, S. (2013). Encouraging and clarifying "don't know" responses enhances interview quality. *Journal of Experimental Psychology: Applied*, 19, 72-82.
Semmler, C., Brewer, N., & Wells, G. L. (2004). Effects of postidentification feedback on eyewitness identification and nonidentification confidence. *Journal of Applied Psychology*, 89, 334-346.
Squire, L. R. (2004). Memory systems of the brain: A brief history and current perspective. *Neurobiology of Learning and Memory*, 82, 171-177.
高橋雅延・北神慎司（2011）.「日常記憶」日本認知心理学会監修／太田信夫・厳島行雄編『現代の認知心理学 2 記憶と日常』北大路書房
Tuckey, M. R., & Brewer, N. (2003). How schemas affect eyewitness memory over repeated retrieval attempts. *Applied Cognitive Psychology*, 17, 785-800.
Valentine, T., & Mesout, J. (2009). Eyewitness identification under stress in the London Dungeon. *Applied Cognitive Psychology*, 23, 151-161.
Wade, K. A., Garry, M., Read, J. D., & Lindsay, D. S. (2002). A picture is worth a thousand lies: Using false photographs to create false childhood memories. *Psychonomic Bulletin & Review*, 9, 597-603.
Weber, N., & Perfect, T. J. (2012). Improving eyewitness identification accuracy by screening out those who say they don't know. *Law and Human Behavior*, 36, 28-36.
Wells, G. L., & Bradfield, A. L. (1998). "Good, you identified the suspect": Feedback to eyewitnesses distorts their reports of the witnessing experience. *Journal of Applied Psychology*, 83, 360-376.
Wixted, J. T., Mickes, L., & Fisher, R. P. (2018). Rethinking the reliability of eyewitness memory. *Perspectives on Psychological Science*, 13, 324-335.
Wright, D. B., Self, G., & Justice, C. (2000). Memory conformity: Exploring misinformation effects when presented by another person. *British Journal of Psychology*, 91, 189-202.
Zimmerman, D. M., Chorn, J. A., Rhead, L. M., Evelo, A. J., & Kovera, M. B. (2017). Memory strength and lineup presentation moderate effects of administrator influence on mistaken identifications. *Journal of Experimental Psychology: Applied*, 23, 460-473.

■ 第 13 章

浜田寿美男（2017）.「［パネル討論 2］トンネル・ヴィジョンと供述証拠」『法と心理』17，21-25.
Rattner, A. (1988). Convicted but innocent: Wrongful conviction and the criminal justice system. *Law and Human Behavior*, 12, 283-293.

裁判所サイト「刑事訴訟事件の種類及び終局区分別既済人員―地方裁判所」
https://www.courts.go.jp/app/files/toukei/451/011451.pdf
裁判所サイト「裁判員裁判の実施状況について（制度施行～令和2年5月末・速報）」
https://www.courts.go.jp/saikosai/vc-files/saikosai/2020/saibanin80833003.pdf
裁判所サイト「裁判員等経験者に対するアンケート 調査結果」（令和元年度）
https://www.saibanin.courts.go.jp/vc-files/saibanin/2020/r1-b-1.xlsx
裁判所サイト「司法統計」 https://www.courts.go.jp/app/sihotokei_jp/search

■ 第14章

Andrews, D. A. & Bonta, J. (2010). *The psychology of criminal conduct* (5th ed.). Anderson Publishing.
藤本哲也（2013）.『犯罪学・刑事政策の新しい動向』中央大学出版部
羽間京子（2016）.「保護観察における面接」日本犯罪心理学会編『犯罪心理学事典』丸善出版
犯罪対策閣僚会議（2012）.「再犯防止に向けた総合対策」
法務省（2018）.「平成30年版 再犯防止推進白書」
法務省（2019）.「協力雇用主に対するアンケート調査」
法務省（2020a）.「保護観察所における性犯罪者処遇プログラム受講者の再犯等に関する分析結果について」 https://www.moj.go.jp/hogo1/soumu/hogo02_00001.html
法務省（2020b）.「矯正統計年報」
法務省（2020c）.「令和2年版 犯罪白書」
法務省サイト「刑事施設（刑務所・少年刑務所・拘置所）」
https://www.moj.go.jp/kyousei1/kyousei_kyouse03.html
細井洋子・小柳武・古川隆司（2014）.「『高齢受刑者の生活世界に関する調査』報告」『刑政』125, 62-73.
神垣一規（2018a）.「受刑者が社会内で孤立する要因に関する一考察」『司法福祉学研究』18, 96-112.
神垣一規（2018b）.「矯正施設における就労支援の課題と展望」『刑政』129, 24-31.
神垣一規・舩山健二（2014）.「福祉支援を希望しない高齢受刑者の特徴」『司法福祉学研究』14, 95-113.
神垣一規・川本喜久子（2017）.「男子受刑者が有するキャリア発達上の課題――就労安定性とその背景要因との関係に注目して」『キャリア教育研究』35, 37-46.
Laws, D. R., & Ward, T. (2011). *Desistance from sex offending: Alternatives to throwing away the keys.* Guilford Publications.（津富宏・山本麻奈監訳 2014.『性犯罪からの離脱――「良き人生モデル」がひらく可能性』日本評論社）
Lovins, L. B., Lowenkamp, C. T., Latessa, E. J., & Smith, P. (2007). Application of the risk principle to female offenders. *Journal of Contemporary Criminal Justice*, 23, 383-398.
Maruna, S. (2001). *Making good: How ex-convicts reform and rebuild their lives.* American Psychological Association.（津富宏・河野荘子監訳 2013.『犯罪からの離脱と「人生のやり直し」――元犯罪者のナラティヴから学ぶ』明石書店）
Prendergast, M. L., Pearson, F. S., Podus, D., Hamilton, Z. K., & Greenwell, L. (2013). The Andrews' principles of risk, needs, and responsivity as applied in drug abuse treatment programs: Meta-analysis of crime and drug use outcomes. *Journal of Experimental Criminology*, 9, 275-300.
坂野剛崇（2015）.「少年の非行からの立ち直りのプロセスに関する一考察――元非行少年の手記への複線径路等至性モデルによるアプローチ」『関西国際大学研究紀要』16, 47-60.
笹沼弘志（2009）.「犯罪と『社会の保護』――社会的排除と立憲主義の危機を超えて」日本犯罪社会学会編『犯罪からの社会復帰とソーシャル・インクルージョン』日本人文社
高津戸映（2020）.「減少・高齢化する保護司――安定的確保のための取組」『立法と調査』424, 18-29.
田辺裕美・藤岡淳子（2014）.「刑務所出所者の社会再参加に必要な変化と支援――回復した元受刑者のインタビューから」『司法福祉学研究』14, 67-94.
津富宏（2011）.「犯罪者処遇のパラダイムシフト――長所基盤モデルに向けて」日本犯罪社会学会

編／津富宏責任編集『犯罪者の立ち直りと犯罪者処遇のパラダイムシフト』現代人文社
全国地域生活定着支援センター協議会編（2015).「都道府県地域生活定着支援センターの支援に関わる矯正施設再入所追跡調査」

■第 15 章

朝日新聞（1998).「犯罪被害者③ サリン事件で突然の死　解剖に遺族も傷つく」朝日新聞 1998 年 3 月 17 日朝刊

Boudreaux, E., Kilpatrick, D. G., Resnick, H. S., Best, C. L., & Saunders, B. E. (1998). Criminal victimization, posttraumatic stress disorder, and comorbid psychopathology among a community sample of women. *Journal of Traumatic Stress*, 11, 665-678.

Breslau, N., Kessler, R. C., Chilcoat, H. D., Schultz, L. R., Davis, G. C., & Andreski, P. (1998). Trauma and posttraumatic stress disorder in the community: The 1996 Detroit Area Survey of Trauma. *Archives of General Psychiatry*, 55, 626-632.

Burt, M. R. (1980). Cultural myths and supports for rape. *Journal of Personality and Social Psychology*, 38, 217-230.

Figley, C. R. (1995). Compassion fatigue: Toward a new understanding of the costs of caring. In B. H. Stamm (Ed.). *Secondary traumatic stress: Self-care issues for clinicians, researchers, and educators*. Sidran Press.

二木雄策（1997).『交通死――命はあがなえるか』岩波書店

Herman, J. L. (1992). *Trauma and recovery*. Harper Collins Publishers.（中井久夫訳　1996.『心的外傷と回復』みすず書房）

北海道交通安全推進委員会サイト「交通事故統計情報（年別交通事故発生状況）」 https://www.slowly.or.jp/app/webroot/files/libs/446/20170221153827 2372.pdf

法務省（2019).「検察統計調査 最高検，高検及び地検管内別　自動車による過失致死傷等被疑事件の受理，既済及び未済の人員」

法務省（2020).「令和 2 年版 犯罪白書」

いのちのミュージアム編（2009).『いのち・未来へ――愛しき者のいのちを理不尽に奪われた家族たちの心の叫び』アートヴィレッジ

板谷利加子（1998).『御直披』角川書店

Janoff-Bulman, R. (1992). *Shattered assumptions: Towards a new psychology of trauma*. Free Press.

海堂尊（2018).『死因不明社会 2018』講談社

Kaltman, S., & Bonanno, G. A. (2003). Trauma and bereavement: Examining the impact of sudden and violent deaths. *Journal of Anxiety Disorders*, 17, 131-147.

Kessler, R. C., Sonnega, A., Bromet, E., Hughes, M., & Nelson, C. B. (1995). Posttraumatic stress disorder in the National Comorbidity Survey. *Archives of General Psychiatry*, 52, 1048-1060.

Kilpatrick, D. G., Acierno, R., Resnick, H. S., Sunders, B. E., & Best, C. L. (1997). A 2-years longitudinal analysis of the relationships between violent assault and substance use in women. *Journal of Consulting and Clinical Psychology*, 65, 834-847.

国家公安委員会・警察庁（2020).「令和 2 年版 犯罪被害者白書」勝美印刷

小西聖子（1996).『犯罪被害者の心の傷』白水社

國松孝次（1995).「犯罪被害者の人権と警察」『警察学論集』48，1-7.

Lerner, M. J. (1980). *The belief in a just world: A fundamental delusion*. Plenum Press.

松本衣美（2020).「被害の影響――ゆるやかにつづく，死にたい気持ち」齋藤梓・大竹裕子編著『性暴力被害の実際――被害はどのように起き，どう回復するのか』金剛出版

宮地尚子（2007).『環状島＝トラウマの地政学』みすず書房

諸澤英道（1998).『被害者学入門』［新版］成文堂

本村洋（2007).「遺族の思い」（法務省「平成 19 年版 犯罪被害者白書」内コラム）

Murphy, S. A., Braun, T., Tillery, L., Cain, K. C., Johnson, L. C., & Beaton, R. D. (1999). PTSD among bereaved parents following the violent deaths of their 12- to 28- year-old children: A longitudinal

prospective analysis. *Journal of Traumatic Stress*, 12, 273-291.
長井進（2004）.『犯罪被害者の心理と支援』ナカニシヤ出版
内閣府（2004）.「交通事故被害者の支援――担当者マニュアル」『平成 15 年度 交通事故被害者サポート事業報告書等』
https://www.npa.go.jp/bureau/traffic/jikosupport/h15jigyouhoukoku.html
内閣府男女共同参画局（2018）.「男女間における暴力に関する調査（平成 29 年度調査）」
中島聡美（2016）.「性暴力被害者のメンタルヘルスと心理的支援」小西聖子・上田鼓編『性暴力被害者への支援――臨床実践の現場から』誠信書房
日本弁護士連合会犯罪被害者支援委員会（2004）.『犯罪被害者の権利の確立と総合的支援を求めて』明石書店
岡村勲（1998）.「論点：司法の扉　被害者に開け」『読売新聞』12 月 10 日朝刊
Rees, S., Silove, D., Chey. T., Ivancic, L., Steel, Z., Creamer, M., Teesson, M., Bryant, R., McFarlane, A. C., Mills, K., L., Slade, T., Carragher, N., O'Donnell, M., & Forbes, D. (2011). Lifetime prevalence of gender-based violence in women and the relationship with mental disorders and psychosocial function. *JAMA*, 306, 513-521.
齋藤梓・大竹裕子編著（2020）.『性暴力被害の実際――被害はどのように起き，どう回復するのか』金剛出版
瀬川晃・大谷晃大・加藤克佳・川出敏裕・川上拓一・高橋正人（2007）.「〔座談会〕犯罪被害者の権利利益保護法案をめぐって」『ジュリスト』1338, 2-47.
椎橋隆幸（2008）.「犯罪被害者等の刑事裁判への参加」酒巻匡編『Q&A 平成 19 年 犯罪被害者のための刑事手続関連法改正』有斐閣
白井明美（2008）.「遺族のメンタルヘルスと対応」小西聖子編『犯罪被害者のメンタルヘルス』誠信書房
白岩祐子・深澤道子（1998）.「性犯罪に対する社会的認知」『日本心理学会第 62 回大会発表論文集』188.
白岩祐子・唐沢かおり（2014）.「犯罪被害者の裁判関与が司法への信頼に与える効果――手続き的公正の観点から」『心理学研究』85, 20-28.
白岩祐子・唐沢かおり（2018）.「死因究明における死亡時画像診断（Ai）の意義――司法解剖を経験した交通死遺族との面接にもとづく検討」『人間環境学研究』16, 25-34.
白岩祐子・小林麻衣子・唐沢かおり（2016）.「『知ること』に対する遺族の要望と充足――被害者参加制度は機能しているか」『社会心理学研究』32, 41-51.
白岩祐子・小林麻衣子・唐沢かおり（2017）.「警察による犯罪被害者政策の有効性――遺族の立場からの検討」『犯罪心理学研究』55, 15-27.
白岩祐子・小林麻衣子・唐沢かおり（2018）.「犯罪被害者遺族による制度評価――被害者参加制度・意見陳述制度に着目して」『犯罪心理学研究』56, 105-116.
宇沢弘文（1974）.『自動車の社会的費用』岩波書店
山下由紀子（2008）.「援助職のメンタルヘルスとその支援」小西聖子編著『犯罪被害者のメンタルヘルス』誠信書房
柳原三佳（2005）.『交通事故被害者は二度泣かされる』リベルタ出版

■第 16 章

法務省（2020）.「父母の離婚後の子の養育に関する海外法制について」
裁判所サイト「動画配信」 https://www.courts.go.jp/links/video/index.html
裁判所サイト「平成 30 年度司法研究（養育費，婚姻費用の算定に関する実証的研究）の報告について」 https://www.courts.go.jp/toukei_siryou/siryo/H30shihou_houkoku/index.html
裁判所サイト「各種パンフレット」
https://www.courts.go.jp/saiban/tetuzuki/pamphlet/index.html

事項索引

■数字・アルファベット

■あ 行

■か　行

■さ　行

■た　行

■な　行

■は　行

■ま　行

■や　行

■ら行・わ行

人名索引

■な 行

■は 行

■ま 行

■や行・ら行・わ行

入門　司法・犯罪心理学――理論と現場を学ぶ
Introduction to Forensic and Criminal Psychology

2022年3月10日　初版第1刷発行

監　修　法と心理学会

編　者　綿村英一郎
藤田政博
板山　昂
赤嶺亜紀

発行者　江草貞治

発行所　株式会社 有斐閣
郵便番号 101-0051
東京都千代田区神田神保町 2-17
http://www.yuhikaku.co.jp/

印　刷　萩原印刷株式会社
製　本　大口製本印刷株式会社

ISBN 978-4-641-17474-0